C.W. Müller

Wie Helfen zum Beruf wurde

Band 1

C. Wolfgang Müller

Wie Helfen zum Beruf wurde

Band 1

Eine Methodengeschichte der Sozialarbeit 1883–1945

4. Auflage

Beltz Verlag · Weinheim und Basel

C. Wolfgang Müller, Jahrgang 1928, Professor Dr., Dolmetscher, Journalist, Jugendpfleger; Studium der Anglistik, Germanistik, Kunstgeschichte, Theaterwissenschaft, Publizistik und als Zweitstudium Soziologie und Erziehungswissenschaft (Harkness Fellow); seit 1965 Professor für Erziehungswissenschaft und Sozialpädagogik in Berlin.

Umschlagabbildung: Lithographie von Honoré Daumier. Aus: Le Charivari, 7. März 1866

Honoré Daumier begann 1844 eine Karikaturen-Serie über »Zeitgenössische Menschenfreunde«, die im Pariser CHARIVARI veröffentlicht wurde. In dieser Serie karikierte Daumier die ehrenamtliche Wohltätigkeit französischer Großbürger als einen bevorzugten Freizeit-Sport der Besitzenden und ihrer Frauen.

Auf dem Umschlagbild, das Daumier im März 1866 im CHARIVARI veröffentlicht hat, nimmt er das Thema wieder auf und spitzt es zu. Philanthropen helfen nun nicht mehr nur auf eine laienhafte Weise den Armen – sie nehmen für einen kurzen Besuch im Arbeitshaus deren Gestalt an und stehlen ihnen damit die Schau.

Die Deutsche Bibliothek – CIP-Einheitsaufnahme

Müller, Carl Wolfgang:
Wie Helfen zum Beruf wurde : eine Methodengeschichte der Sozialarbeit / C. Wolfgang Müller. – Weinheim ; Basel : Beltz.
Bd. 1. 1883 – 1945. – 4., unveränd. Aufl., 9. – 10. Tsd. – 1994
(Edition sozial)
ISBN 3-407-55710-8

Lektorat: Richard Grübling

2., überarbeitete und erweiterte Auflage 1988
4., unveränderte Auflage 1994 (9.–10. Tsd.)

Gesamtherstellung: Druckhaus Beltz, Hemsbach
Printed in Germany

ISBN 3 407 55710 8

Inhaltsverzeichnis

Inhaltsverzeichnis Band 2

Wie Helfen zum Beruf wurde (1945–1985)

1
Vom ehrenamtlichen Helfer zum beruflichen Verwalter

Wenn sich Leute nach der Berufsgeschichte der Sozialarbeit erkundigen, dann wird ihnen häufig die Antwort zuteil, alles habe im Grunde mit der praktischen Nächstenliebe angefangen. Und zur Illustration dieser Auskunft wird dann die alte, biblische Geschichte vom barmherzigen Samariter erzählt. Ich bin nicht sicher, ob alle Leserinnen und Leser sie kennen und will sie deshalb noch einmal erzählen.

Im Lukas-Evangelium wird überliefert, ein Gesetzeslehrer habe eines Tages Jesus auf die Probe gestellt und ihn gefragt, was denn mit dem Gebot gemeint sei, »Du sollst den Herrn deinen Gott lieben mit deinem ganzen Herzen, mit deiner ganzen Seele, mit allen deinen Kräften und mit deinem ganzen Gemüte, und *deinen Nächsten wie dich selbst*«. Daraufhin habe Jesus mit dem folgenden Gleichnis geantwortet:

> *Ein Mann ging von Jerusalem hinab nach Jericho und fiel unter die Räuber. Die plünderten ihn aus, schlugen ihn wund, ließen ihn halbtot liegen und gingen davon.*
>
> *Zufällig zog ein Priester denselben Weg hinab. Er sah ihn und ging vorüber.*
>
> *Ebenso kam ein Levit dorthin, sah ihn und ging vorüber.*
>
> *Auch ein Samariter kam auf seiner Reise in seine Nähe. Als er ihn sah, ward er von Mitleid gerührt.*
>
> *Er trat zu ihm hin, goß Öl und Wein auf seine Wunden und verband sie. Dann hob er ihn auf sein Lasttier, brachte ihn in seine Herberge und sorgte für ihn. Am anderen Tage zog er zwei Denare heraus und gab sie dem Wirt mit den Worten:*
>
> *»Sorge für ihn. Was du noch darüber aufwendest werde ich dir bezahlen, wenn ich zurückkomme.«*
>
> *»Wer von den dreien hat wohl als Nächster gehandelt an dem, der unter die Räuber gefallen war?«*
>
> *Jener antwortete: »Der ihm Barmherzigkeit erwiesen hat«.*
>
> *Und Jesus sprach zu ihm: »Geh hin und tu desgleichen«.*

Eine gute Geschichte. Sie lehrt, daß Barmherzigkeit im Einzelfall zu edlen, schönen und rührenden Handlungen führt, an deren Pathos sich noch unzählige Generationen bewundernd erinnern. Und sie lehrt, daß vor zweitausend Jahren tätige Nächstenliebe nicht zuverlässig von denen erwartet werden konnte, die dem Hilfsbedürftigen räumlich am nächsten waren (also vom Leviten), auch nicht von denen, die beruflich zu ihr verpflichtet waren (also vom Priester), sondern von Menschen, die ein mitleidendes Wesen haben, obwohl es sie – vom Standpunkt der Zuständigkeit aus betrachtet – eigentlich gar nichts anging (also vom reisenden Samariter).

Für die *historische* Botschaft dieser Geschichte ist wichtig, daß von Lukas nicht alle Samariter als mitleidig und barmherzig hingestellt werden. In Lukas 9 beispielsweise werden dem Leser außergewöhnlich ungastliche Leute aus Samarien vorgeführt. Für die *berufskundliche* Botschaft dieser Geschichte ist wichtig, daß wir uns zwei Bedingungen vergegenwärtigen, unter denen *allein* diese Geschichte eine gute Geschichte ist. Der barmherzige Reisende aus Samarien muß etwas haben, das er teilen kann. Und der Fall, in dem seine Hilfe benötigt wird, muß ein Einzelfall sein – und bleiben. Denn hätte der Samariter nicht Öl und Wein bei sich gehabt, hätte er die Wunden nicht verbinden können. Hätte er keinen Packesel bei sich gehabt, hätte er den Verletzten nicht transportieren können. Hätte er keine überschüssigen Denare bei sich gehabt, hätte er den Wirt nicht hilfreich stimmen können. Und: unser Mann aus Samarien hätte ganz schön hilflos dagestanden, wenn ihm die Sache mit dem Ausgeraubten und Verletzten nicht nur einmal passiert wäre, sondern ein zweites und ein drittes Mal auf seiner Reise – und vielleicht jedes Mal, wenn er sich von Jerusalem nach Jericho begeben hätte.

Dieser Einwand mag spitzfindig erscheinen, darauf gerichtet, der guten Geschichte ihre erhebende Wirkung auf Herz und Gemüt zu nehmen. So habe ich sie nicht gemeint. Ich habe mich vielmehr bei meinen ausgedehnten Autoreisen durch die Vereinigten Staaten von Nordamerika häufig gefragt, wie es zu erklären ist, daß die Reisenden an der dichtbesiedelten Ost-Küste so hartherzig handeln und stur an gestrandeten Autofahrern am Rande der vielspurigen *turnpikes* vorbeirauschen, während sie in den Einöden des Westens mit Zuverlässigkeit anhalten und fragen, ob sie helfen können, auch wenn man nur deshalb auf der Standspur parkt, um die erhabene Landschaft zu bewundern. Sind die Ostler hartherzig und die Westler barmherzig? Liegt es am Menschenschlag? Für mein Verständnis ist der Unterschied im wahrnehmbaren Handeln auf einen quantitativen Unterschied im Auftreten von Notfällen zurückzuführen. Wer auf den vollgestopften Autobahnen der Ost-Küste hält um zu helfen, der verstopft den Verkehr und gefährdet unzählige Andere. Wer auf den einsamen *highways* des Westens hält und hilft, der tut eine gute Tat.

Deshalb noch einmal meine Frage: wie würde der Autor des Lukas-Evangeliums seine Geschichte weiterspinnen, und welches Gleichnis würde der historische Jesus erzählen, wenn sich die Raubüberfälle auf der Landstraße von Jerusalem nach Jericho gehäuft hätten? Wenn jede Nacht und später auch am hellichten Tage Reisende überfallen, ausgeplündert und im Straßengraben liegengelassen worden wären? Ja, wenn barmherzige Samariter selbst von den Räubern angegriffen und ihrer Hilfs-Mittel beraubt worden wären? Wie würde dann die Geschichte weitergehen?

Ich kann mir vorstellen, unser Mann aus Samarien würde sich zunächst einmal nicht entmutigen lassen, wohl aber würde er bei künftigen Geschäftsreisen zusätzliche Vorkehrungen treffen. Er würde sich mit Desinfektionsmitteln und Verbandszeug versorgen, er würde zusätzliche Packesel mitnehmen, selbst wenn er sie für das eigene Gepäck gar nicht benötigte, er würde sich in Erster Hilfe unterweisen lassen, um allen Eventualitäten gewachsen zu sein und schneller, besser, wirkungsvoller helfen zu können.

Aber irgendwann würde sein gesunder Erwerbssinn – denn er ist ja ein Kaufmann – oder die berechtigte Besorgnis seiner Ehefrau ihn vor die Alternative stellen, entweder die im Grunde unrentierliche Überfallenenhilfe einzustellen oder aber sie gegen Geld auszuüben und zum Zweitberuf zu machen. Sagen wir: 50 Denare für erfolgreiche Hilfeleistung und Rückführung des Überfallenen zu seinem Wohnort, Verbands-, Verpflegungs- und Transportkosten extra. Andere Geschäftsreisende würden sich dieser Praxis anschließen. Einige würden in ihrem neuen Zweitberuf ganz profitabel auskommen, andere wohl nicht. Aber wie würden sie, moralisch gesprochen, dastehen, wenn sie Überfallene liegen ließen, nur weil sie die Unkosten für die Hilfeleistung nicht aufbringen könnten! Wahrscheinlich würden sie darauf dringen, daß gefährdete Reisende in eine Überfall-Versicherung eintreten, um die Kosten zu decken.

Auf dem Wege vom Einzelfall zum Massenphänomen wird die Barmherzigkeit unseres Gewährsmannes aus Samarien offensichtlich eine dreifache Wandlung durchmachen: aus der einmaligen Handlung aus Mitleid und Barmherzigkeit ist eine dauerhafte Nebentätigkeit geworden, sie wird im Rahmen eines Quasi-Berufes gegen Entgelt ausgeübt und erfordert nun zusätzliche Vorkehrungen und Qualifikationen, um die zu bezahlende Hilfe professionell leisten zu können. Denn der warmherzig aber falsch Verbundene ist dennoch für die Hilfe dankbar; wer für sie zahlen muß, der erwartet zu Recht eine optimale Hilfeleistung. Aus dem barmherzigen Samariter ist ein Landstraßen-Profi geworden.

Lukas hat seine Geschichte aus einem bestimmten Blickwinkel erzählt: aus dem Blickwinkel des Geschäftsreisenden aus Samarien. Logisch, denn er wollte ja illustrieren, daß Nächstenliebe nicht notwendig mit räumlicher Nachbarschaft verbunden ist, sondern sich aufgrund einer Haltung gegenüber Mitmenschen einstellt. Ich versuche nun, die erbauliche Geschichte ein zweites Mal zu erzählen, diesmal aus dem Blickwinkel des Überfallenen. Er ist zu Recht sauer, daß ihm so etwas passieren mußte. Noch dazu auf der belebten Handelsstraße von Jerusalem hinunter nach Jericho. Er mag sich selbst einen Teil der Schuld geben, weil er nicht besser aufgepaßt hat. Aber wahrscheinlich wird er sich auch über die Kommunalverwaltung beklagen, der es offensichtlich nicht gelingt, den Handelsweg sicher zu machen. Denn Handelswege dienen dem Handel. Der Handel bringt Geld ins Land. Von dem Geld werden Steuern bezahlt. Mit den Steuern könnten die Straßen sicher gemacht werden. Beispielsweise durch Straßenlaternen, Notrufsäulen und berittene Polizeistreifen. Es müßte doch möglich sein, den Räubern das Handwerk zu legen. Die so gescholtene Kommunalverwaltung, könnte ich mir denken, würde den Vorwurf zurückweisen. Sie würde argumentieren, daß ähnliche Überfälle bisher nicht aktenkundig geworden seien. Sie würde darauf hinweisen, daß der Überfall außerhalb der Gemeindegrenze (im administrativen Niemandsland) stattgefunden habe und daß Reisende gehalten seien, auf ihr Wohlergehen selber zu achten. Sollten sich allerdings die Überfälle häufen, so würde sie vielleicht abschließend ihren Pressesprecher erklären lassen, werde man geeignet erscheinende Maßnahmen ergreifen. Beispielsweise werde man an die Reisenden Merkblätter verteilen, auf denen angeregt werde, daß sie sich zu Gruppen zusammenschließen und bewaffneten Geleitschutz anmieten oder zur Selbstverteidigung greifen.

Ich könnte die Geschichte auch ein drittes Mal erzählen. Diesmal aus dem Blickwinkel der Straßenräuber. Das mag absonderlich klingen, weil wir uns selten über die Frage, warum Straßenräuber Menschen auf der Straße berauben, ausführlichere Gedanken machen. Wenn wir es täten, käme vielleicht heraus, daß es sich um Angehörige eines nomadisierenden Stammes handelt, dem die sich ausdehnenden Gemeinden an der Handelsstraße und eine langfristige Klimaveränderung ihre angestammten Weidegründe weggenommen und seine Mitglieder brotlos gemacht haben.

Vielleicht würde Jesus, hätte er zu einem späteren Zeitpunkt gelebt, auf die Frage, wer seinen Nächsten so liebe wie sich selbst, ein anderes

Gleichnis erzählt haben. Vielleicht das Gleichnis von dem Ethnologen aus Samarien, der in einem Gutachten für die Gemeindeverwaltung auf eben jene verlorengegangenen Weidegründe verweist, welche die Nomaden in den Straßenraub treiben.

Thomas Rauschenbach (Bezahlte Nächstenliebe, in: Sozialpädagogik 1986, 5, 208–218) hat das Gleichnis vom barmherzigen Samariter auf seine Weise weitergedacht. Er ist von der These ausgegangen, »daß weniger im Samariter als vielmehr in der Person des Wirtes bereits Merkmale eines modernen Sozialpädagogen enthalten sind ... Wurde der barmherzige Samariter, der Helfer aus Mitleid, zum antiken Sinnbild christlicher Nächstenliebe, so müßten wir den Wirt in dieser Geschichte wohl zum ersten neutestamentlich überlieferten Helfer einer *bezahlten Nächstenliebe*, sozusagen zum Leitbild der modernen personenbezogenen sozialen Dienstleistungen ernennen«, weil schließlich er es war, der gegen Geld die Unterbringung, Versorgung und Krankenpflege des ausgeraubten Reisenden übernahm.

Man sieht, das Gleichnis ist ausbaufähig. Es bringt nur nicht viel zur Erhellung der historischen Wurzeln unserer sozialpädagogischen Berufe. Es mag sich dazu eignen, Jugendliche zu *motivieren,* einen sozialpädagogischen Beruf zu ergreifen. Es eignet sich nicht dazu, das Entstehen dieses Berufes zu *erklären.* Denn Sozialarbeiter und Sozialpädagogen arbeiten nicht wie die Bernhardinerhunde. Sie sind keine Helfer. Auch keine professionellen. Sie verwalten einen Fond von Steuergeldern und Spenden, aus dem jene Menschen zeitweilig unterstützt werden, die das zum Überleben Notwendige nicht aus eigener Arbeit erwirtschaften können. Und sie übernehmen zeitweilig Pflege- und Erziehungs-Verpflichtungen dieser Personen gegenüber Dritten – meist gegenüber Kindern, Jugendlichen und Alten. Damit aber die materiellen Unterstützungen im Rahmen der Fond-Verwaltung von ihren Empfängern nicht dahingehend mißverstanden werden, als seien sie nun ihrer Verpflichtungen als Arbeiter und Angestellte, als Eltern und Kinder ledig, müssen diese Unterstützungen an Bedingungen geknüpft werden, welche die Unterstützten *entmutigen,* sie dauerhaft in Anspruch zu nehmen. Dies ist der Widerspruch zwischen menschlicher Hilfe und sozialer Kontrolle, der das Profil unserer Berufszweige prägt, von gutmütigen Berufsanfängern als Praxis-Schock erlebt wird und den Ton unserer populären Berufszeitschriften bestimmt, den *Mischa Brumlik* zu Recht »Jargon der Weinerlichkeit« nennt.

Aber zurück zur Geschichte unserer Berufe. Ich glaube, Klaus Mollenhauer hat recht, wenn er die Ursprünge der Sozialpädagogik in der industriellen Gesellschaft sucht. Die Autoren des Jahrbuchs der Sozialarbeit packen diesen Gedanken noch etwas fester, indem sie die

Funktion sozialer Arbeit als Verstaatlichung bisher individuell getragener Reproduktionsrisiken beschreiben[1]. Und verschiedene Autoren unseres Institutes für Sozialpädagogik in Berlin haben wiederholt darauf hingewiesen, daß ursprünglich alle in der sozialen Arbeit Tätigen im Bereich der von Marx und Engels so genannten industriellen Reservearmee operierten und auch heute noch operieren. Diese industrielle Reservearmee könne, so haben wir es formuliert, »ihre doppelte Funktion (den Preis der Ware Arbeitskraft zu drücken und die Arbeiter zu individuellen Konkurrenten zu machen) nur dann erfüllen, wenn die Mehrheit der Angehörigen dieser Reservearmee trotz des objektiven Mangels an Arbeitsplätzen subjektiv arbeitsfähig und arbeitswillig, zeugungsfähig und zeugungswillig gehalten wird. Hier scheint uns historisch und aktuell gesehen die Wurzel für die drei Funktionen der allgemeinen Fürsorge zu liegen: Sie soll in Zusammenarbeit mit den Spezialfürsorgen die Arbeitsfähigkeit von Angehörigen der industriellen Reservearmee durch materielle Zuwendungen (und mehr und mehr auch durch immaterielle Dienstleistungen) minimal sichern; sie soll gleichzeitig dafür sorgen, daß angesichts dieser materiellen Zuwendungen in Zeiten der Arbeitslosigkeit oder Arbeitsunfähigkeit der Wille zur Arbeit und die Zeugungs- und Erziehungsbereitschaft in den Familien der industriellen Reservearmee nicht erlahmen«[2].

Dieser Gedankengang wird durch die zeitgenössische Analyse von Dankwart Danckwerts[3] und die historische Arbeit von Christoph Sachße und Florian Tennstedt[4] unterstützt. Sie fassen die Geschichte der Fürsorge (in ihrer Zuspitzung auf die Armenhilfe in Deutschland) als einen großangelegten Lehrprozeß für jene breiten Schichten der Bevölkerung des 18. und 19. Jahrhunderts, denen jedes abstrakte Erwerbsstreben abging. Bei diesen Schichten ging es darum, »die Verankerung neuzeitlicher Rationalität und Ökonomie in der Persönlichkeitsstruktur ... (zu betreiben); die Zurichtung eines neuen Menschentypus, der über die Fähigkeiten und die Motivation des Lohnarbeiters verfügt und damit um die Schaffung einer unerläßlichen Voraussetzung für die Entfaltung bürgerlicher Produktion«[5].

Dieser historische Gedankengang mag uns fremd, ja unmenschlich erscheinen. Vielleicht rückt er uns näher, wenn wir uns vergegenwärtigen, wie deutsche (oder auch nordamerikanische) Entwicklungshelfer von ihren Erfahrungen in Latein-Amerika oder Afrika berichten. Sie erzählen immer wieder mit großem Erstaunen davon, daß die Arbeiter in diesen Ländern »eine ganz andere Einstellung zur Arbeit hätten als bei uns«. Dort werde zwar auch gearbeitet, aber nicht regelmäßig, nicht zuverlässig und nicht aus gleichsam »innerem Antrieb«. Man würde halt arbeiten, bis man genügend Geld oder Naturalien zusammenhabe, um die nächste Zeit ausreichend leben zu können. Dann würde man verschwinden und erst wieder am Arbeitsplatz auftauchen, wenn die Mittel zum Leben aufgebraucht seien. Und staatliche Hilfen für Erwerbslose würden nicht als Möglichkeiten der Überbrückung zeitweiliger Arbeitslosigkeit angesehen, sondern als Subsidien, die an die *Stelle des Arbeitslohnes* treten würden. So gesehen, sagen manche, ansonsten wohlmeinende und mit der einheimischen Bevölkerung sympathisierende Entwicklungshelfer, sei es falsch und eigentlich sogar unmenschlich, das System des entfalteten bürgerlichen Wohlfahrtsstaates in Mitteleuropa auf die Entwicklungsländer zu übertragen. Weil es die Menschen dort nicht zur Arbeitsamkeit ansporne, sondern die Entwicklung von Arbeitstugenden verhindere. Gute Sozialarbeit in Entwicklungsländern, so spitzen sie häufig ihre Erfahrungen zu, bestehe darin, die Arbeitstugenden zu entwickeln, nicht aber darin, das Existenz-Minimum der Nicht-Arbeitenden durch soziale Hilfen zu garantieren. Gute Sozialarbeiter, so sagen sie manchmal, seien nicht besonders sensible Helfer, sondern besonders prinzipienfeste Hilfe-Verweigerer.

Ich räume ein, daß dieser Gedankengang für angehende Sozialarbeiter und Sozialpädagogen eine große Provokation darstellen muß. Aber auch für Praktiker der sozialen Arbeit und Erziehung muß er eigentlich zynisch klingen. Denn in der klassischen Geschichte unseres Berufes haben wir gelernt (sofern uns überhaupt die klassische Geschichte unseres Berufes gelehrt worden ist), daß sich das, was wir heute professionell tun, in direkter, also ungebrochener Weise aus der Mildtätigkeit und der Barmherzigkeit des frühen Christentums heraus entwikkelt habe. Da habe es also den barmherzigen Samariter gegeben. Seine Funktion sei im Mittelalter durch christliche Orden übernommen worden, die sich die Pflege der Alten und Kranken, die Erziehung der Waisen und die Hilfe für die Armen zur besonderen, Gott wohlgefälligen Aufgabe gemacht hätten, unterstützt durch die Almosen der Reichen, welche die Armen genausogut brauchten, um in den Himmel zu kommen, wie die Armen die Reichen brauchten, um sich auf Erden am Leben zu halten. Große christliche Reformer wie Johann Heinrich Wichern in Hamburg und Adolf Kolping in Elbersfeld hätten dann im 19. Jahrhundert erneut an die alte, christliche Tradition der Kirchengemeinde angeknüpft, ihren in Not geratenen Nachbarn zu helfen, und schließlich habe der bürgerliche Staat, angestiftet durch die Bismarckschen Sozialgesetze gegen Ende des 19. Jahrhunderts, mehr und mehr die ur-eigene Hilfstätigkeit christlicher Kirchengemeinden und kirchlicher Wohlfahrtsverbände übernommen, sich gewissermaßen unter den Nagel gerissen und damit das Elend des modernen Wohlfahrtsstaates eingeleitet. Der Tenor dieser Geschichtsschreibung ist auf eine bruch-

Der barmherzige Samariter.

Englische Sozialarbeiterinnen in Uniform.

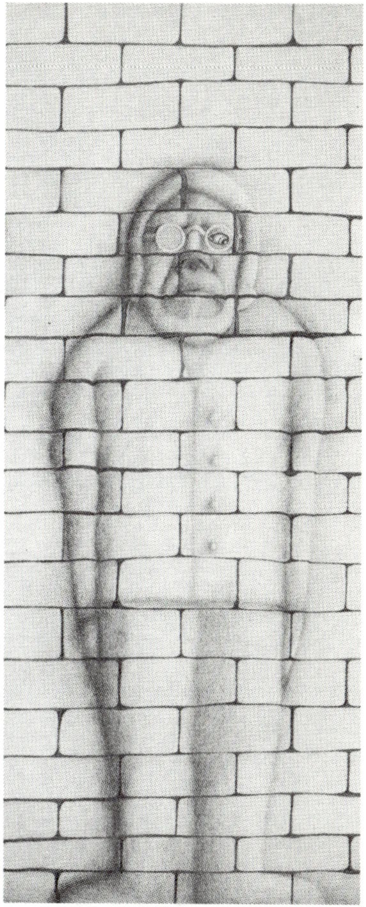

Zeitgenössischer Beziehungsarbeiter.

lose Entwicklung vom barmherzigen Samariter hin zu Caritas und Diakonischem Werk gerichtet. Als störend in dieser bruchlosen Entwicklung wird – wenn überhaupt – die Einmischung des weltlichen Staates in die »christliche Liebesthätigkeit« angesehen. Alles wäre viel besser und würde viel personen- und sachgerechter entschieden, wenn die soziale Hilfe für »sozial Schwache« nicht in die Hände des allmächtig gewordenen »Vater Staates« gelegt werde, sondern weiter wie bisher in der Obhut der zuständigen Glaubensgemeinschaften verbleiben würde, deren Repräsentanten sehr wohl zu unterscheiden vermögen, wer Hilfe verdiene und an wen sie verschwendet werde.

Die »linke« Kritik an dieser historischen Entwicklung wird dann meist an den Reizwörtern »Verbeamtung der Hilfstätigkeit« und »Bürokratisierung des Hilfeprozesses« festgemacht[6]. Es wird kritisiert, daß zwischen der individuellen Lebenssituation, in der materielle, seelische, geistliche und soziale Hilfe notwendig werde und der tatsächlichen Hilfe eine Vielzahl von Gesetzen, Ermittlungsverfahren und gutachterlichen Stellungnahmen aufgebaut worden sei, die wirkliche, menschliche und effektive Hilfe verzögere, wenn nicht gar unmöglich mache. Der biblische Samariter habe noch spontan und wirksam helfen können, der moderne Sozialarbeiter hingegen sei ein beamtlicher Ermittler geworden, seine berufliche Aktenführung dokumentiere nicht mehr den tatsächlichen Hilfeprozeß, sondern mache lediglich die Untätigkeit der Sozialbehörde gerichtssicher. Heutige Sozialarbeiter seien keine Helfer mehr, sondern Dokumentaristen staatlicher Hilflosigkeit.

Angesichts solcher »linker« Kritik werden viele Studierende der Sozialpädagogik und Sozialarbeit verunsichert. Sie blicken auf ihre Berufswahl-Motivationen zurück, sie erinnern sich, daß sie diesen Beruf ausgesucht haben, weil sie nicht mit Sachen hantieren wollten, sondern mit Menschen umgehen; sie klagen ein, daß sie sich zu Helfern ausbilden lassen wollten und nicht zu Verwaltern von Hilflosigkeit; sie entscheiden sich, an ihrer ursprünglichen, menschenfreundlichen Motivation festzuhalten, und *dennoch* Helfer zu werden – nun aber nicht im Apparat, sondern gleichsam frei praktizierend, als freischaffende Samariter, deren humanitäre Dienstleistungen nur im Augenblick noch nicht krankenschein- oder sozialhilfeschein-fähig honoriert werden[7].

Auf der Suche nach einem Berufszweig, der mitmenschliche Hilfe leistet, dies aber außerhalb der »menschenfeindlichen Apparate« zeitgenössischer staatlicher oder privater Wohlfahrtskonzerne zu tun in der Lage ist, fällt ihr Auge auf den frei praktizierenden Psychologen und die frei praktizierende Psychologin, die im Bündnis mit einem frei praktizierenden Arzt jene seelischen Probleme bearbeiten, für die Allgemeinmediziner sich unzuständig erklären (müssen). Aber da gibt es eine

Schwierigkeit: Psychologen verfügen über eine geschlossene, wirkungsvolle Standesorganisation, ihre diagnostischen und therapeutischen Methoden sind (mit Einschränkungen) anerkannt, und in der Symbiose mit praktizierenden Ärzten sind ihre Dienstleistungen krankenkassenerstattungsfähig. Sozialarbeiter und Sozialpädagogen verfügen über eine so geschlossene und wirkungsvolle Standesorganisation nicht. Sie gelten weiterhin als tatsachen-ermittelnde, von den Sozialbehörden abhängige Instanz (das Zeugnisverweigerungsrecht wird ihnen deshalb auch bisher verweigert), die mitmenschliche Hilfe, die sie leisten wollen, wird an die Institution gebunden, in der sie tätig sind – freischaffende Sozialhelfer müßten sich halt von Klienten bezahlen lassen, die, wenn sie zahlen könnten, ihrer Hilfe nicht bedürften. Um diesen Zustand zu ändern, sehen sich manche Sozialarbeiter und Sozialpädagogen nach Methoden um, die ihnen – ähnlich wie die Methoden der Ärzte und der Psychologen – zu krankenkassen-erstattungsfähigen Dienstleistungen verhelfen würden. So erkläre ich mir einen Teil des wieder erwachten Interesses an den Methoden der Sozialarbeit. Nur, daß diese Methoden – nicht darauf gerichtet, soziale Probleme zu lösen, sondern sie verwaltungsgerichts-fähig zu verwalten – mit den inzwischen ins Uferlose vervielfältigten Methoden der Psychologen nicht vergleichbar sind. Denn die therapeutischen Methoden der Psychologen versprechen (teils zu Recht und teils zu Unrecht) soziale Fehlanpassungen individuell zu kurieren, sozialarbeiterische Berufe aber versprechen in ihrem historischen Kern, soziale Fehlanpassungen festzuhalten und im Wiederholungsfalle zu bestrafen. Bei der Formulierung dieses Satzes rechne ich erneut mit ausgesprochenen und begründeten Protesten von Studierenden und Praktikern der sozialen Arbeit, die geltend machen, daß es ja gerade die wissenschaftlich fundierten Methoden der Sozialarbeit sind, die unseren Berufsstand aus den Niederungen willkürlicher Repressionshilfe für die Herrschenden auf die Hochebene professioneller sozialer Dienstleistung für Klienten geliftet haben. Methodisches Arbeiten, so sagen sie, leistet auf der individuellen Ebene sozialer Arbeit das Gleiche, was Sozialgesetze auf der Gesetzgebungsebene sozialer Politik zu leisten sich bemühen: den Anspruch auf soziale Hilfe frei zu machen von individueller Willkür. Das Konzept von historischer Entwicklung unseres Berufes, das ich hinter solchen und ähnlichen Positionen vermute, ist ein Konzept, das die spontane ehrenamtliche Hilfstätigkeit des reisenden Samariters in unsere Gegenwart verlängern möchte: nur eben voll-beruflich, professionell und mit gesellschaftlichen Garantien für ihren professionellen Vollzug und seine Bezahlung ausgestattet.

Demgegenüber gebe ich zu bedenken, daß an der Wiege der sogenannten Methoden der Sozialarbeit nicht die Ver-Beruflichung und

Professionalisierung einer bis dahin spontanen mit-menschlichen Hilfstätigkeit stand, sondern ihr Gegenteil: die Funktion der Trennung zwischen »guten« und »schlechten« der Hilfe Bedürftigen, die Substitution spontaner Barmherzigkeit durch die professionelle Entscheidung, wer im Interesse der Herstellung der Persönlichkeitsstruktur des (damals) modernen Lohnarbeiters Hilfe erhält und wem sie verweigert werden muß.

Noch vor drei Generationen, als ihre Ver-Beruflichung begann, waren Sozialarbeiter und Sozialpädagogen keine professionellen Helfer, sondern ihr genaues Gegenteil: Administratoren, die durch Ausbildung und Berufstätigkeit darauf vorbereitet wurden, *individuell* Hilfe zu verweigern, um ein *gesellschaftliches* Ziel zu erreichen: Menschen dazu zu bringen, arbeiten zu wollen, auch wenn es keine Arbeit gab, Kinder zu zeugen und zu erziehen, auch wenn diese Kinder keine Perspektive hatten, der gesellschaftlichen Ordnung zu dienen, auch wenn diese gesellschaftliche Ordnung ihren Interessen nicht dienlich war.

Wenn ich das so schreibe, dann muß ich mir immer wieder klar machen, daß ich damit einen historischen Prozeß beschreibe, in dem wir alle noch mitten drin stehen und dessen vorläufiges Ende keineswegs abzusehen ist. Ich halte nichts von der konservierenden Überzeugung, weil etwas gewesen sei, müsse es immer so bleiben. Aber ich halte es andererseits für wichtig, die *reale* Geschichte unseres Berufes so zu rekonstruieren, wie sie wirklich abgelaufen ist, damit wir uns keinen Sand in die Augen streuen, welch tollen Helfer-Beruf wir ergriffen haben und was für menschenfreundliche Pädagogen die Generationen von beruflichen Vorgängern waren, auf deren Schultern wir stehen. Welche Art von Geschichte ist die *reale* Geschichte von Berufen der Sozialen Arbeit? Auf jeden Fall *nicht* eine *Ideen*geschichte. Ideen interessieren mich im Zusammenhang dieses Buches nur, wenn sie von Menschen in institutionellen Arbeitszusammenhängen alltäglich praktiziert werden. Solche alltäglichen Berufsgeschichten liegen uns in Einzelfällen vor – beispielsweise als Neudruck des *Tagebuchs einer Fürsorgerin* von Hedwig Stieve (1925)[8], in Gestalt der Erinnerungen von elf Frauen *Aus der Pionierzeit der Sozialarbeit* (1984)[9] und als Material zu einer *Geschichte der Sozialarbeit* (1983)[10]. Dieses Material reicht allerdings nicht aus, um daraus eine *Methodengeschichte* der Sozialarbeit zu rekonstruieren, sondern höchstens, um eine solche Methodengeschichte zu *illustrieren*. Die allgemeiner gehaltene historische Literatur zur Sozialarbeit von Hans Scherpner[11] bis Klaus Mollenhauser[12] betont kontrapunktisch den Zusammenhang zwischen allgemeiner Sozialgeschichte, Sozialpolitik und Sozialarbeit oder stellt für Teilbereiche wie die Jugendhilfe (Christa Hasenclever 1978)[13] die Beziehung zwischen Reformgesetzgebung und sozialpädagogischer Praxis her.

Es fällt auf, daß die »klassische Fürsorge« bei der Beantwortung von Fragen nach ihrem methodischen Handeln bis zur Jahrhundertwende wortkarg blieb[14]. Zum Handwerkszeug der Armenpfleger des 19. Jahrhunderts gehörten offensichtlich drei Kunstfertigkeiten: die Kenntnis der für die Armuts-Bevölkerung relevanten Gesetze, ein Überblick über Adressen, an die man einzelne Hilfesuchende verweisen konnte und – dies vor allem und von zunehmender Bedeutsamkeit – die Fertigkeit der Sammlung von Daten über die Lebensverhältnisse von Klienten beim Hausbesuch.

Erst in den letzten beiden Jahrzehnten des 19. Jahrhundert ändert sich das Bild. Es ändert sich in dem Augenblick, in dem neue soziale Bewegungen die klassische Arbeitsteilung der traditionellen Armenpflege in Frage stellen: die administrative Kontrolle des Bettelwesens durch die Kommunen und die caritative Almosen-Verteilung durch Kirchengemeinden und Wohlfahrts-Vereine[15]. Unter »neuen sozialen Bewegungen« verstehe ich philantropische Bewegungen, denen die prinzipienlose Almosen-Verteilung der etablierten Armenpflege ein unwürdiges Ärgernis war, Teile der bürgerlichen Frauenbewegung, die mehr tun wollten als ein mütterliches Herz zu zeigen, und die bürgerliche Jugendbewegung, welche die autonome Gruppe von Gleichaltrigen als Medium sozialer Selbsterziehung entdeckte[16].

Diese Bewegungen entwickelten in den letzten beiden Jahrzehnten des 19. und in den ersten beiden Jahrzehnten des 20. Jahrhunderts neue und alternative Verfahren zu einem neuen, »sozialpädagogischen« Umgang mit Armut, Hilflosigkeit und Erziehungsbedürftigkeit. Dieser neue Umgang brachte eine neue Sichtweise auf Arme, Hilflose und Erziehungsbedürftige und auf die Beziehungen zwischen individueller Not und gesellschaftlicher Lage hervor. Indem aktive Teilhaber an diesen sozialen Bewegungen ihre experimentelle Praxis an andere interessierte Frauen und Männer weiter vermittelten, praktizieren *und lehrten* sie einen neuen Typus methodischen Arbeitens, der erst Jahrzehnte später in die Praxis und Ausbildung von Kommunen und Wohlfahrtsverbänden aufgenommen und im Prozeß der Aufnahme modifiziert wurde[17].

Das Ganze hat nach meinen Unterlagen in England, Deutschland und den Vereinigten Staaten von Amerika begonnen. In diesen Ländern spielt mein Buch. Es beginnt im Sommer 1883.

2
Toynbee Hall: Außenstelle der Universität in einem Londoner Slum

Im Sommer 1883 bekam der Gemeindepfarrer Samuel Barnett aus Whitechapel, einem Elendsquartier im Osten Londons, einen Brief aus der englischen Universitätsstadt Cambridge. Einige sozial aktive Studenten waren durch Artikel-Serien und Traktate über Londoner Elendsviertel auf das soziale Elend in der nahen Hauptstadt aufmerksam geworden und wollten etwas für die Armen tun. Sie gingen Samuel Barnett, von dessen Aktivitäten als Gemeindepfarrer sie wußten, um Rat an, auf welche Weise sie wohl am wirksamsten helfen könnten. Als Barnett den Brief erhielt, packte er gerade seine Sachen, um zusammen mit seiner Frau Henrietta in der anderen Nobel-Universität vor den Toren Londons, Oxford, wo er studiert hatte, alte Freunde zu besuchen. Er steckte den Brief unbeantwortet in seine Reisetasche und fuhr zum Bahnhof. Doch dann, so erinnerte sich Henrietta fünfundzwanzig Jahre später,

*»... war etwas mit der Lokomotive nicht in Ordnung, und der Zug verspätete sich so sehr, daß die Reisenden aufgefordert wurden, auszusteigen. Wir setzten uns auf eine Bank neben den Bahngleisen, umgeben von einem Teppich großer, kuhäugiger Gänseblumen, und auf dieser Bank schrieb mein Gatte einen Brief, in dem er vorschlug, daß diese Studenten ein Haus mieten sollten, wohin sie für kurze oder längere Zeit ziehen könnten, um inmitten eines Fabrikviertels zu lernen, »das Leid mit den Armen zu teilen«. In dem Brief führte mein Gatte aus, daß einer engen, persönlichen Kenntnis einzelner Armer eine weise Gesetzgebung vorausgehen müssen, um ihre Not zu lindern und das insbesondere deshalb, weil die englische Kommunalverwaltung auf der Voraussetzung einer kultivierten, mit viel Freizeit ausgestatteten sozialen Klasse basiert. Diese soziale Klasse müsse künstlich in Wohngebiete importiert werden, deren Bewohner nur wenig mehr Freizeit hätten, als sie für den Schlaf benötigten, und deren Erziehung mit dem 13. Lebensjahr und mit den drei R's**

---

* Die »drei R's« bezeichnen im Englischen die grundlegenden Kulturtechniken, die in der Volksschule vermittelt werden: Lesen *(reading)*, Schreiben *(writing)*, Rechnen *(arithmetic)*.

Henrietta und Samuel Barnett zur Zeit der Gründung von Toynbee Hall, 1882.

beendet wäre. Dieser Brief war gewissermaßen die Gründungsurkunde von Toynbee Hall«[18].

In Oxford angekommen benutzte Barnett die Gelegenheit, um auch den Studenten seiner Heimat-Universität klar zu machen, wie seiner Meinung nach die drängenden sozialen Probleme der Zeit zu lösen wären: durch Zusammenarbeit zwischen den Kultivierten und den Unwissenden, durch wechselseitige Durchdringung der sozialen Schichten der Bevölkerung, durch gemeinsames Leben in einem gemeinsamen Stadtteil, durch die Gründung einer akademischen Außenstelle im Londoner Osten.

Studenten und Hochschullehrer in Oxford wie in Cambridge griffen die Idee einer Universitäts-Niederlassung *(university settlement)* im Londoner Osten begeistert auf. Um diese Begeisterung verstehen zu können, müssen wir wissen, daß zu jener Zeit in den englischen Ballungszentren unvorstellbares Elend herrschte. In der Gemeinde Barnetts beispielsweise vegetierte nahezu die Hälfte der Bewohner von Armenhilfe und milden Gaben. Der Staat schickte die arbeitslosen Männer und Frauen in Arbeitshäuser, die wie Gefängnisse organisiert waren, die Kinder kamen in Armenschulen, die bürgerlichen Wohlfahrtsverbände verteilten – vor allem zur Winterszeit – wahllos milde Gaben, die weder vorn noch hinten reichten, und die Reichen erleichterten, wie im Mittelalter, ihr Gewissen durch jährliche Geldspenden, die irgendwo im Elendsquartier versickerten. Angesichts dieser Praxis mußte es für wohlerzogene, sozial sensible, idealistisch gesonnene junge Männer aus der Oberschicht des englischen Königreiches faszinierend erscheinen, als Samuel Barnett auf studentischen Vollversammlungen die These vertrat, nicht das Geld ihrer Eltern und nicht ihr Mitleid seien vonnöten, das Elend zu lindern und soziale Reformen voranzutreiben, sondern ihre ganze Person und ihr ganzes Leben. Wenigstens einen Teil ihrer Studienzeit und einen Teil ihrer Freizeit nach dem Berufseintritt sollten sie im Londoner Osten verbringen, um mit den Armen zu leben, um sie zu lehren und um von ihnen zu lernen.

Dozenten und Studenten gründeten schnell einen eingetragenen Verein, brachten in kurzer Zeit 6000 £ durch Spenden und Anleihen zusammen und baten Barnett, seinen Plan für eine Universitäts-Niederlassung zu konkretisieren.

Für eine Sitzung des Gründungs-Vereins im November 1883 in Oxford legte Samuel Barnett, der sich wegen der labilen Gesundheit seiner Frau zur Kur in der französischen Schweiz aufhielt, ein Konzeptionspapier vor, in dem er der Idee einer Universitäts-Niederlassung im Londoner Osten organisatorische Gestalt gab. In diesem Papier[19] wendet sich Barnett gegen die traditionelle Antwort der Staatskirche wie der Universitäten, der Armut breiter Schichten der Großstadt-Bevölkerung durch die Einrichtung von »Stadt-Missionen« zu begegnen, in denen beamtliche Geistliche meist erfolglos versuchen, Gottes Worte den Tagelöhnern, den Arbeitslosen, den Prostituierten zu verkünden. »Können wir denn gar nichts anderes tun«, so zitiert Barnett einen Akademiker, »als neue Kirchen zu bauen?« Aber auch »Stadt-Missionen«, die nicht von der Kirche, sondern von einer Universität unterhalten werden, spiegeln nach Barnetts Meinung nicht den Geist wider, der gegenwärtig (1883) die Hochschulöffentlichkeit bewegt. Gewiß, solche Missionen wären nicht an die Verkündigung der Worte Gottes gebunden, sie könnten (weltliche) Sozialarbeit leisten – aber gegen die damaligen Formen von Sozialarbeit hat der Autor Bedenken. Wir werden darauf zurückkommen.

Nein, Samuel Barnett hat eine engere, persönlichere Beziehung zwischen Akademikern – die damals weitgehend der englischen Oberschicht angehörten – und den Bewohnern der Slums im Auge. Er weist darauf hin, daß es gerade im Londoner Osten eine Reihe großer Stadt-Villen gibt, die ehemals von reichen Leuten bewohnt wurden und die jetzt als Miethäuser und Lagerhäuser dienen.

»Ein solches Haus mit genügend Schlafzimmern und Gesellschaftsräumen könnte von der Universität übernommen werden, es könnte mit Möbeln und dem Namen der Universität ausgestattet werden. Als Leiter könnte ein Akademiker ernannt werden, ein Mann mit der rechten Gesinnung, dem alle Parteien vertrauen, ausgestattet mit einem Charakter, um Menschen zu führen und mit einer akademischen Ausbildung, um sie zu lehren. Er könnte von der Universität bezahlt werden, so wie ein Pfarrer in der ›Stadt-Mission‹ von der Kirche bezahlt werden würde. Um einen solchen Mann würden sich andere Universitäts-Absolventen scharen. Einige würden in der Stadt als Geistliche, als Rechtsanwälte, als Regierungsbeamte arbeiten, Medizinstudenten und Geschäftsleute würden gern die Gelegenheit ergreifen, sich in dem Haus für einige Zeit niederzulassen. Hier im Osten würden sie weniger abgelenkt werden und auf größeres Interesse stoßen als in einer Wohnung im Londoner Westen. Andere würden für ein paar Wochen oder Monate in ihren Ferien hinzukommen und Aufgaben übernehmen, die ihrem Können entsprechen. Auf diese Weise würde sich ihr Leben mit dem Leben der Armen berühren, und sie würden Dinge lernen, die ihr Bewußtsein revolutionie-

Bluegate fields. Lithographie von Gustave Doré, 1872. ▶

ren könnten. Natürlich müßte man diese Settler* *bezahlen, aber die Bezahlung sollte nur dazu dienen, daß sie damit für ihre Unterkunft und Verpflegung in dem* Settlement* *aufkommen könnten«*[20]**.

Die Aufgabe des Leiters wäre es, die Studierenden mit ihren möglichen Aufgaben im Elendsgebiet vertraut zu machen und Kontakte mit Kirchen-, Regierungs- und Verbands-Vertretern zu pflegen. Ältere Akademiker könnten sich in die Gemeinde-Selbstverwaltung einschalten, als Ratsherren kandidieren und soziale Reformen vorantreiben. Erfahrene Studenten könnten bei der Armenpflege helfen, Schulklassen unterrichten und Jugendgruppen leiten. Auf gemeinsamen geselligen Veranstaltungen könnten sich die sozialen Klassen zwanglos begegnen und von einander lernen. Denn »der Londoner Osten wird nicht eher ›gerettet‹ werden, als bis die Reichen ihr Verhalten geändert haben und sich wieder damit begnügen, die gleiche Luft zu atmen und in den selben Straßen zu wohnen wie die Armen«[21].

Als die Barnetts im Sommer 1883 nach Oxford fuhren, um der Universitätsöffentlichkeit ihren Plan einer Außenstelle im Londoner Osten vorzulegen, hatten sie eine zehnjährige Praxis als Gemeindepfarrer und Pfarrfrau in Whitechapel hinter sich, und eine fünfjährige Praxis in einer sozial gemischten Gemeinde in Bristol dazu.

Nach einem Studium der Geschichte, des Rechtes und der Religion im Wadham College*** in Oxford, das ihn wenig beeindruckt hatte – er fand seine Tutoren lausig und seine Mit-Studenten frömmelnde Eiferer

---

* *To settle* meint = sich niederlassen, Wohnung nehmen, und *settlement* ist eine Niederlassung oder eine Ansiedlung. Ich verwende teilweise die englischen Wörter, weil sie nur näherungsweise deutsche Entsprechungen haben (Bewohner, Siedler, Einwohner).

** Kenner britischer Lebensweise werden bemerken, daß Barnetts Vorstellung von einer Universitäts-Niederlassung in Zusammenhang mit englischen *Clubs* steht, die insbesondere für noch unverheiratete Angehörige der englischen Oberschicht eine Art halb-öffentliches Heim darstellen, in dem man (Frauen sind bis heute noch nicht zugelassen) ißt, trinkt, korrespondiert, Gäste empfängt und seine Freizeit verbringt.

*** Das traditionelle englische Universitäts-System ist anders organisiert als das traditionelle deutsche. Die beiden großen Universitäten Oxford und Cambridge stellen zwar die Hochschullehrer und die Räume für Vorlesungen und Seminare, aber das eigentliche Hochschulleben findet in *Colleges* statt, privaten Einrichtungen von Kirchen und Mäzenen, in denen die Studenten neben Unterkunft und Verpflegung eine intensive Anleitung in akademischen und gesellschaftlichen Fragen erhalten. Deshalb ist es für englische Akademiker der damaligen Zeit weniger bedeutsam, an welcher Universität sie studiert, als vielmehr, in welchem College sie gewohnt haben.

– wurde Samuel Augustus Barnett, Sohn eines Gießereibesitzers für Eisenbettstellen und Enkel eines Holzhändlers väterlicherseits und eines Reedereibesitzers mütterlicherseits, Diakon in der St. Mariengemeinde in Bristol, seiner Heimatstadt. Er war kein hinreißender Prediger, aber er hatte Spaß am Konfirmandenunterricht, und sein Geschichtsunterricht war plastisch und lebendig. Besonders erfolgreich aber waren seine sozialpädagogischen Aktivitäten als Diakon. Er gründete einen Club junger Arbeiter (mit Referaten, Diskussionen und Gesellschaftsspielen, aber ohne Alkohol), und er arbeitete ehrenamtlich in der örtlichen Liga der Wohlfahrtsverbände mit. Bei dieser Arbeit lernte er die 19jährige Henrietta kennen, die als Tochter aus »gutem« und wohlhabendem Hause ehrenamtlich Hausbesuche bei den Armen machte, um der Liga der Wohlfahrtsverbände Hinweise zu geben, welche notleidenden Familien Hilfe »verdienten« und welche nicht. Dieses System »freundlicher Hausbesuche« *(friendly visiting)* durch ehrenamtlich tätige Damen der Gesellschaft hatten die Engländer mit den Elberfeldern gemeinsam, wo es 1852 eingeführt worden war. Henrietta und Samuel treten in einen intensiven mündlichen und schriftlichen Gedankenaustausch über die Ursachen der Armut, über die Hilfsbedürftigkeit einzelner »Fälle« und über die Notwendigkeit einer Reform der englischen Armenpflege ein, und im Februar 1872 hält Samuel um die Hand Henriettas an. Sie ist überrascht, aber eher unangenehm, und erbittet sich ein halbes Jahr Bedenkzeit. Denn bei Lichte betrachtet ist Samuel zumindest in seiner äußeren Erscheinung alles andere als ein Wunschtraum für verwöhnte Mädchen. Er trägt einen Zylinder, der ihm nicht paßt, weil er ihn über ein Versandhaus gekauft hat, dazu Baumwollhandschuhe, die drei Nummern zu groß sind und eine schwarze Fertigkrawatte zum Flanellhemd. Aber über die gemeinsame Arbeit in der Armenpflege kommen sich die beiden näher, und Henrietta lernt die Ernsthaftigkeit der sozialreformerischen Vorstellungen Barnetts schätzen und über die unkonventionellen Züge seiner äußeren Erscheinung hinwegsehen. Samuel bekommt das Angebot, eine lohnende Pfarrei in der Nähe von Oxford zu übernehmen. Aber er schlägt es aus. Er will im Osten Londons seine Vorstellungen über die Reform der Armenpflege erproben. Im Herbst 1872 schließlich schlägt ein Bekannter dem Bischof von London Samuel Barnett als Kandidaten für die heruntergewirtschaftete Pfarrei von St. Jude's in Whitechapel, im Osten Londons in der Nähe der Docks, vor. Im Januar 1873 heiraten die beiden (allerdings ohne, wie Henrietta in ihren Lebenserinnerungen rügt, die eigentlich standesgemäße Anzeige in die TIMES zu setzen) und ziehen im März 1873 in ihr neues Gemeindehaus. Henrietta erinnert sich:

»Ein trübseliger Nieselregen war in der Luft, die Straßen – schmutzig und in schlechtem Zustand – waren voll von bösen und schmutzigen Leuten, verwahrlosten Kindern und abgehetztem Vieh. Die ganze Gemeinde bestand aus einem Netz von Höfen und Sackgassen. Manche Häuser waren in möblierte Zimmer für acht Pence die Nacht abgeteilt, ein schlechtes System, das zu jeder Form von Übel führt, zur Verschwendung, zur Unordentlichkeit, zum Verlust der Selbstachtung, zu gesetzlosem Leben und zu lasterhaftem Treiben …

»Der Vorgänger meines Mannes hatte unter einer langen und verheerenden Krankheit gelitten, und alles war aus der Ordnung geraten. Die Kirche, ohne Kurator, ohne Chor, ohne Mitarbeiter, war leer, schmutzig und ungeheizt. Früher war sie eine Plattform für populäre Prediger gewesen … sie hatte riesige Galerien, um die Masse der Zuhörer zu fassen, die aus allen Teilen Londons gekommen waren, um die Predigt zu hören – Galerien, die das Licht abhielten und die gegenwärtige Leere doppelt bedrückend machten. Die Räume für den Konfirmandenunterricht waren verschlossen, die Unterrichtsräume entbehrten jedes Mobiliars, die Gemeindeorganisation war gleich Null: es gab keinen Mütterkreis, keine Sonntagsschule, keine Konfirmandenklassen, keine Bücherei, keine Musikinstrumente – nichts funktionierte, nichts war in Ordnung. Und um diese leblose Muschelschale wogten und brandeten die Leute. Heute da, morgen fort. Diebe und schlimmeres. Hehler, Hausierer und Schnorrer, Gelgenheitsarbeiter von den Docks, jede Sorte ungelernter Schnorrer aus der Unterschicht versammelte sich in unserer Gemeinde. Es gab ein Viertel, in dem nur Iren wohnten, ein anderes Viertel mit Juden, und ganze Straßenzüge waren von Angehörigen lasterhafter Bevölkerungsgruppen mit Beschlag belegt. Da waren Leute, deren Verhalten brutal, deren Ideal der Müßiggang war, deren Manieren Ekel erregten, denen ›Güte‹ ein lächerliches Wort bedeutete, die das Leben ehrenhafter Männer und rechtschaffener Frauen verspotteten. Raubüberfälle, Einbrüche und Schlägereien in den Straßen waren an der Tagesordnung; und für mich, die ich von Geburt aus feige bin, spitzte sich die Lage mehr und mehr zu, als wir in der Gemeinde dafür bekannt wurden, daß wir in Schlägereien eingriffen, um sie zu beenden oder doch wenigstens zu mäßigen …

»Wir begannen mit unserer Arbeit sehr simpel und sehr still: wir öffneten die Kirche – bei der ersten Andacht hatten wir sechs oder sieben alte Frauen, die alle dafür, daß sie kamen, milde Gaben erwarteten –, wir fingen wieder mit dem Religionsunterricht an, brachten ein Hilfs-Komitee ingang, organisierten die notwendigen Arbeitskreise und Gemeinde-

Strukturen und versuchten, das tiefsitzende Krebsgeschwür der Abhängigkeit von milden Gaben auszubrennen, wenn schon nicht zu heilen, von dem alle unsere Gemeindemitglieder auf die gleiche Weise befallen waren; das die besten von ihnen erniedrigte und die schlimmsten von ihnen entwürdigte. Die Leute kamen zu uns: zu jeder Stunde und an allen Tagen – und unter jedem erdenklichen Vorwand. Für sie waren wir nichts als eine Quelle für Geld, für kostenlose Fahrscheine oder Nahrungsmittel. Und so zuversichtlich waren sie, daß wir ihnen diese Hilfen auch gewähren würden, daß sie Notlagen auf sich zukommen ließen, die leicht vorherzusehen gewesen wären, um dann jemanden zu uns zu schicken und Hilfe zu fordern!«[22]

Diese Klage Henrietta Barnetts zieht sich leitmotivisch durch ihre eigenen Erinnerungen und durch die zweibändige Biographie, die sie nach dem Tode Barnetts (1913) über ihren Mann, seine und ihre Arbeit und ihre gemeinsamen Freunde geschrieben hat. Sie mag schwer vorstellbar sein für eine Leserin und einen Leser aus den achtziger Jahren *dieses Jahrhunderts.* »Was für eine Frau!« werden wir versucht sein zu sagen. »Welch hartherzige Nachfolgerin des barmherzigen Mannes aus Samarien, die sich weigert zu helfen, wo doch die massenhafte Hilflosigkeit der Leute für jedermann sichtbar ist und zum Himmel schreit! Warum hilft sie nicht, sondern – um wieviel schlimmer noch! – beklagt sich über die mangelhafte Planungsfähigkeit der Hilflosen, ihre Hilflosigkeit vorherzusehen und Vorkehrungen zu ihrer Abhilfe zu treffen. Was für eine Frau!«

Henrietta Barnett kommt auf ihr Thema noch einmal an prominenter Stelle zurück. Sie erinnert sich an ihre Gefühle, als sie zum ersten Male zu einer kranken Frau in der Castle Alley gerufen wurde, »einer Straße, die inzwischen längst abgerissen worden ist, wo die Häuser – drei Stockwerke hoch – kaum zwei Meter voneinander entfernt standen, die sanitären Einrichtungen als Löcher in den Kellern lagen und der ganze Ort eigentlich hätte geräumt werden müssen«.

»In dieser stinkenden Straße in einem winzigen, schmutzigen Kabuff mit zerbrochenen Fenstern, die mit Papier verklebt waren, lag die Frau, die nach mir geschickt hatte. Es gab kein Bettzeug, sie lag auf Sackleinen und war mit Lumpen zugedeckt. »Ich kenne Sie nicht« sagte ich, »aber ich höre, daß Sie mich sprechen wollen«.

»Neien, Madamm!« antwortete eine vom Bier aufgeschwemmte Frau neben dem Bett und zeigte auf ein winziges, neugeborenes Baby. »Wir kenn' Sie nich'. Aber hier is' d's Baby. Und die Mutter braucht Kleider und was 'ne Mutter sonst noch braucht. Und da ha'm wir eben rumgeschickt, nach der Kirche«.

Das war nun in der Tat ein Kompliment für die Institution, die Jesus Christus repräsentierte, aber ein Kompliment, das zeigte, wie tief der Charakter dieser Leute gesunken war, die noch nicht einmal die einfachste Vorkehrung für ein Ereignis zu treffen vermochten, das sie ja seit Monaten hätten voraussehen müssen, und das selbst die Ärmsten unter den Respektierlichen noch als geweihtes Ereignis begreifen«[23].

Ich glaube, an dieser Stelle ist es hohe Zeit für einen Exkurs über die Situation der Armenpflege in England um 1870, damit wir den Äußerungen Henrietta Barnetts gerecht werden können und damit ich mich nicht dem Vorwurf aussetzen muß, mit welch hartherzigen, ja zynischen Leuten ich meine Leser in diesem Buch bekannt mache.

England ist das klassische Land der staatlichen Armenpflege. Sie geht zurück auf das Armengesetz der Elisabeth aus dem Jahre 1601, das 1834 durch eine Novelle verändert worden war. Der deutsche Jurist P.F. Aschrott, ein früher Dokumentarist der englischen Situation um 1870 – sein Buch über »Das englische Armenwesen in seiner historischen Entwicklung und in seiner heutigen Gestalt« erschien 1886 bei Duncker & Humblot in Leipzig – beschreibt die Prinzipien des alten Armengesetzes der Elisabeth so:

»1) Die Erlangung der Unterstützung muß gewiss sein; es muss die allgemeine Überzeugung bestehen, dass jedermann, einerlei welches die Ursache seiner Hilfsbedürftigkeit sein mag, von der äussersten Noth geschützt ist.

2) Die öffentliche Unterstützung muss beschränkt bleiben auf das Minimum desjenigen, was zum Lebensunterhalte unbedingt erforderlich ist; es muss die Möglichkeit ausgeschlossen sein, dass die Lage des Unterstützten sich in irgend einer Weise zu einer besseren gestaltet, als die des ärmsten selbständigen Arbeiters ist.

3) Mit der Unterstützung müssen für den Empfänger Nachtheile verbunden sein, welche denselben veranlassen, so weit es in seinen Kräften steht, für seine Zukunft selbst Vorsorge zu treffen.

Das erste entspricht der Pflicht des Kulturstaates. Das zweite ist ein Gebot der Gerechtigkeit gegen die Steuerzahler überhaupt, wie gegen die Klasse der Unvermögenden im Speziellen. Das dritte ist eine Nothwendigkeit für den sich seiner sozialreformerischen Aufgaben bewussten Staat«[24].

Wentworth Street, Whitechapel. Lithographie von Gustave Doré, 1872. ▶

Diese Prinzipien waren für die Shakespeare-Zeit ausgesprochen vorwärtsweisend gewesen. Denn sie besagten, daß die steuerzahlenden Besitzer und Nutznießer von Grund und Boden verpflichtet waren, Armenkinder, arbeitsunfähige Arme und arbeitsfähige Erwerbslose durch Naturalien und Geld zu unterhalten. *Weil* diese Prinzipien progressiv waren, stießen sie während des 17., 18. und 19. Jahrhundert immer wieder auf heftige Kritik der Steuerzahler. Diese Kritik wurde häufig in das moralische oder »sozialpädagogische« Gewand gekleidet, der gemeine Mann würde kein Interesse daran gewinnen können, gegen Lohn zu arbeiten, wenn er auch ohne Arbeit die zum Überleben seiner Familie notwendigen Mittel durch die öffentliche Wohlfahrt *(poor relief)* erhalte. Die Kritik unterstrich also nicht die Pflicht der staatlichen Gemeinschaft zur Unterstützung der Mittellosen, sondern die Pflicht der Mittellosen, diese Unterstützung nicht oder nur in äußersten Notfällen in Anspruch zu nehmen. Die Kritiker der Armengesetze sorgten sich sehr, daß die Bedingungen, unter denen Sozialhilfe (wie wir heute sagen würden) gewährt werde, nicht abschreckend genug seien, um alle diejenigen von ihrer Inanspruchnahme abzuhalten, die arbeiten können, arbeiten wollen und Arbeit finden. Der zuletzt genannte Gesichtspunkt blieb dabei meist außer Betracht.

Es gab im wesentlichen drei Instrumente, die Armen von der Armenhilfe abzuhalten: den Verlust der bürgerlichen Ehrenrechte, die bürokratische Prozedur bei der Gewährung von Armenhilfe und die Einweisung der Antragsteller in ein Arbeitshaus, um ihren Arbeitswillen zu testen.

Jede Gewährung einer öffentlichen Unterstützung im Rahmen der Armenhilfe zog den Verlust des Wahlrechtes für das Parlament und für die Kommunalverwaltung für das laufende Jahr nach sich. Die abschreckende Wirkung dieser Sanktion für die breiten Massen der besitzlosen Bevölkerung war gleich null, weil das englische Wahlrecht im 19. Jahrhundert eh ein Klassenwahlrecht war. Es band nämlich dieses demokratische Recht an die Verpflichtung, mindestens 10 £ Grundsteuer im Jahre zu zahlen. Auch das zweite Instrument wirkte nur bei den sozialen Gruppen, die den Verlust ihrer Reputierlichkeit in der Nachbarschaft fürchten mußten, wenn sie Armenhilfe in Anspruch nahmen. Denn die Hilfesuchenden mußten in öffentlicher Sitzung vor den (ehrenamtlichen) *Guardians* der kommunalen Armenbehörde

Bancroft Road dreißig Jahre später (um 1900). ▶
Die Miete für zwei Zimmer in einem Reihenhaus in dieser Straße kostete damals 7 s 6 d, so viel, wie eine Heimarbeiterin an der Nähmaschine in einem halben Monat verdiente.

Eine Straße in Whitechapel im Jahre 1981.
Die Menschen auf der Straße sind den Autos gewichen.

erscheinen und ihre materiellen Verhältnisse offen legen. Ihr Gesuch wurde in einem öffentlich ausliegenden Protokoll vom (hauptamtlichen) Armenpfleger festgehalten und durch Hausbesuche (ehrenamtlicher) Helferinnen der Armenbehörde überprüft. Die Entscheidung über die Gewährung der Hilfe wurde vom (hauptamtlichen) Sekretär der Behörde in das ebenfalls öffentlich ausliegende *Relief Order Book* eingetragen. Nur in »akuten und dringlichen Fällen« wurde die Hilfe in Naturalien (Lebensmitteln, Brennholz, Kleidung) und später teilweise in Geld *direkt ausgegeben.* In aller Regel wurden die arbeitsfähigen Ernährer der Familie, die um Hilfe nachsuchte, in ein Arbeitshaus eingewiesen, damit dort ihre Arbeitswilligkeit getestet werden konnte. Dies war die Voraussetzung für die Unterstützung der übrigen Familienmitglieder durch Naturalien und teilweise Geld. Diese Einrichtung des Arbeitshauses erwies sich im 19. Jahrhundert als das einzig probate Instrument, die Armen wirklich wirkungsvoll von der Armenhilfe abzuschrecken. Die Frauen verhungerten lieber, als um Hilfe zu bitten, und die Männer stahlen lieber, als ihren Frauen zu gestatten, Armenhilfe zu beantragen und dabei (mehr oder weniger automatisch) ins Arbeitshaus eingewiesen zu werden. Denn das Arbeitshaus, das seit 1865 obligatorisch zu jedem der 647 Armenpflege-Distrikte von England und Wales gehörte und aus Mitteln der Armensteuer unterhalten werden mußte, war eher ein Zuchthaus denn ein Ort, wo Erwerbslosen öffentliche Arbeit »angeboten« worden wäre. Selbst Aschrott, der sich in der Tendenz über die abschreckende Wirkung dieser Einrichtung recht befriedigt zeigt, kritisiert die unproduktive und unrationelle Arbeit, die im Arbeitshaus zu verrichten sei. Zwar hält er die Insassen der Londoner Arbeitshäuser, die er selbst besucht hat, für hoffnungslose Fälle:

»Wenn wir von der einzigen Klasse, welche allerdings besser aus dem Workhouse entfernt würde, den unehelich Geschwängerten, absehen, so treten uns in den Insassen fast durchweg arme, entweder schon von Natur für den Kampf und das Leben unzureichende oder durch ihre Lebensweise unfähig gemachte Individuen entgegen, welche fast insgesamt auf derselben moralischen Stufe stehen und durch die Berührung miteinander nicht verschlechtert werden. Kann man bei diesen Leuten denn wirklich von günstig wirkenden Familienbanden sprechen? Die Mehrzahl der Leute haben vor ihrer Aufnahme in das Workhouse in Räumen gewohnt, welche man als nichts weniger denn als ein ›Home‹ bezeichnen kann. Die Trennung der Kinder von ihrer bisherigen Umgebung ist fast durchweg als ein Glück für die ersteren anzusehen. Und was die Trennung von Mann und Weib betrifft, so wird ein recht schlagender, praktischer Beweis dafür, wie wenig in diesen Klassen sentimentale Gefühle vorherrschend sind, durch folgende Thatsache geliefert ... im Jahre 1847 (wurde angeordnet), daß über 60 Jahre alte Ehepaare nicht gezwungen werden dürften, im Workhouse getrennt zu leben ... In den Workhouses, in welchen auf Grund dieser Bestimmungen besondere Zellen für Ehepaare eingerichtet sind, ergeben sich häufig geradezu Schwierigkeiten in der Besetzung dieser Zellen, weil die Eheleute sich vielfach direkt weigern, eine gemeinsame Zelle zu beziehen«[25].

Dennoch regen sich bei unserem deutschen Gewährsmann erste »sozialpädagogische« Gedanken, die ihm mindestens die Art der Arbeit der Arbeitshäuser unrationell erscheinen lassen.

»Es ist noch nicht lange her, daß das Wergzupfen (oakum picking) fast die einzige Beschäftigungsart in den Workhouses war und noch heute

Englisches Arbeitshaus. Kupferstich und Radierung von William Hogarth, 1732.
»Lieber arbeiten als so zu stehen« steht links auf dem Pranger.

bildet dasselbe jedenfalls die Hauptbeschäftigung. Dieses Aufdrehen und Zerzupfen von alten Schiffstauen muß von jedem Standpunkte aus, den man bei der Arbeitsanordnung in das Auge fassen mag, als irrationell erscheinen ... Der Erlös der Arbeit ist ein geradezu minimaler. Läßt man diesen ökonomischen Standpunkt ganz außer Betracht und verfolgt bei der Wahl der Arbeit vielmehr den Zweck der Abschreckung – wie man dies in England besonders in der ersten Zeit nach dem Gesetze von 1834 thun zu müssen glaubte, um dadurch, daß man den Unterstützten zu einer unangenehmen Arbeit anhielt, das Workhouse Test noch weiter zu verschärfen – so stellt sich auch hier das Wergzupfen als ungeeignet heraus, denn es ist eine unangenehme Arbeit nur für denjenigen, der nicht daran gewöhnt ist ... Am meisten verwerflich erscheint diese Beschäftigungsart aber von dem Standpunkte aus, welcher bei einem eigentlichen Arbeitshause vor allem in Berücksichtigung gezogen werden sollte, nämlich: durch die Arbeit einen erzieherischen Einfluß dahin auszuüben, daß der Betreffende an der Arbeit selbst ein Vergnügen findet, und daß durch die Arbeitsleistung in ihm die Lust zur Arbeit erweckt wird«[26].

Aber auch aus einem anderen Grunde verfehlten die Arbeitshäuser ihre (mögliche) volkserzieherische Wirkung, denn, wie schon gesagt, die meisten arbeitsfähigen Erwerbslosen verhungerten lieber oder fristeten ihr Leben durch Mundraub und Diebstahl, als daß sie sich einweisen ließen. Offenbar traurig bemerkt Aschrott, die Arbeitshäuser der 90er Jahre des letzten Jahrhunderts machten in der Tat nicht den Eindruck *wirklicher Arbeitshäuser,* weil sie schlicht leer seien. »Ein trefflicher Beleg für diese Thatsache ist es, daß in der Metropolis (= London) eine große Zahl von Armenverbänden zusammengetreten ist, um alle arbeitsfähigen Armen ihrer Bezirke in einem einzigen Workhouse unterzubringen, und daß dies letztere *Workhouse* regelmäßig noch nicht einmal zur Hälfte besetzt ist«[27]*. Abschreckung von der Armenhilfe und Arbeitserziehung sind also offensichtlich schon damals zwei Prinzipien gewesen, die sich gegenseitig ausschließen.

Diese Kritik am Arbeitshaus wird im England des 19. Jahrhunderts mehr und mehr durch eine *Kritik am dualen System von staatlicher Armenhilfe und privater Armenpflege* verstärkt. Denn neben den *Boards of Guardians,* welche die Gelder aus der Armensteuer verwalten, sind in den einzelnen Armenbezirken auch noch private Wohlfahrtsverbände tätig, die Spendengelder als Almosen *(doles)* verteilen. Sie sind nicht an die Regulative des Armengesetzes gebunden, sondern können Erwerbslose, Alte und Kranke in ihren Kirchengemeinden nach eigenem Gutdünken unterstützen.

Als nun die Barnetts ihre Pfarrei in Whitechapel übernahmen, kritisierten sie vor allem diese private Caritas, »welche ihre Empfänger beleidigt und auch für die Geber verächtlich ist«[28]. Immer wieder sprechen die Barnetts in ihren Briefen, Artikeln, Traktaten und Lebenserinnerungen von dem korrumpierenden Charakter milder Gaben, die von den Wohlfahrtsverbänden prinzipienlos unter die Gemeindemitglieder gestreut würden und die notwendigerweise dazu führen müßten, daß die Selbsthilfekräfte der Armen und Erwerbslosen nicht geweckt würden oder verkümmerten. Der von ihnen verurteilten und verachteten Methode der prinzipienlosen Verteilung von Almosen

---

* Das Londoner Arbeitshaus Marylebone hatte zu jener Zeit 1867 Plätze.

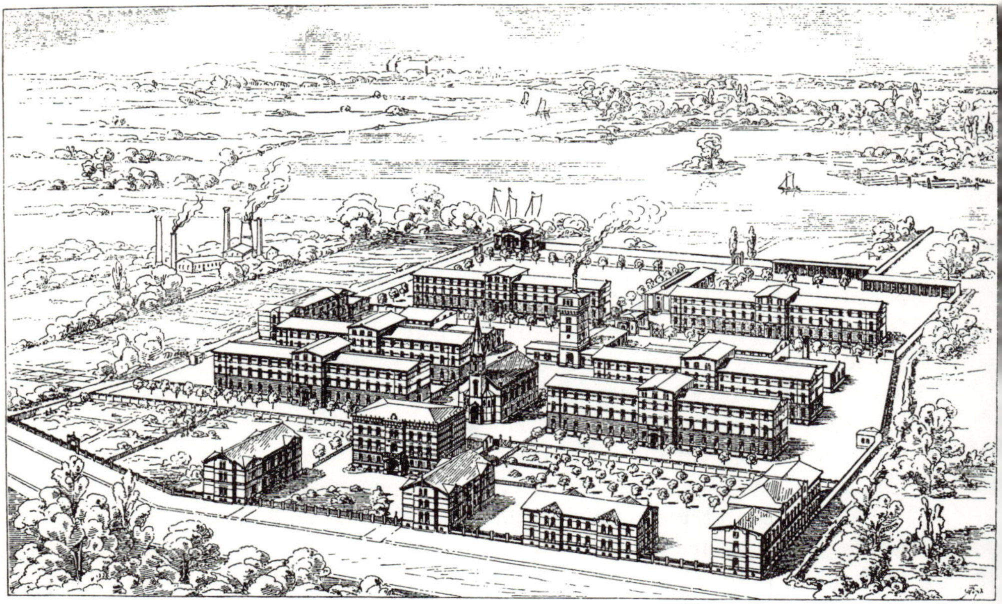

Das Städtische Arbeitshaus in Rummelsburg bei Berlin.

setzten sie in St. Jude's und später in Toynbee Hall eine andere Methode gegenüber, um derentwillen ich die Barnetts in diesem Buch über die Geschichte der Methoden der Sozialarbeit so ausführlich erwähnte.

Ein Kritiker der Barnetts hat einmal gesagt, ihre Methode bestünde darin, »verhungernde Seelen mit Kunstausstellungen, Klavierkonzerten und Parties zu retten«. Das mag überspitzt klingen, ist es wohl auch, aber es beschreibt einen Teil der Barnettschen Prinzipien. Sie gingen in der Tat davon aus, daß den Armen, Erwerbslosen und Hilfsbedürftigen nicht mit einmaligen milden Gaben gedient sei, sondern daß sie lernen müßten, ihr Leben selbst zu meistern und die zum Leben notwendigen Mittel durch eigene Arbeit zu verdienen. Sie setzen also auf Erziehung – nicht auf Abschreckung, obwohl sie – wenigstens anfänglich – die abschreckende Wirkung der Einweisung ins Arbeitshaus für richtig hielten, weil sie bedingungslose Gegner von milden Gaben ohne Gegenleistungen waren. Diese Gaben ohne Gegenleistungen würden die Selbstachtung der Armen zerstören, und ohne Selbstachtung wären sie nicht in der Lage, sich selbst zu helfen. Deshalb, so hieß es schon in dem Brief Samuel Barnetts an die hilfswilligen Cambridger Studenten, müßten Angehörige der gebildeten und kultivierten Mittelschicht in die

Slums ziehen, um mit den Armen zu leben und ihnen durch ihr Beispiel neuen Mut zu geben. Flankierend dazu seien Sozialreformen auf kommunaler Ebene notwendig, die wiederum von den importierten Bildungsbürgern vorangetrieben werden könnten. Zweiundzwanzig Jahre nach der Gründung von Toynbee Hall formuliert Samuel Barnett sein Konzept aktiver Armenhilfe mit dem Satz von der *wechselseitigen Durchdringung*. Die Bewohner der Universitäts-Niederlassung im Elendsquartier

»wohnen dort, um mindestens in demselben Grade zu lernen wie zu lehren ... Sie leben dabei ihr eigenes Leben und bleiben in ihren akademischen Berufen. Sie tun ihre eigene Arbeit und verdienen ihr Geld auf ihre professionelle Weise. Sie haben ihre eigenen Freizeitbeschäftigungen und, weil sie ja untereinander eine Gemeinschaft von Leuten mit ähnlichem Lebensstil bilden, werden sie durch wechselseitigen Verkehr mit ihresgleichen angeregt, ihren kulturellen Standard aufrecht zu erhalten. Sie bleiben sie selbst und erhalten sich die Errungenschaften, welche die Gabe dieses Jahrhunderts sind, in dem sie leben. Aber sie laufen täglich durch gewöhnliche Straßen, sie treffen täglich die Massen der

Tretmühle und Holzhacker im Arbeitshaus Hamburg.

Arbeiter, sie fühlen die Depression, die von der rußgeschwängerten Luft ausgeht, und sie sehen, was die Arbeit und was das Vergnügen der einfachen Leute ist. Sie lauschen den Gesprächen der Kinder in ihrer Mitte. Langsam kommen sie dazu ..., sich an kommunalpolitischen Angelegenheiten zu beteiligen. Sie besuchen örtliche Versammlungen, sie treten in Vereine ein und werden Mitglieder von Bürgerinitiativen (movements) ...

»Die Bewohner einer Universitäts-Niederlassung ändern sich in der Tat. Und in der Tat bedeutet dies auch eine Änderung ihrer Nachbarn. Sie leben, als ob sie auf einem Hügel leben. Sie sind wie Kerzen, die in einem Kerzenhalter brennen ... Settlements bedeuten in der Tat ein Konzept von Gesellschaft, das sich von den Konzepten unterscheidet, die oftmals in den Köpfen guter Menschen stecken. Diese populären Konzepte gehen davon aus, daß der Reiche dem Armen hilft und daß der Weise den Unwissenden belehrt. Das bedeutet eine Gesellschaft von Wohltätern und Hilfe-Empfängern, in der, bewegt vom guten Willen, der Starke zu den Schwachen geht und die Leidenden tröstet. Diese Konzeption hat ihren eigenen Reiz – aber sie gehört ins Mittelalter. Es gibt eine andere Konzeption, die langsam Gestalt gewinnt. Es ist die Konzeption einer Gesellschaft, in der Kooperation die Rolle von Mildtätigkeit übernimmt – und Gerechtigkeit die Rolle von Nächstenliebe«[29].

Zu diesem Konzept gehört in der Tat und an bevorzugter Stelle der gesellige Verkehr mit den Nachbarn. Die Barnetts, aus besitzbürgerlichen Verhältnissen kommend, führten immer ein großes und offenes Haus – in ihrer Dienstwohnung. Allwöchentlich luden sie Leute zum Abendessen ein oder zur Gartenparty im Freien, mal acht, mal vierundsechzig, mal eintausendachthundert – quer durch die sozialen Schichten der Bevölkerung. Und sie suchten ihre Gäste prinzipiell als Gleichwertige und Gleichgestellte zu behandeln – bis hin zu der uns vielleicht komisch anmutenden Praxis, die Sozialhilfeempfänger auf eigens gedruckten Einladungskarten zum Abendessen zu bitten. Henrietta Barnett widmet der Kunst, die armen Nachbarn zu unterhalten, ein ganzes Kapitel in ihren zweibändigen Lebenserinnerungen. Das Thema ist ihr sehr wichtig. Nach dem Essen gibt es Vorträge, Musik, Gesang. Die Barnetts bringen bekannte zeitgenössische Künstler dazu, aufzutreten und ihre Bilder auszustellen. Später trommelt Samuel Barnett Geld für eine eigene Gemäldegalerie in der Nachbarschaft von Toynbee Hall zusammen. Die Leihbibliothek der Universitäts-Niederlassung ist

◀ *Vorleser in einem Nachtasyl. Lithographie von Gustave Doré, 1872.*

Toynbee Hall in Whitechapel.
Das Haupthaus hat sich nicht geändert. Es dient heute noch demselben Zweck.

berühmt: 1888 enthielt sie 3.878 Bücher, 1900 hatte sich der Bestand verdoppelt. Die Kinder der Nachbarschaft kannten keinen Urlaub und keine Ferien. Die Barnetts richteten Spielplätze ein und organisierten eine Art Kinderlandverschickung, über die im Sommer 1890 erstmals 433 Stadtkinder ihre Ferien im Grünen verbrachten. Sie organisierten einen Reisedienst für Erwachsene und besuchten im Sommer mit Hunderten von Slumbewohnern das Festland, vor allem Italien, die Schweiz und Griechenland.

Natürlich stand in ihren Bemühungen, das Elends-Viertel aufzuwerten, die Sonntagsschule, die Abendschule und die Erwachsenenbildung im Vordergrund. Samuel Barnett hielt nicht viel von der gängigen Schul-Didaktik. Er organisierte seine Fortbildungskurse in der Art von Interessengruppen oder Clubs. Die Barnetts waren Meister im Gründen solcher Clubs, die ihre eigene Leitung wählten und für die entstehenden Unkosten selbst aufkamen – von Toynbee Hall bekamen sie lediglich Räume, Licht, Heizung und die organisatorische Hilfe der im Haus wohnenden Akademiker. Henrietta Barnett zitiert ihren Mann in der Beschreibung des gemeinsamen Charakters dieser Clubs, die keine Schulklassen, sondern Vereine waren. »In ihnen gab es weder Lehrer noch Belehrte. Sie waren Gruppen von Frauen und Männern, die sich, am gleichen Gegenstand interessiert, trafen, um Meinungen auszutauschen, Informationen einzuholen und sich dabei vor allem an jene wandten, die ihre glücklichsten Lernerfahrungen nicht auf dem Trampelpfad von Schulstunden machen, sondern durch selbstbestimmtes Nachdenken und Forschen«[30]. Die Barnetts gründeten Dutzende solcher Clubs: den Adam Smith Club, den Club der Kunststudenten, den Verein für Leibeserziehung, den Foto-Club, den Schach-Club, die reformpädagogische Vereinigung, die Gesellschaft für Elisabethanische Literatur, den Fußball-Verein, den Club der Lebensretter, eine Diskussionsgesellschaft Londoner Vertrauensschüler, einen Club der Leihbücherei-Benutzer, eine literarische Vereinigung, eine naturgeschichtliche Gesellschaft, einen Kinderpflege-Club, ein Amateur-Orchester, eine philosophische Gesellschaft, eine Gesellschaft für Sozialhygiene, eine Shakespeare-Gesellschaft, eine Erste-Hilfe-Brigade, eine Gesellschaft für gefallene Frauen und Mädchen, einen Schwimmverein, einen Reise- und Wander-Club und einen Club für Arbeiter-Reisen[31].

Die außerordentliche Stärke der Barnetts war ihr unglaubliches Organisationstalent. Anders hätten sie die nahezu unüberschaubare Vielfalt von Aktivitäten innerhalb ihres Gemeinwesens von Whitechapel überhaupt nicht bewältigen können. Henrietta Barnett sagt einmal über ihren Mann – und das gilt wohl für sie beide: »Er hatte ein natürliches Organisationstalent und liebte es, die unterschiedlichen Stärken der verschiedenen Leute zu nutzen, die bereit waren, bei seiner Arbeit zu helfen. Er war außerordentlich erfindungsreich im Hinblick auf neue Vorschläge und fand in aller Regel lohnende Aufgaben für die fähigsten, aber auch für die exzentrischsten seiner Anhänger«[32].

Barnett konnte und wollte diese Anhänger für ihre Arbeit nicht bezahlen. Darum ja gerade die geniale Idee, Toynbee Hall als einen akademischen Club mit Übernachtung und Verpflegung für junge Universitätsabsolventen und »ältere Semester« zu gründen und sich die unterschiedlichen Fähigkeiten der Bewohner für seine Arbeit zunutze zu machen. Im März 1884 waren die ersten sechzehn Akademiker in Toynbee Hall eingezogen. Drei Jahre später gründete er ein zweites Akademiker-Wohnheim *Wadham House* mit achtzehn Bewohnern. 1890 folgte ein drittes *Balliol House* mit neununddreißig Plätzen. Die beiden zuletzt genannten Wohnheime sollten erste Stützpunkte für eine noch zu gründende Londoner Universität werden. Denn die Grundidee der Barnetts war es und blieb es, die gesellschaftlichen Ungerechtigkeiten der Zeit durch die Erziehung der Armen und durch die Einsicht der Gebildeten zu mildern.

Unbestreitbar erfolgreich waren die Barnetts bei der Beeinflussung der Angehörigen ihrer eigenen sozialen Schicht: des gebildeten, wohlhabenden akademischen Besitzbürgertums. Die gleichsam natürliche Leichtigkeit und Entspanntheit, mit der sie sowohl mit Angehörigen des englischen Hochadels wie mit alkoholisierten Prostituierten umzugehen gelernt hatten, muß die jungen Bewohner von Toynbee Hall, von Wadham House und von Balliol House fasziniert haben. Nahezu alle ehemaligen *residents* dieser Einrichtungen reden mit höchstem Respekt von der leichten Hand der Gastgeberin (»Hausfrau« wäre ein zu niedlicher Ausdruck für ihre Funktion) Henrietta und dem tiefen Ernst des Hausherrn Samuel, der es sich zur Gewohnheit gemacht hatte, jeden akademischen Bewohner von Toynbee Hall einmal wöchentlich zu einem halbstündigen Gespräch in sein Arbeitszimmer zu bitten, um mit ihm soziale und sozialpädagogische Fragen zu besprechen und ihn zu beraten. Diese Vieraugen-Gespräche sind wohl auch das Vorbild für jenen Prozeß geworden, der später in der angelsächsichen Fachliteratur Praxisberatung *(supervision)* genannt werden wird.

Bei einem solchen Riesenunternehmen wird man auch nach der finanziellen Seite der Angelegenheit fragen müssen. Formell gesprochen war Samuel Barnett Zeit seines Lebens Gemeindepfarrer unterschiedlicher Gehaltsgruppen; für seine Tätigkeit als Leiter von Toynbee Hall wurde er nicht bezahlt. Henrietta war begütert, konnte aber während der Zeit ihrer Ehe mit Samuel nicht über ihr Vermögen verfügen. Als die Barnetts auf die Idee kamen, die Wohnungsnot in Whitechapel durch die Gründung von Mieter-Kooperativen zu lindern, finanzierte sie den Ankauf baufälliger Häuser aus dem Verkauf ihres Schmucks und stellte die Wohnungen bis zur Grunderneuerungen in Höhe der reinen Kostenmiete zur Verfügung. Erst kurz bevor Samuel Barnett zusätzlich die neue Funktion des Leiters von Toynbee Hall übernahm, kamen die Barnetts durch eine Erbschaft zu verfügbarem Vermögen und planten eine längere Weltreise, um sich von den Strapazen der Arbeit in der St. Jude Gemeinde zu erholen. Die Unkosten für die gesellig-gesellschaftlichen Tätigkeiten in St. Jude's übernahm die Gemeinde – in den Jahren zwischen 1873 und 1884 waren allein 401 große Parties für Gemeinde-Mitglieder ausgerichtet worden. Später, als die Barnetts im gesellschaftlichen Leben Englands »in« waren, flossen die privaten Spenden. Der Name der beiden war gut für manchen 1000 £-Scheck, und als sie Geld für den Bau einer eigenen Gemälde-Galerie in Whitechapel brauchen, bekamen sie die ersten paar tausend £ als Start-Kapital in kürzester Zeit zusammen. Denn die

Die Gemäldegalerie in Whitechapel.

Sonntagsbesucher in der Bilder-Galerie.
Oben im Kreis Samuel Barnett, der einem offensichtlich gepflegten Publikum die Bilder erläutert.

potenten Geldgeber und die sensiblen Sozial-Reformer hatten inzwischen die Botschaft der Barnetts begriffen: Geld für wahllos verstreute milde Gaben ist nicht nur zum Fenster rausgeworfen, sondern auch verächtlich für Geber und Empfänger; Geld für eine der vielfältigen Gemeinde-Aktivitäten der Barnetts ist wirksam und ethisch gerechtfertigt. Moralisch am höchsten bewertet aber wird tätige Mitarbeit in einem der Gemeinde-Projekte, welche die Barnetts aus ihrem anscheinend unerschöpflichen Ärmel schütteln.

Im Laufe ihrer gemeinsamen Tätigkeit in Whitechapel zwischen 1873 und 1906 (danach wurde Samuel Barnett Kanonikus von Westminster, er starb nach langer Krankheit am 17. Juni 1913) haben die Barnetts in ihrer Einschätzung der sozialen Frage und in ihrem Konzept, wie den Armen und Erwerbslosen zu helfen wäre, Wandlungen durchgemacht, die nicht von allen ihren Freunden verstanden und nicht von allen ihren Gegnern honoriert worden sind. Sie haben als Gegner einer windelweichen privaten Almosen-Politik und als Befürworter des Arbeitshauses als Test für die Arbeitswilligkeit der Hilfesuchenden angefangen. Sie haben aktiv als *Guardians* im Rahmen der staatlichen Armenhilfe gearbeitet, und sie haben den zunehmenden Einfluß des Staates auf die Armenhilfe kritisiert. Samuel hat den »Sozialismus« der englischen

Arbeiterpartei und der Gewerkschaften als »unpraktikablen« Sozialismus abgewertet* und ihm die Solidarität der privaten guten Tat gegenübergestellt. Später hat er sich den Gewerkschaften angenähert – die Barnetts haben beispielsweise zwar nicht den großen Londoner Dockarbeiter-Streik von 1889 unterstützt, aber sie haben das Streik-Komitee (60 Gäste) zum Abendessen in ihre Gemeinde eingeladen. 1895 bricht er mit der Liga der privaten Wohlfahrtsverbände, weil er inzwischen für erweiterte staatliche Armenhilfe, für staatliche Arbeitsbeschaffungsprogramme und für eine staatlich garantierte Mindestrente ist. 1903 konstatiert er, die Theorie, die Abschreckung sei die effektivste Weise, Frauen und Männer zur Arbeit anzuhalten, sei falsch[33].

Trotz allem sind und bleiben die Barnetts Sozialreformer, wir können sie nicht zu Sozial-Revolutionären umstilisieren. Gewiß, manchmal überkam, wenn er durch die schmutzigen, überfüllten Straßen des Londoner Ostens ging, den Armenpfarrer die Überlegung, diese Armen könnten und dürften nicht warten, bis irgend jemand ihnen eine gerechtere Gesellschaftsordnung offerierte, sie müßten revoltierend auf den überfüllten Straßen demonstrieren – aber dabei blieb es denn auch. Gewiß, manchmal formulierte Henrietta, die im Laufe ihres tätigen Lebens an der Seite von Samuel Barnett mehr und mehr eigenes Profil und Eigenstand gewann, Sätze, die in einem zeitgenössischen sozialpädagogischen Magazin abgedruckt werden könnten:

»Allgemein gesagt: die Politik der Repression gegenüber den Armen schlug fehl, weil sie nicht humanitär verankert war, und die humanitäre Politik schlug fehl, weil sie nicht wissenschaftlich begründet war; und die wissenschaftlich begründete Politik schlägt fehl, weil sie durch ihre Institutionalisierung die Individualität vertreibt.

Was brauchen wir? Denn es gibt Unzufriedenheit unter den Nachdenklichen, welche die gegenwärtige Lage beobachten; Unzufriedenheit unter den Arbeitenden, welche die Steuern bezahlen; Unzufriedenheit unter den Armen, welche die Almosen empfangen. Aber Unzufriedenheit ist fruchtlos, wenn sie sich nicht mit Idealen vermählt, und sie muß auf Prinzipien gegründet werden. Darf ich ein solches Prinzip vorschlagen?

›Alle staatliche Armenhilfe sollte erzieherisch wirken, sie sollte auf die Stärkung des Charakters zielen, um den Empfänger unabhängig zu machen‹.«[34]

Und Samuel Barnett beschreibt in einem seiner letzten schriftlichen Zeugnisse aus dem Jahre 1913 die »Quelle unserer gegenwärtigen

* Daher der Titel »Practicable Socialism« für die Aufsatzsammlung der beiden aus den Jahren 1888, 1894 und 1915.

Unzufriedenheit«. Es sei nicht die extreme Armut der Pauper, die ihn beunruhige, sondern die Tatsache, daß 39 Millionen Engländer trotz harter Arbeit in Armut leben, während sich 6 Millionen an den Früchten dieser Arbeit delektieren. Er plädiert für eine Einkommens-Umverteilung durch neue Steuergesetze, weil er sowohl die private Caritas als auch die bestehenden Armensteuern für unzureichend – und vor allem: unwürdig – findet.

»Die Prediger, die an den Advent des Königsreichs Gottes glauben, müssen den alten Text ›Gott liebt einen fröhlichen Spender‹ durch den gleichwertigen Satz ›Gott liebt einen fröhlichen Steuerzahler‹ ersetzen«[35].

Es wäre falsch, die Methode der Barnetts zur Bekämpfung von Armut, Erwerbslosigkeit und Obdachlosigkeit im Londoner Osten auf die »drei P's« *(pictures, parties and pianos)* zu beschränken, wie es einige ihrer Gegner in karikaturistischer Überspitzung taten.

In der Tat gehörte es zum ersten Schritt ihres Vorgehens sowohl in der Kirchengemeinde von St. Jude's als auch in Toynbee Hall, das Vertrauen der Nachbarschaft dadurch zu gewinnen, daß sie sich als gute Nachbarn vorstellten und ihr Haus zu einem gesellig-kulturellen Kommunikationszentrum für die Nachbarschaft ausbauten. Zum zweiten Schritt gehörte der Aufbau und Ausbau von Abendschulen und Sonntagsklassen für die Kinder und von einer Vielzahl von Erwachsenenbildungs-Kursen für Arbeiter. *Bildung statt milder Gaben,* das war eine der Haupt-Prinzipien der Barnetts, und dazu gehörte – vor allem in der späteren Entwicklung ihrer Arbeit – die Zusammenarbeit mit Eltern und Bemühungen um die Verbesserung der Lehrerbildung. Samuel Barnett stand zeit seines Lebens dem Lehrerberuf skeptisch gegenüber. Er machte sich über die Borniertheit und Selbstgerechtigkeit dieses Standes häufig lustig, dessen Mitglieder nur dann wirklich aktiv würden, wenn es um die Erhöhung ihrer Gehälter ginge. Gleichzeitig setzte er sich für eine bessere Ausbildung, für Fortbildung und Lehreraustausch zwischen dem Osten und dem Westen Londons und für die Weiterbildung interessierter Lehrer an der Universität Oxford ein. Erwachsenenbildung und Freizeitangebote standen für ihn in einem engen Zusammenhang, und deshalb legte er großen Wert auf Kinderspielplätze, Sommerlager, Ferienverschickung und den Ausbau des Toynbee Hall Travellers' Clubs, der in seiner Blütezeit 234 Mitglieder hatte*. Hen-

---

* An diesen Aktivitäten beteiligten sich vorwiegend Lehrer, andere Akademkiker und Angestellte. Eine 18tägige Reise nach Florenz kostete 1888 rund 250 Goldmark.

Die Gartenstadt Hampstead, die nach den Ideen und Plänen der Barnetts im ersten Jahrzehnt dieses Jahrhunderts gebaut wurde. Das war kein Einzelfall. Um 1900 gab es in Whitechapel bereits knapp 4000 Wohnungen im Rahmen gemeinnützigen, sozialen Wohnungsbaus.

rietta kümmerte sich neben der Finanzierung und Organisation des großen Hauses mit *residents,* Dienstboten und einer nicht abreißenden Schar von Besuchern und ausländischen Gästen um die Mädchen-Clubs und ein Wohnheim für alleinstehende Frauen. Ein altes Lagerhaus in der Bucks' Row wurde zu einer Turnhalle umgebaut, vielfältige andere Freizeitaktivitäten (Picknicks und Volkstanz im Freien, Gartenparties, Freiluftkonzerte) folgten.

Geselligkeit – Bildung – Freizeit: an diesem methodischen Dreischritt haben die Barnetts während ihrer gesamten Arbeit festgehalten. Sie haben ihn im Laufe der Entwicklung ihrer Arbeit gleichsam nach hinten erweitert. Die Wohnungsfrage war ein Problem, an dem sie nicht vorübergehen konnten. Sie versuchten sich in kommunalen Initiativen zur Sanierung der schlimmsten Elends-Blocks, sie gründeten eine eigene private Baugesellschaft und schufen Wohnraum für rund 1000 Menschen. Sie eröffneten 1889 eine Mieterberatung, die unter der

Schirmherrschaft eines Mieter-Komittèes kostenlose Rechtsberatung leistete, und sie setzten sich ab 1903 für den Bau einer Gartenstadt für Arbeiter in Hampstead auf einem Areal von einem Quadratkilometer ein. Es liegt auf der Hand, daß derartig umfangreiche Aktivitäten ohne die Unterstützung einer breiten Londoner und gesamt-englischen Öffentlichkeit nicht angekurbelt werden konnten. Die Barnetts waren denn auch geniale Öffentlichkeitsarbeiter. Samuel hielt öffentliche Vorträge, schrieb ungezählte Artikel in Wochenzeitungen und war ein unermüdlicher Leserbriefschreiber an die TIMES. Henrietta lud einflußreiche Personen des öffentlichen Lebens zu ihren Dinner Parties ein und konferierte mit reichen Wohltätern, Politikern, Angehörigen des Hochadels und der Königin. Die akademischen Bewohner von Toynbee Hall taten durch ihre familiären und beruflichen Verbindungen mit der Londoner Gesellschaft ein übriges, um die öffentliche Meinung der Hauptstadt für die zahllosen Projekte von Toynbee Hall günstig zu stimmen.

Ein Ziel konnten (und wollten wohl auch) die Barnetts *nicht erreichen:* die wirtschaftlichen Ursachen von Armut und Erwerbslosigkeit zu beseitigen. Das unerschütterliche Prinzip ihrer Armenpflege bestand in dem Glaubenssatz: *Wer arbeiten will, soll solange und auf eine solche Weise unterstützt werden, daß er auch arbeiten kann.* Ich nenne diesen Satz »Glaubenssatz«, weil er dem Prinzip des europäischen Kapitalismus widerspricht, der auf dem Vorhandensein einer industriellen Reservearmee von arbeitswilligen Erwerbslosen beruht, welche die Löhne der arbeitenden Bevölkerung drücken und eine disziplinierende Wirkung auf die gewerkschaftlich organisierte Arbeiterschaft ausüben sollen. Friedrich Engels hat dieses Prinzip der industriellen Reservearmee am Beispiel der »Lage der arbeitenden Klasse in England nach eigener Anschauung und authentischen Quellen« 1845 erstmalig veröffentlicht[36], aber dieses Buch oder andere Schriften der politischen Ökonomie der deutschen historischen Materialisten hat sich in Denken und Werk der Barnetts nicht niedergeschlagen, obwohl Samuel in seinen Arbeiter-Kursen National-Ökonomie unterrichtete und obwohl Henrietta die deutsche Fachliteratur verfolgte – sie hatte in ihrer Jugend in Boppard am Rhein ihre Deutsch-Kenntnisse vervollkommnet. So blieben die ehrenwerten Versuche der Barnetts, private Arbeitsbeschaffungsprogramme für ihre Armen und Erwerbslosen ingang zu bringen, auf punktuelle Problemlösungen beschränkt: Sie richteten eine Arbeitsvermittlung für Dienstboten ein, halfen bei der Auswanderung stellungsloser Mädchen nach Australien und gründeten ein Stipendien-Komitèe zur Unterstützung vielversprechender Londoner Jugendlicher beim Studium in Oxford und Cambridge.

Allerdings wendete Samuel Barnett in der zweiten Hälfte seiner Tätigkeit in Toynbee Hall der wissenschaftlichen Untersuchung der wirtschaftlichen Lage der werktätigen Bevölkerung in London vermehrte Aufmerksamkeit zu. Anstoß dazu war das weitverbreitete und folgenreiche Buch von Charles Booth *Life and Labour of the People,* das nach Barnetts Zeugnis »eine Momentaufnahme der 908.000 Einwohner von Ost-London liefert und uns die Kriminellen, die Armen, die Sparsamen, die Wohlhabenden in ihren Beziehungen zu einander zeigt«[37].

Ab 1889 hatte Samuel Barnett selbst sozialwissenschaftliche Untersuchungen der industriellen und sozialen Bedingungen der Bevölkerung des Londoner Ostens angeregt und einen Mitarbeiter seiner Pfarrei daran gesetzt, in einer Fallstudie »die gesamte Bewohnerschaft der Newcastle Street zu befragen, zu untersuchen und die dabei gewonnenen Fakten zu Tabellen zusammenzufassen«[38]. Drei Jahre später wurde ein Fond für die Anregung und Durchführung wissenschaftlicher Sozial-Untersuchungen gebildet und der Verwaltung des Toynbee Trusts übergeben. Mit Unterstützung dieses Trusts erschienen Bücher über die Erwerbslosen, die Londoner Juden, Arbeitslosigkeit im Londoner Baugewerbe, die Londoner Polizei und das Leben männlicher Jugendlicher in englischen Großstädten[39]. Solche Untersuchungen wurden ein gefundenes Fressen für junge, sozial sensible Akademiker, die einen Forscher-Club gründeten, sich regelmäßig im Salon von Toynbee Hall trafen und vor dem Arbeitszimmer von Samuel Barnett Schlange standen, um sich über ihre Forschungstätigkeit beraten zu lassen. Henrietta mokiert sich zu Recht über diesen neuen akademischen Helfer-Typ und bemerkt, daß es Zeiten gegeben habe, wo es leichter gefallen sei, freiwillige Helfer zu finden, welche die sozialen Verhältnisse *untersuchten,* als solche, die sie *reformieren* und ihre Folgen in Gestalt menschlichen Strandgutes *retten* wollten[40].

Die Barnetts hatten nicht nur Freunde. Bereits im Gründungsjahr von Toynbee Hall (1884) hatte ein anderer Geistlicher versucht, im Einzugsgebiet von Whitechapel eine Stadtmission zu gründen und der Universitäts-Niederlassung der Barnetts freiwillige Helfer abspenstig zu machen. Die Londoner Geistlichkeit sah in der Tätigkeit der Barnetts überhaupt eine weltliche Konkurrenz, die mit der eigentlichen Aufgabe eines Gemeindepfarrers, das Wort Gottes zu verkünden und die Zahl der aktiven Kirchgänger zu erhöhen, unvereinbar sei. Als Samuel Barnett im Zuge seiner kulturellen Aktivitäten auch noch daran ging, seine Kirche sonntags als Gemäldegalerie zu öffnen, erhob sich ein Sturm der Entrüstung, und Barnett mußte sich seinem Bischof gegenüber verantworten. Auszüge aus dem Rechtfertigungsschreiben, das er dem Bischof schickte, spiegeln den Geist dieses in der Tat merkwürdigen Mannes auf recht anschauliche Weise wider.

»Mein hoher Herr,

... als Sie mich an diesen Ort beriefen, haben Sie meine Gemeinde als die schlimmste in London beschrieben. Seit acht Jahren lebe ich hier als Nachbar unter Leuten der niedrigsten Sorte, und ich glaube, ich habe ein Recht, das wenige in Anspruch nehmen können, die Mittel zu nennen, bei diesen Leuten die Kunde von Gott befördern, der wir Geistliche unser Leben geweiht haben ...

Ich bin sicher, daß die Betrachtung von Bildern, begleitet von der Beschreibung durch Männer, die versuchen, den Künstler zu deuten, das Gemüt dieser Leute anrührt und in ihnen Hoffnungen weckt. Noch nie im geselligen Verkehr mit meinen Nachbarn bin ich der Bedürftigkeit ihrer Seelen so sicher gewesen, als wenn sie mich umstanden und mir zuhörten, wenn ich über Watts Bild von der Zeit, dem Tod und dem Jüngsten Gericht sprach. Für nichts, was ich in meiner Eigenschaft als Vikar dieser Gemeinde getan habe, habe ich solche Anerkennung gefunden, wie ich sie erhielt, als ich die Räume unserer Sonntagsschule am Oster-Sonntag für diese Zwecke geöffnet habe ...

Ich bitte Sie, mein hoher Herr, nicht darum, mir durch Ihre Autorität zu erlauben, die Ausstellung an Sonntagen zu öffnen; Ich bitte Sie lediglich darum, Ihr Urteil zu suspendieren und mir die Zeit zu geben, durch Bildbetrachtung und Gottesdienst die Leute unserem Gott nahezubringen.

Wenn Sie es ermöglichen könnten, uns eines Nachmittags zu besuchen, so wären wir erfreut, Sie willkommen zu heissen. Sie würden sich die Bilder ansehen können, und ich könnte leichter mit Ihnen sprechen als mir das Schreiben fällt.

Ich bin, Hoher Herr, Ihr ergebener Sml. A. Barnett«[41].

Als Samuel Barnett 1893 zum Kanonikus von Bristol ernannt wurde, gab es neben viel öffentlichem Applaus auch die Stimmen anonymer Neider, die an seine gottlose Praxis, die Kirche an Sonntagen als Kunstausstellung zu mißbrauchen, erinnerten. Und als Barnett sich gar noch mit einer Vorlesungsserie über Probleme der arbeitenden Bevölkerung und der Arbeiterbewegung einführte, zu der stadtbekannte Arbeiterführer und Sozialisten erschienen*, schlug die Stimmung der

---

* Der Vorgänger von Barnett in Bristol hatte einer Gruppe von Arbeitern die Bitte, die Kathedrale zu besichten, mit dem Argument abgeschlagen, ihre Schuhe seien zu schmutzig für das geweihte Bauwerk.

öffentlichen Meinung im puritanischen Bristol vollends um. So schrieb die TIMES AND MIRROR im Juni 1894:

»Der Rev. Canon Barnett gab gestern abend die letzte seiner Vorlesungen über soziale Fragen. Wir freuen uns, daß es die letzte war. Keine Zeitung kann es sich erlauben, einen Mann von der Position des Kanonikus Barnett zu ignorieren. Selbst wenn ein solcher Mann den ärgsten Unsinn verbreitet, der jemals gesagt worden wäre, ist es nötig, daß wir seinen Bemerkungen unsere Spalten öffnen. Aber wäre der Vortragende kein Kirchenmann gewesen, der mit einigem Renomée nach Bristol gekommen wäre, so hätten wir es nicht für nötig befunden seinen Betrachtungen besondere Aufmerksamkeit angedeihen zu lassen«[42].

Gut. Der Kanonikus war auch nicht gekommen, um über die Notwendigkeit zu reden, die Armen ins Arbeitshaus zu sperren, um ihre Arbeitsbereitschaft zu testen. Er sprach über Arbeitslöhne, Arbeitszeitverkürzung und Freizeit, die Stellung von Frauen, die Armen und die Alten und die Arbeitslosen – und er forderte als *Christ,* daß der Staat für kostenlose Schulspeisung, für freie ärztliche Versorgung, für kostenlose Arbeitsvermittlung, für Gemäldegalerien, öffentliche Büchereien, Schwimmbäder, frische Luft, frisches Wasser, öffentlichen Nahverkehr und eine Altersrente für alle 60jährigen zu sorgen habe.

Die schriftlichen Dokumente, welche die Barnetts uns hinterlassen haben, sind sehr beredt im Hinblick auf die Erfolge ihrer Arbeit bei den Begüterten, bei den Gebildeten, bei den Akademikern und Studenten. An jene soziale Schichte innerhalb der englischen Gesellschaft hatte Henrietta Barnett schon in ihren Mädchen-Jahren hilfesuchend gedacht, als sie zum ersten Mal in Bristol und später in Whitechapel mit den Folgen des Systems der kapitalistischen Produktionsweise konfrontiert worden war: »Wenn doch nur Männer, kultivierte, junge, nachdenkliche Männer von all diesen Dingen wissen würden, dann würden sie ihr Leben ändern« pflegte ich mit meinem mädchenhaften Vertrauen in menschliche Gutwilligkeit zu sagen – ein Vertrauen, das übrigens durch die Jahre nicht erschüttert worden ist«[43]. In der Tat nicht. Denn auch ihre Arbeit 1909 im Rückblick einschätzend stellt sie fest: »Wenn ich die vielen Jahre und die vielen Menschen überblicke, so will es meinem schwachen, weiblichen Verstand* so erscheinen, als ob die

---

* Früher habe ich diese Bemerkung Henriettas ernst genommen und sie als ein Zugeständnis fraulicher Unterlegenheit gewertet. Nach längerer Beschäftigung mit dem Leben der Barnetts möchte ich sie ironisch verstehen. Denn im Prozeß ihrer eigenen Entwicklung ist sie selbstbewußt geworden und macht

beste Arbeit von jenen Männern geleistet worden ist, die sich besonders intensiv um einzelne Arme gekümmert haben. Aus dieser tiefgreifenden Sorge ist eine intime Kenntnis des Lebens und der sozialen Position dieser Armen erwachsen, und aus der Kenntnis ist eine Verbesserung von Gesetzen, Lebensbedingungen oder Verwaltungen entstanden«[44].

Recht mag sie haben in ihrer Einschätzung, daß die jungen, kultivierten, nachdenklichen Männer aus Oxford und Cambridge, die unter ihrer klugen, gesellschaftlichen und unter Samuels weiser, sozialpolitischer Anleitung in Toynbee Hall mit dem Londoner Lumpenproletariat in sinnliche Berührung kamen, am meisten von der Arbeit der Barnetts profitierten. Sie lernten mit den Armen leben, sie lernten ihre Sprache verstehen und ihr Vertrauen gewinnen, sie lernten ihre Lebensumstände untersuchen, beschreiben und würdigen, sie machten ihren, durch ihre Herkunft, ihre Erziehung und durch die Struktur der englischen Klassengesellschaft vor-geschriebenen Weg – aber die anderen, von denen sie lernten, von denen sie profitierten, die sie *ausforschten und belehrten?* Wie mögen *die* wohl Toynbee Hall eingeschätzt haben?

Es gibt vorsichtige Hinweise im ersten Bande der Lebenserinnerungen von Henrietta, daß es massive Aggressionen der Nachbarn gegen die Barnetts gegeben habe. Einmal seien sie von Jugendlichen und ihren Mädchen mit Steinen beworfen worden, als sie mit Kindern auf einer Wiese tanzten. Und dazu schrieen sie: »Es sind doch wir, die Euch bezahlen«[45].

Diese massive Aggression scheint eine Art Schlüsselerlebnis für Henrietta gewesen zu sein. Sie erwähnt es fast wörtlich in einem anderen Zusammenhang.

»Die Tatsache, daß wir uns weigerten, die geforderten milden Gaben zu spenden, machte die Leute sehr wütend. Einmal waren die Fenster unserer Wohnung zerbrochen. Ein anderes Mal bewarf uns eine wütende Menge mit Steinen, als wir eine Straße entlang gingen, die Kriminellen als Schlupfwinkel diente und schrie uns als Gipfelpunkt ihres Fehlverhaltens hinterher: »Und es sind doch wir, die Euch bezahlen![46]

In diesem Zusammenhang erscheint mit ein Traum von Bedeutung, den Henrietta in ihren Lebenserinnerungen erwähnt und – wie ich finde

---

sich über arrogante junge Männer lustig, die »immer denken, daß der männliche Verstand *alles* besser zuwege bringen kann als der Verstand von Frauen«. Henrietta Barnett, Canon Barnett, His Life, Work, and Friends. London: John Murray 1918. Band 2, 41.

– auf eine problematische Weise deutet. Sie beschreibt diesen Traum in einem Kapitel über die Haltung der englischen Geistlichkeit gegenüber den Reichen und im Zusammenhang mit dem dualen englischen System der Armenhilfe, bei der der Staat die materielle Unterstützung derer übernimmt, »die Hilfe verdienen«, und jene zurückweist, die ihrer »unwürdig« sind, während die Kirche sich darum bemüht, beiden »eine helfende Hand zu reichen«. Die Entscheidung, ob ein Hilfesuchender ein »würdiger« oder ein »unwürdiger« Fall sei, wurde von den ehrenamtlichen Hausbesucherinnen vorbereitet, und Henrietta war in Bristol eine solche gewesen und hatte in Whitechapel junge Frauen auf diese Aufgabe vorbereitet. In diesem Zusammenhang nun ihr Traum:

»Ich träumte, ich sei ›in der Welt heruntergekommen‹ und würde in einem der schmalen, blauen Betten in dem langen, monotonen Saal des Krankenhauses von Whitechapel liegen. Ich träumte nicht von der Ursache meiner Krankheit oder meines Fehlverhaltens, ich weiß nur noch, daß sich jedermann von mir abgewandt hatte, selbst mein Gatte. Dies bedrückte mich, aber meine hauptsächliche Gefühlsbewegung war es, zu bereuen und Gutes zu tun. Im Schlaf arbeitete mein Gehirn an vielen Plänen, die alle undurchführbar waren, weil ich dazu die Hilfe anderer benötigt hätte. Plötzlich sah ich, wie die Tür sich öffnete und eine Dame hereinkam. Mein Herz schlug vor Freude, aber dann überkam mich eine paralysierende Angst.

»Ach, sie wird eine Dame von der Liga der Wohlfahrtsverbände sein, und ich gehöre nicht zu den ›würdigen‹ Fällen.«

Damit erwachte ich und erkannte in aller Demut, daß Gott mir eine Lehre erteilt hatte: selbst in der niedrigsten Kreatur die Sehnsucht nach Güte zu suchen«[47].

Ich bin kein psychoanalytisch gebildeter Traumdeuter. Aber es scheint mir auf der Hand zu liegen, daß die Lehre, die Henrietta Barnett aus ihrem Traum zieht, nicht die einzige Lehre ist, die aus diesem Traum gezogen werden kann. Ich gehe vielmehr davon aus, daß die Träumerin hier eine Furcht im Traum bearbeitet hat, welche durch die von ihr selbst angebotene Deutung nur rational verkürzt interpretiert wird: Sei bescheiden und erkenne, daß auch niedere Kreaturen sich nach Güte sehnen. Ich meine, daß bei der Frage angesetzt werden muß: Wovor hat Henrietta Barnett eigentlich Angst? Sie hat Angst, daß ihr im Whitechapeler Krankenhaus das Gleiche widerfährt, das sie in ihrer Tätigkeit als Hausbesucherin anderen vielfach angetan hat. Daß nämlich eine ermittelnde Instanz *(eine fremde Dame)* distanziert überprüft, ob sie denn eigentlich ein Recht habe, im blauen Bett von Whitechapel zu liegen.

Ich denke, die Lehre aus dem Traum könnte auch lauten: Habe ich mich nicht überhoben, wenn ich bei meinen Hausbesuchen immer wieder aufs Neue entschieden habe, ob eine hilfebedürftige Familie der Hilfe würdig sei oder nicht? Was wird mir widerfahren, wenn ich mit der gleichen Elle gemessen werde?

Nun ist es immer ein Problem, wenn wir bei der Bewertung historischer Tatsachen auf die Zeugnisse jener Personen angewiesen sind, welche diese Tatsachen hergestellt haben. Das gilt für Pestalozzi, Makarenko, Neill, Freire – und wohl auch für die Barnetts. Da gibt es allerdings einen deutschen Gewährsmann, der Toynbee Hall im Jahre des Todes Barnetts besucht und sich auch unter den 41 anderen Universitäts-Niederlassungen umgesehen hat, die es 1913 in England und Wales gab. Konfrontiert mit der nüchternen und distanzierten Einschätzung der Wirkung von Toynbee Hall am Ende des Wirkens der Barnetts müssen wir bedenken, daß unser Gewährsmann, Werner Picht, vor allem die erwachsenenpädagogischen Aktivitäten von Toynbee Hall von Interesse fand und zudem als Anhänger des franziskanischen Ordens-Ideals grundsätzlich davon ausging, daß die Schwäche der Stadtteil-Organisation von Barnett darin bestehen mußte, »daß die Settler keine Franziskaner, sondern im Durchschnitt nichts mehr und nichts weniger als liebenswürdige, gesunde, prosperierende junge Engländer mit gutem Herzen sind, denen man tagsüber in ihrem Berufe nichts anmerken wird, was sie von anderen ihres gleichen unterscheidet ... Die Größe und Tragik der Bewegung liegt darin, daß sie es unternommen hat, Weltmenschen in den Dienst einer Aufgabe zu stellen, der sie nicht gewachsen sind«[48].

Diese Voreingenommenheit Pichts im Auge habend, erscheinen mir seine evaluativen Bemerkungen zur Praxis von Toynbee Hall im Jahre 1913 bemerkenswert. Er glaubt zu bemerken, daß die Beteiligung der Arbeiter an den Seminaren und Kursen von Toynbee Hall merklich zurückgegangen sei, und daß sich auch die Residents aus der erwachsenenpädagogischen Arbeit weitgehend zurückgezogen hätten.

»Toynbee Hall ist, um es einseitig auszudrücken, zum ›politischen Settlement‹ geworden. Es ist mehr interessiert an Fragen des öffentlichen Lebens als am Leben des einzelnen Menschen ... Kaum eine Klasse wird von einem Mitglied des Settlements unterrichtet; diese Arbeit wird fast ganz von bezahlten oder unbezahlten Hilfskräften geleistet. Und an den Studienvereinen nehmen Residents auch nur gelegentlich Anteil ... Gleichzeitig ist das Klubleben, das sich in allen Settlements, Missions und ähnlichen Institutionen als bestes Mittel zur Erziehung neuer Menschen gezeigt hat, so zurückgegangen, daß heute wohl kein Settlement von der

annähernden Größe von Toynbee Hall in dieser Richtung weniger leistet«[49].

In vorsichtigen Worten deutet Picht eine Tatsache an, die in der Tat dem Wirken der Barnetts den von ihnen selbst beabsichtigten Erfolg absprechen könnte. Auf Mißtrauen der Armen, so formuliert Picht, hätten sich die Settler aus dem akademischen Westen Londons ja vorbereitet gehabt. »Aber die ruhige Ablehnung: wir brauchen eure Freundschaft nicht – überraschte«[50].

An diese Beobachtung schließt Picht die Bemerkung an, eine Universitätsniederlassung einer ganzen Schar von Outsidern im Slum noch dazu in der Bauweise eines Colleges, das nach außen hin wie eine kleine in sich abgeschlossene Festung wirke, müsse gleichsam zwangsläufig ein Leben unter völlig künstlichen Verhältnissen erzeugen, welches die eh schon vorhandene soziale Distanz zwischen den Gebildeten und den Entrechteten verstärke. So bestehe, das ist sein abschließendes Urteil, »die Versuchung, die rein menschliche Seite der Tätigkeit mehr und mehr fallen zu lassen und im Settlement vor allem eine einzigartige Gelegenheit zum Anschauungs-Unterricht und Experimentieren für angehende Sozialwissenschaftler und Verwaltungsbeamte zu sehen«[51].

Weil Picht nicht nur Toynbee Hall, sondern auch andere englische Settlements besucht hat, knüpft er an diese Bewertung eine Bemerkung an, die uns in diesem Buch weiter beschäftigen wird. Er nimmt in gewisser Weise von seinem Urteil der Abgehobenheit vom Alltag der Armen die sich inzwischen ebenfalls gebildet habenden Frauen-Niederlassungen in Armenvierteln aus, weil die dort tätigen Frauen gewissermaßen ihr ganzes Leben *beruflich* der Sozialarbeit verpflichten würden. »Damit erschließt sich den Settlements ein ganz neuer Aufgabenkreis: sie werden zu einer Pflanzenschule sozialer Arbeiter und vor allem Arbeiterinnen ... Einem wachsenden Bedürfnis entgegenkommend hat man in London 1904 die *School of Sociology and Social Economics* gegründet, welche Kurse zur theoretischen und praktischen Ausbildung sozialer Arbeiter einrichtet. Sie steht in Verbindung mit der Universität. Die theoretische Unterweisung erstreckt sich auf die soziale und industrielle Geschichte der Neuzeit, Nationalökonomie, soziale Ethik und Philosophie, spezielle Probleme der Armut und Versuche ihrer Lösung«[52]. Wir werden dieser Entwicklungstendenz an der Schwelle vom 19. zum 20. Jahrhundert im Zusammenhang mit der Berliner Situation und mit Alice Salomon wieder begegnen.

Eine abschließende Bemerkung Werner Pichts zur Einschätzung der Wirksamkeit der Settlement-Bewegung möchte ich den Lesern dieses Buches mitteilen, nicht zuletzt deshalb, weil sie in einer direkten und weiterführenden Beziehung zu dem Gleichnis vom barmherzigen Samariter steht, mit dem ich diesen Band eingeleitet habe. Picht erwähnt in dieser Bemerkung eine Meinung, die er 1913 in Kreisen der Settlement-Bewegung wahrgenommen hat und die darin gipfelt, daß möglicherweise die einzig wirksame, ja die einzig *erlaubte* Methode, den Armen zu helfen, darin bestehen müßte, die politischen Verhältnisse zu reformieren – jedes impulsive Eingreifen im Einzelfall sei nur schädlich. In diesen Kreisen sage man, »der Organismus der Gesellschaft sei heute ein so komplizierter geworden, daß das im Gleichnis vom barmherzigen Samariter zum Ausdruck kommende Gebot, seinem Nächsten beizustehen, in dieser Form nur noch auf Angehörige der eigenen Volksklasse Anwendung finden könne und im übrigen nichts zu tun sei, als den wirtschaftlichen und sozialen Mechanismus zu verbessern – also ein radikaler Frontwechsel, durch den die Bewegung zu sich selbst in Gegensatz tritt«[53]

Toynbee Hall existiert noch heute in seiner ursprünglichen Gestalt. Ein Teil der Gebäude wurde im 2. Weltkrieg durch deutsche Bomben zerstört und in den fünfziger Jahren wieder aufgebaut. Dabei wurde die Bettenzahl erhöht. Heute leben etwa 50 *residents* und 30 alte Leute aus der Nachbarschaft auf dem Gelände. Viele der jungen akademischen Bewohner benutzen Toynbee Hall allerdings als eine vergleichsweise preiswerte Wohn- und Arbeitsstätte und nehmen nicht an den nachbarschaftlichen Aktivitäten des Hauses teil. Auch die Nachbarschaft hat sich durch Kriegsschäden und Stadtsanierungsprogramme verändert. Die Innenstadt mit gewerblichen Wolkenkratzern und häßlichen Parkhäusern hat sich in die alten Wohnstraßen der Dockarbeiter gefressen. Einwanderer aus dem indischen Bengalien bestimmen das Bild und setzen die Tradition einheimischer Armut fort. Auf diese Zielgruppe sind viele zeitgenössische Aktivitäten von Toynbee Hall gerichtet: Englisch als erste Fremdsprache, Computer-Camps für Jugendliche, handwerkliche Ausbildung bei der Wiederinstandsetzung und Modernisierung heruntergewirtschafteter Wohnhäuser, Aufbau eines Bengali Community College für die Bengalische Gemeinde.

Ein zweites *settlement* im Osten Londons hat von Anfang an im Schatten von Toynbee Hall gestanden: Oxford House in Bethnal Green. Im Oktober 1884 wurde es als Nachbarschaftshaus der englischen Hochkirche in einem Schulgebäude der St. Andrews-Gemeinde mit Übernachtungsraum für drei junge Akademiker eröffnet. Wie Toynbee Hall wurde es von Akademikern aus Oxford getragen, aber es stand unter stärkerem Einfluß der Staatskirche. Es sollte der »education, rational amusement, and social intercourse ... by local clubs, with their various guilds, classes, and societies« dienen[54], und diesem Zweck dient es auch heute noch. Oxford House liegt weiter entfernt von den Docks als Toynbee Hall. Bethnal Green war seit dem 17. Jahrhundert ein gewachsenes Dorf mit Bauern, Seidenwebern, Seidenstickern und (später) Teppichwebern, die als Hugenotten aus Frankreich vertrieben worden waren. Im Zuge der Industrialisierung verlor das Dorf seinen dörflichen Charakter und wurde massenhaft besiedelt. Seine Bewohner verdienten ihr Geld nicht durch Lohnarbeit in den Docks und der großen Industrie, sondern als kleine Selbständige und im Gebrauchtwarenhandel. Ihre Hobbies waren (und sind) Pferde- und Hunderennen, Boxen, Billard, Darts und das gesellige Leben der Männer in den Kneipen. Deshalb wohl hatte ein Parlaments-Abgeordneter auf der Gründungsversammlung von Oxford House gemeint, was dem Viertel ebenso not täte, wie Brot und billige Wohnungen, wäre eine Kneipe, in die man mit Frau und Kindern ohne Scham gehen könne.

Jugendarbeit, berufliche Weiterbildung und alkoholfreie Geselligkeit waren von Anfang an die tragenden Aktivitäten des Hauses. Sie sind es – anders als in Toynbee Hall – noch heute. Noch immer gibt es einen sehr lebendigen Club mit vierhundert eingetragenen Mitgliedern aus der Nachbarschaft, die jeden Abend und am Wochenende in eigenen Clubräumen zu informeller Geselligkeit zusammenkommen können. Seniorengruppen betätigen sich unter Anleitung eines im Hause lebenden Künstlers, es gibt eine Cafeteria, einen Lebensmittelladen und Gebrauchtwaren-Basare. Die Verpflichtung der Mitarbeiter, im Hause zu wohnen, ist seit Jahrzehnten aufgegeben worden. Die ehemaligen Wohnräume des Hauses werden an lokale Vereine und Selbsthilfe-Gruppen vermietet – neben den drei hauptamtlichen Kräften für Management, Jugendarbeit und Altenarbeit sind weitere zwei Dutzend teilbezahlte Frauen und Männer tätig.

3
Hull House:
Nachbarschaftsheim im Herzen von Chicago

Jane Addams lernte Toynbee Hall und die Barnetts im Jahre 1888 auf ihrer zweiten Europareise kennen. Sie war achtundzwanzig Jahre alt und wurde von vier Freundinnen aus ihrer Studienzeit am Rockford College begleitet. Vordergründig betrachtet galt die Reise dem Sammeln von Reproduktionen europäischer Malerei für ihre Heimat-Universität. Aber eigentlich war Jane Addams auf der Suche nach einem Beruf, der sie ausfüllen könnte – auf der Suche nach ihrer sozialen Identität.

Ihr Vater war ein erfolgreicher und anerkannter Mühlenbesitzer, Grundeigentümer, Bankier und Senator im ländlichen Illinois gewesen. Er hatte Jane auf eine kirchliche Frauenfachschule geschickt, die während ihres Studiums als College anerkannt wurde und das Recht erhielt, einen akademischen Grad zu verleihen. Als John J. Addams starb, hinterließ er seiner Tochter 50000 $ in bar, von deren Zinsen sie einigermaßen standesgemäß leben konnte. Die Frage nach einem vernünftigen Beruf stellte sich deshalb für Jane nicht wegen eines gesicherten Einkommens, sondern wegen seiner Bedeutung für ihr Leben.

Jane Addams gehörte zu jener ersten Generation akademisch gebildeter Frauen, die in ihren Familien zu handfesten Bäuerinnen und treusorgenden Müttern erzogen worden waren, immer das Vorbild ihrer eigenen Mütter vor Augen, die – wie Janes Mutter – den Haushalt besorgten, die Landarbeiter bekochten, Obst einweckten und Fleisch einpökelten, webten und schneiderten, und wenn Not an der Frau war, auch mal zum Gewehr griffen. Auf dem College lernten sie dann europäische Literatur und idealistische Philosophen kennen, erweiterten ihren Gesichtskreis und ihre Lebensperspektive und gaben sich nicht mehr damit zufrieden, einem aufstrebenden Geschäftsmann aufmerksame Hausfrau zu sein. Aber die Zahl der akademischen Berufe, die sie ergreifen konnten, war begrenzt: Lehrerin, Missionarin, Ärztin – das

Jane Addams, zur Zeit der Gründung von Hull House, 1889. ▶

waren die Perspektiven, über die Jane Addams nachdachte, als sie 1881 Rockford College verließ. Ein angefangenes Medizinstudium mußte sie wegen ihrer schwachen Gesundheit abbrechen, schwere Krankheiten anderer Familienmitglieder kosteten sie zudem wertvolle Jahre, und so wußte Jane Addams mit achtundzwanzig Jahren immer noch nicht, was aus ihr werden sollte, als sie sich auf ihrer zweiten Europareise in Madrid von ihren Freundinnen trennte, um auf eigene Faust einen Abstecher nach London zu machen. Sie wollte mit eigenen Augen sehen, wie die Engländer mit der Armut und dem Elend in ihrer Hauptstadt umgehen. In ihrem Gepäck hatte sie einen Zeitschriften-Ausschnitt mit einer Reportage über Toynbee Hall, und dieses Toynbee Hall sollte einen alten Kindertraum von Jane wiederbeleben: In einer großen Stadt mit vielen kleinen Häusern ein großes Haus zu haben, das den armen Nachbarn offen steht.

Jane Addams wurde von den Barnetts freundlich aufgenommen, herumgeführt und als »große Seele« anerkannt[55] – ein Etikett, das angesichts der Unerfahrenheit der jungen Amerikanerin in Dingen der praktischen Armenhilfe eher höfliche Übertreibung signalisiert als die Vorahnung des späteren Weltruhms der Friedensnobelpreisträgerin.

Die sinnliche Erfahrung von Toynbee Hall befestigte in Jane Addams einen Lebensplan, den sie schon vor ihrer zweiten Europa-Reise in Umrissen gefaßt hatte und der nun konkretere Konturen gewann. Allmählich war sie zu der Überzeugung gekommen, »daß es gut sein müßte, ein Haus in einer (nordamerikanischen) Stadtgegend zu mieten, wo wirklicher Not aufzuhelfen sei, und wo junge Mädchen, die sich zu ausschließlich dem Studium ergeben hatten, Gelegenheit hätten, in praktischer Arbeit einen Ausgleich zu finden und durch das Leben des Lebens Nöte kennen zu lernen; wo sie einiges von dem was man sie gelehrt hatte, erproben könnten und durch die Tat beweisen, ›zu welcher Lebensführung sie sich berufen oder begeistert fühlten‹«[56]. Sie besprach den Plan mit ihrer Studienfreundin Ellen Starr und versicherte sich ihres ermutigenden und begeisterten Einverständnisses. Im Januar 1889 zog Addams nach Chicago und mietete ein Appartment, um sich in den Arbeitervierteln der Millionenstadt nach einem geeigneten Stadthaus in einer geeigneten Nachbarschaft umzusehen.

Jane und Ellen waren für ihr ehrgeiziges Vorhaben wesentlich weniger gut vorbereitet als die Barnetts für die Gründung von Toynbee Hall. Weder kannten sie die Alltagsprobleme nordamerikanischer Arbeiter, noch waren sie mit den kommunalpolitischen Problemen großer Industriestädte vertraut. Sie hatten keine Ahnung von der Struktur und dem System der Armenhilfe, und sie hatten keine große Organisation im Rücken, die für ihr Vorhaben wenigstens Starthilfen

Die Nachbarschaft von Hull House um die Jahrhundertwende.

zur Verfügung stellen konnte. Aber: Sie kamen zur richtigen Zeit, sie trafen die richtigen Leute und sie taten die richtigen organisatorischen Schritte.

Chicago war zu jener Zeit nach New York die größte nordamerikanische Stadt – aber nur knapp ein Drittel ihrer Millionenbevölkerung bestand aus geborenen Amerikanern. Darunter waren 15000 Neger. Zwei Drittel der Chicagoer waren Einwanderer aus Deutschland, Irland, Böhmen, Italien, Polen und Rußland. Viele polnische und russische Anarchisten und Sozialisten sammelten sich hier im Exil. Die Stadtverwaltung war chaotisch, korrupt und unfähig, mit den sich

Verslumte Stichstraße in der Nachbarschaft von Hull House.

Straßenleben europäischer Einwanderer
in der Nachbarschaft von Hull House um die Jahrhundertwende.

täglich zuspitzenden Problemen fertig zu werden. Die Einwanderer drängten sich in den verschiedenen ethnischen Gettos auf unbeschreibliche Weise zusammen, ihre Arbeitskraft wurde von kleinen Fabrikanten (Krautern), Zwischenmeistern und Verlegern ausgebeutet, und die Arbeits- und Lebensverhältnisse waren insgesamt unerträglich und lebensgefährlich.

Im scharfen Kontrast zu diesen Lebensverhältnissen der Einwanderer-Massen stand der allgemeine Reichtum dieser zweitgrößten nordamerikanischen Stadt. Seit 1848 war Chicago ein wichtiger Verkehrsknotenpunkt. Hier wurden das Korn, das Holz und das Vieh der umliegenden landwirtschaftlichen Gebiete gespeichert, verarbeitet und verschifft. Seit der Vollendung der *Pacific Union Railway* im Jahre 1869 war Chicago direkt mit Kalifornien und der nordamerikanischen Westküste verbunden. 1871 zerstörte ein großes Feuer weite Teile der Stadt und brachte 90000 Bewohner um ihre Behausungen. Die Geschäftsviertel wurden sehr schnell wieder aufgebaut, der Wohnungsbau blieb auf der Strecke. Seit dem großen Eisenbahnerstreik von 1877 gab es – vor allem bei den Eisenbahnern und im Maschinenbau – eine Reihe großer Streiks und politischer Auseinandersetzungen, die insbesondere durch die Agitation europäischer Exil-Anarchisten eine besondere Qualität gewannen. Auf der einen Seite kämpfte die *Americal Federation of Labor* für den Acht-Stunden-Tag, auf der anderen Seite gab es bis 1891 keine Arbeitszeitbeschränkung für Frauen und Kinder. Am 3. Mai 1886 wurden während eines Streiks in der Erntemaschinenfabrik von McCormick bei einer Auseinandersetzung zwischen Streikenden, Streikbrechern und der Polizei sechs Arbeiter getötet. Bei der anschließenden Protestdemonstration auf dem Heumarkt, die nach der Einschätzung des Polizeipräsidenten friedlich verlief, ließ ein untergebener Polizeioffizier das Feuer auf die Demonstranten eröffnen. Eine Bombe wurde geworfen, die sieben Polizisten tötete; in der Folge wurden sechs stadtbekannte Anarchisten verhaftet und zum Tode bzw. zu lebenslangem Gefängnis verurteilt, obwohl ihnen das Bombenattentat bis zuletzt nicht nachgewiesen werden konnte. Dieser *Haymarket Riot* von 1886 war allen Chicagoern noch in frischer Erinnerung, als Jane Addams und Ellen Starr sich im Januar 1889 in der Stadt niederließen. Er war Ausdruck verschärfter Klassenauseinandersetzungen: Fabrikanten, Geschäftsleute und andere Besitzbürger forderten den Strang für die bloße »anarchistische Agitation«[57], die Gewerkschaften forderten erträgliche Arbeitsbedingungen, den Achtstunden-Tag und Fabrikgesetze, und die Masse der Einwanderer stand zwischen den Fronten und kämpfte für einen Platz zum Arbeiten und zum Schlafen. Das »liberale Bürgertum« und die Kirchen sahen in diesen Jahren deutlich, daß etwas

Hull House zu Lebzeiten seines Besitzers Charles J. Hull.

geschehen müsse, um die »kämpfenden Klassen wieder miteinander zu versöhnen«.

Jan Addams und Ellen Starr profitierten – ob sie es wußten oder nicht – von dieser Sorge des gebildeten und besitzenden liberalen Bürgertums um den Frieden in ihrer Stadt. Ellen Starr hatte bereits vor der Ankunft von Jane Addams an der renommierten Kirkland Schule für Mädchen unterrichtet und kannte die Namen und Adressen einflußreicher Geistlicher und Vorstandsmitglieder kirchlicher Wohlfahrtsverbände.

Die Reaktion auf die Pläne der beiden Frauen war freundlich bis enthusiastisch. Lediglich der eine oder andere junge Wissenschaftler kritisierte den Plan, in einem Arbeiterbezirk ein gastfreies Haus für die verschiedenen Einwanderergruppen zu etablieren, als einen jener vielen »unnatürlichen« Versuche, sich Verständnis des Lebens durch genossenschaftliche Lebensführung zu verschaffen[58]. An diesem Vorwurf waren die beiden jungen Frauen bei Lichte betrachtet selber schuld. In ihrer Offenheit hatten sie bei ihren Kontaktgesprächen zur

Hull House nach seiner Restaurierung auf dem Campus der Universität von Illinois

Vorbereitung ihres Unternehmens weniger die Wohltat unterstrichen, die ein Nachbarschaftsheim für die Bewohner dieser Nachbarschaft bedeuten würde, sondern vielmehr betont, daß es für sie als unverheiratete Akademikerinnen eine große Chance bedeuten würde, »unter den Armen zu leben und von ihnen zu lernen«. Eine Frau aus der Chicagoer Frauenbewegung erinnerte sich sogar, daß Jane Addams ihr damals ihre Idee mit der Formulierung nahgebracht habe, sie wolle ein Haus gründen, in das kranke und untätige *(invalid)** junge Frauen gehen und den Armen helfen können[59].

---

* Das englische Wort *invalid* bezeichnet sowohl einen kränklichen oder kranken als auch einen wertlosen, untätigen, beschäftigungslosen Zustand. Zumindest für Jane Addams trafen nach einer Rückgrat-Operation beide Bedeutungen dieses Eigenschaftswortes zu.

In der Tat machten Jane Addams und Ellen Starr von den Angeboten, die sie von Geistlichen und Vertretern großer kirchlicher Wohlfahrtsverbände erhielten, *keinen Gebrauch,* weil sie fürchteten, von »den Institutionen geschluckt zu werden«. Sie bauten vielmehr ihre Kontakte zu den liberalen Frauen-Clubs der Stadt aus. Insbesondere der Club ehemaliger Universitäts-Studentinnen versprach tätige Mithilfe, weil er die Interessen vieler junger Akademikerinnen vertrat, die während ihres Studiums auf eine gesamtgesellschaftlich nützliche Tätigkeit hin orientiert worden waren, während sie bei ihrer konkreten Berufswahl kaum Möglichkeiten sahen, sich angemessen zu betätigen. Jane und Ellen sahen sich weiter in den Chicagoer Einwanderer-Vierteln um und besuchten regelmäßig deutschsprachige Sonntagsschulen böhmischer Einwanderer, die von jungen idealistischen Anarchisten unterhalten wurden. Sie klapperten, begleitet von Stadtmissionaren, Bewährungshelfern und Lokalreportern, Immigranten-Gettos ab. Und dabei stieß Jane Addams auf »... ein hübsches altes Haus, das von der Straße ein Stück zurücklag. Auf drei Seiten war es von einer offenen Veranda umgeben, die von Holzpfeilern getragen wurde. Dieses Haus übte solche Anziehungskraft auf mich aus, daß ich mich gleich am nächsten Tag auf den Weg machte, um es wiederzufinden; aber obgleich ich an diesem und mehreren darauffolgenden Tagen danach suchte, konnte ich es nirgends wiederentdecken, und mit der Zeit gab ich, wenn auch ungern, die Suche auf«[60].

Charles J. Hull, ein erfolgreicher Grundstücksmakler der Chicagoer Gründerjahre hatte das Haus, das Jane Addams so ins Auge gestochen hatte, 1856 für seine Frau und sich gebaut. Es hatte das große Feuer von 1871 überstanden und war danach als Spital, Fabrik, Büro, Miethaus, ja sogar als Möbelgeschäft benutzt worden. Charles J. Hull hatte das Haus und den angrenzenden Grund und Boden seiner ehemaligen Mitarbeiterin Helen Culver hinterlassen; und auf jene Helen Culver stieß Jane Addams nun wieder, als sich ihre Suche nach einer »passenden Nachbarschaft« auf die Gegend um die Island Avenue, die Halsted Street und die Harrison Street konzentrierte. Helen Culver vermietete den beiden jungen Frauen zunächst ein großes Wohnzimmer im ersten und den ganzen zweiten Stock; ein Jahr später überließ sie das ganze Gebäude auf fünf Jahre mietfrei, und später schenkte sie es zusammen mit dem angrenzenden Baugrund dem Nachbarschaftsheim der Frauen.

Ein Jahr nach ihrem Einzug in Hull House hat Jane Addams in einer öffentlichen Rede die Nachbarschaft ihres neuen Wohnsitzes ziemlich detailgetreu beschrieben. Diese Beschreibung soll auch uns dazu dienen, ein Bild vom Schauplatz dieses bekanntesten nordamerikanischen *social settlements* zu rekonstruieren:

Die Halsted Street ist zweiunddreißig Meilen lang und eine von Chicagos Hauptverkehrsadern. Halbwegs wird sie von der Polk Street gekreuzt; auf dem sechs Meilen langen Stück Straße zwischen den Viehhöfen am Südarm und den Schiffswerften am Nordarm des Chicago-Flusses stehen zu beiden Seiten Schlächterläden und Materialwarenhandlungen, schmutzige und elegante Kneipen neben anspruchsvollen Verkaufslokalen von fertigen Kleidern. Die Polk Street gewinnt westlich von der Halsted Street bald einen wohlhabenden Anstrich; eine Meile weiter östlich nach der State Street zu wird ihr Aussehen zusehends schlechter, und an den Ecken der Clark Street und der fünften Avenue führt sie durch ein wahres Reich des Lasters. Einst lag das Hull-Haus in der Vorstadt, aber infolge des stetigen Anwachsens der Stadt steht es jetzt in der Mitte von drei oder vier Einwandererkolonien. Zwischen der Halsted Street und dem Fluß wohnen an zehntausend Italiener aus Neapel, Sizilien und Kalabrien, selten findet sich ein Lombarde oder Venezianer unter ihnen. Weiter nach Süden in der Zwölften Straße leben viele Deutsche; die Seitenstraßen sind fast ausschließlich von polnischen und russischen Juden besetzt. Noch weiter südlich gehen die jüdischen Kolonien in eine riesige böhmische Kolonie über, die so groß ist, daß Chicago die drittgrößte böhmische Stadt der Welt ist. Im Nordwesten wohnen viele kanadische Franzosen, die sich trotz ihres langjährigen Aufenthalts in den Vereinigten Staaten noch immer absondern und fest zusammenhalten, im Norden Iren und die erste Generation der aus Einwanderern hervorgegangenen Amerikaner. In den Straßen geradezu nach Westen und weiter nach Norden leben wohlhabendere, englisch sprechende Familien, von denen viele im Besitz eines eigenen Hauses und seit Jahren in der Gegend ansässig sind. Ein Mann lebt dort noch heut in seinem alten Farmhaus.

Die Gewohnheit der Behörden, nie den ersten Schritt zu tun, sondern immer zu warten, bis sie zum Eingreifen gezwungen werden, ist augenscheinlich verhängnisvoll in einer Stadtgegend, wo die Bürger wenig Initiative besitzen. Der unserer Selbstverwaltung zugrunde liegende Gedanke versagt in solchem Bezirk. Die Straßen sind unbeschreiblich schmutzig; die Zahl der Schulen ist unzureichend; die sanitären Vorschriften werden nicht durchgeführt; die Straßenbeleuchtung ist mangelhaft, das Pflaster schlecht, in Gängen und kleineren Straßen überhaupt nicht vorhanden, und die Unsauberkeit der Ställe spottet jeder Beschreibung. Hunderte von Häusern sind noch nicht an die Kanalisation angeschlossen. Die älteren und wohlhabenderen Einwohner scheinen danach zu streben, fortzuziehen, sobald sie dazu imstande sind; sie schaffen Raum für neu angekommene, die gänzlich unbekannt mit bürgerlichen Pflichten sind. Diese Art von Ersatz der älteren Einwohner vollzieht sich auch in gewerblicher Beziehung im Süd- und Ostviertel des Bezirks. Die Juden und Italiener arbeiten für die großen Kleiderfabriken wie früher Amerikaner, Iren und Deutsche, bis sie sich weigerten, sich mit den unerhört niedrigen Preisen abzufinden, auf die das Heimarbeitssystem ihre Nachfolger hinabdrückte. Da der dem System der Heimarbeit zugrunde liegende Plan dahin geht, die Mietsunkosten bei der Kleiderfabrikation zu sparen, fängt die „Außenarbeit“ an, sobald das Kleidungsstück vom Zuschneider kommt. Ein gewissenloser Unternehmer findet keinen Keller zu dunkel, keinen über einem Stall gelegenen Boden zu schlecht, keine Hofwohnung zu ungenügend, den kleinsten

Raum einer Mietskaserne nicht zu eng als Arbeitsstube, sofern er nur Miete spart. Daher sind diese Werkstätten in den schlimmsten Einwanderergegenden am reichlichsten vorhanden, weil dort der Zwischenmeister ohne Mühe sowohl billige Kellerwohnungen wie Heimarbeiter findet.

Die meist aus Holz errichteten Häuser des Bezirks waren ursprünglich nur für eine Familie berechnet, werden aber jetzt durchweg von mehreren Familien bewohnt. Sie sind alle nach Art der unbequemen kleinen Fachwerkhäuser gebaut, die man vor zwanzig Jahren in den ärmeren Vorstädten sah. Eine große Anzahl davon stehen noch heute da, wo sie einst erbaut wurden; andre sind auf Rollen hierher gebracht worden, weil der Platz, wo sie vorher standen, für Fabriken gebraucht wurde. Die paar steinernen Mietshäuser von drei bis vier Stockwerk Höhe sind verhältnismäßig neu, und ganz große Mietskasernen gibt es nur wenige. Die kleinen Holzhäuser erscheinen wie provisorische Bauten, und das ist vielleicht der Grund, weshalb die Bauordnung von Chicago sich nicht auf sie erstreckt. Schlechte Hinterhäuser sind in Unzahl vorhanden; viele Häuser haben keine andere Wasserversorgung als den Hahn im Hinterhof; Feuertreppen gibt es nirgends; Müll und Asche werden in Holzkästen geschüttet, die auf dem Straßenpflaster befestigt sind. Ein besonderer Mißstand der gegenwärtigen Wohnungsverhältnisse ist es, daß viele dieser Häuser im Besitz geiziger und ungebildeter Einwanderer sind. Die Lehre, daß Reichtum Verantwortung auferlegt, daß Besitz mit der Zeit zu Erziehung und Bildung führen soll, versagt hier vollkommen. Die Kinder eines italienischen Einwanderers, der es bis zum Hausbesitzer gebracht hat, kann man auf der Straße Stiefel putzen sehen, und seine Frau finden, wie sie in der Gosse Lumpen sammelt und sie emsig in einem schmutzigen

Hof sortiert. Der Wohlstand erhöht wohl ihre Selbstgefälligkeit und das Gefühl ihrer eignen Wichtigkeit, er gibt ihr aber weder Sinn für häusliches Behagen noch für Reinlichkeit; auf den Gedanken, ihren Kindern eine bessere Ausbildung geben zu lassen, kommt sie erst recht nicht. Ein andrer Grund, der dem Entstehen besserer Häuser in Chicago hinderlich ist, liegt in der abwartenden Haltung der Grundbesitzer. So ist es möglich, daß viele ganz üble Verhältnisse bestehen bleiben, obwohl sie Grauen erregen würden, gälten sie nicht als interimistisch. Indessen dauern diese elenden Zustände fort und die Kinder von mindestens zwei Generationen sind darin geboren und groß geworden.

Überall da, wo arme Leute leben, weil sie annehmen, die Wohnungen seien billig, ist ein Element zu finden, das, mit einzelnen geringen Ausnahmen, im Ganzen sehr zuverlässig ist. Es setzt sich zusammen aus Menschen, die Erziehung und Bildung genossen, die ehrgeizige Pläne gehegt haben, aber zu Zerrbildern dessen, was sie werden wollten, herabgesunken sind — „hohläugige Geister, den Lebenden ein Vorwurf". In dem Leben vieler Menschen kommen Zeiten, wo Energie und Kraft nachlassen. Innerlich vornehme und gebildete Männer und Frauen ziehen in eine billigere Gegend entweder aus mangelndem Geschick zum Geldverdienen oder wegen schlechter Gesundheit oder infolge einer unglücklichen Heirat oder aus anderen Gründen, zu denen weder Straffälligkeit noch Dummheit gehören. Unter ihnen gibt es Menschen, die trotz aller Schicksalsschläge sich eine Art geistigen Lebens erhalten; die, von denen ihre Nachbarn sagen, daß sie „immer hinter den Büchern sitzen". Für sie kann das Settlement eine wirkliche Zuflucht werden.

In einer solchen Situation formulierten die Gründerinnen von Hull House wenige Jahre später, als sie die Gründung in einen eingetragenen Verein umwandelten, ihre Ziele: *»(es ist die Aufgabe von Hull House), ein Zentrum für ein höheres öffentliches und soziales Leben zu sein; Einrichtungen der Bildung und der Philanthropie* zu gründen und zu unterhalten, und die Lebensbedingungen in den industriellen Bezirken von Chicago zu untersuchen und zu verbessern«*[61].

Jane Addams und Ellen Starr waren nicht die Ersten, die sich, angeregt durch das Londoner Vorbild, in heruntergekommenen Arbeitervierteln »niederließen«. Stanton Coit, ein nordamerikanischer Akademiker, hörte während seines Berliner Studiums von Toynbee Hall, lebte 1886 für drei Monate in dieser Universitäts-Niederlassung und gründete noch 1886 in New Yorker Südosten die *Neighborhood Guild,* die später als Universitäts-Niederlassung bekannt wurde[62]. 1889 gründeten zwei Mitarbeiter von Coit in New York ein *College Settlement,* und am 18. November 1889 zogen Jane Addams, Ellen Starr und die Haushälterin Mary Keiser in ihren neuen Wohnsitz Hull House ein.

Sie hatten die Räume, die ihnen zunächst zur Untermiete überlassen worden waren, für ihre eigenen Bedürfnisse und nicht für die (ihnen noch unbekannten) Bedürfnisse ihrer nachbarlichen Benutzer eingerichtet. Sie schmückten sie »mit Photographien und vielen anderen

---

* Jane Addams und ihre Mitarbeiterinnen bezeichnen ihre Gründung meist als *social settlement.* Dabei hat das englische Eigenschaftswort *social* eine *weitere* Bedeutung als die deutsche Entsprechung *sozial.* Social bedeutet gesellschaftlich, gesellig *und* sozial im Sinne von »auf Mitmenschen bezogen«. Das mag der Grund dafür sein, daß sich der Verband deutscher Nachbarschaftsheime in den 70er Jahren dieses Jahrhunderts in »Verband für sozialkulturelle Arbeit« umbenannt hat, um die enge Bedeutung des deutschen Eigenschaftswortes »sozial« zu sprengen. Es gibt für mich keinen Zweifel, daß die besondere Prägung von Hull House der Tatsache zu verdanken ist, daß diese Niederlassung eine *Frauengründung* ist, deren Gründerinnen allerdings keine Feministinnen im Sinne der achtziger Jahre dieses Jahrhunderts waren. Unter Philanthropie (wörtlich: Liebe der Menschen zu den Menschen, also Menschenliebe oder Nächstenliebe) werden in der englischen Sprache seit 1650 Bestrebungen behandelt, das Schicksal der Massen der werktätigen Bevölkerung reformerisch zu verbessern. Insbesondere aber Bestrebungen, die nicht von der Kommune oder dem Staat gesetzlich verpflichtend organisiert werden, sondern Bestrebungen, die durch einzelne (meist wohlhabende) Besitz- und Bildungs-Bürger mit dem Einsatz ehrenamtlicher Arbeit und privaten Geldes ins Leben gerufen werden.

Kombiniertes Wohn-Arbeitszimmer von Jane Addams im 2. Stock von Hull House

Dingen, die wir in Europa gesammelt hatten, und mit einigen wenigen Mahagonimöbeln aus Familienbesitz. Während bei der Anschaffung neuer Möbel Wert auf ihre Haltbarkeit gelegt wurde, achteten wir doch immer darauf, daß sie zu dem schönen alten Haus paßten. Wohl keine junge Frau hat je im eignen Haus ihre Sachen mit solcher Freude aufgestellt, wie wir sie bei unserer ersten Einrichtung des Hull-Hauses empfanden. Wir dachten, das Settlement dürfte mit gutem Gewissen alles zu Hilfe nehmen, was zum Behagen der Gebildeten beiträgt, und das Schönste aus vergangenen Zeiten zusammentragen«[63].

Auch die erste Veranstaltung der jungen Frauen für ihre Nachbarn war ein Leseabend, der zunächst einmal zum Behagen der Gebildeten beitrug: Jane Addams und Ellen Starr lasen den Roman *Romola* von George Eliot für ihre italienischen Nachbarn, mit denen sie sich in deren Muttersprache verständigten. Diese Auswahl des literarischen Textes war, so meint einer der jüngeren Biographen von Jane Addams, Teil einer Selbstdarstellung der Gründerinnen: die Heldin, die dem Roman ihren Namen gegeben hat, wächst im traditionellen christlichen Glauben des alten Italien auf und erfährt ihre eigentliche, religiöse Erwekkung im einfachen Leben unter den Bauern eines von Seuchen heimgesuchten Dorfes im Süden von Florenz. Nicht das Reden über notwendige, menschliche Güte bringt Glück, sondern die tätige Antwort auf die Notwendigkeiten des Tages. Gerade die Besitzenden finden ihr höchstes Glück nicht darin, ihren bornierten Vergnügungen zu folgen, sondern darin, daß sie gedankenvoll und sensibel auf das Schicksal der anderen achten[64].

Erfahrene zeitgenössische Gemeinwesenarbeiter mögen diesen ungeschickten Versuch der Gründerinnen von Hull House, sich einen Einstieg in die Nachbarschaft zu verschaffen, belächeln. Für mich ist er zunächst einmal ein Indiz für das Prinzip der Gründerinnen, sich zunächst keine Gedanken um »vorgestellte« Interessen und Bedürfnisse der Nachbarn zu machen, sondern sich ihnen so darzustellen, wie sie selber sind und dann undogmatisch-offen und geduldig zu warten, wie die Nachbarn reagieren werden. Und die Reaktion der Nachbarn blieb nicht aus. Genauer gesagt: Jane und Ellen wurden sehr bald von den Aktivitäten überschwemmt, welche die Nachbarschaft an sie herantrug, nachdem sie erst einmal gecheckt hatte, daß zwei junge Frauen in Hull House eingezogen wären, die Zeit und Lust hätten, sich um die Nachbarn zu kümmern*.

Zunächst schickten die Nachbarn nach den beiden Frauen, wann immer sie Hilfe brauchten. »Wir wurden geholt, sowohl um neugeborene Kinder wie um Tote zu waschen, um Kranke zu pflegen und »auf die Kleinen aufzupassen«[65]. Das war nicht anders als in den Anfängen von Toynbee Hall. Nur mit einem Unterschied: die Nachbarn wußten daß in Hull House kein Geld zu holen war. Und die beiden Frauen** lernten sehr schnell, daß sie aufgefressen werden würden, wenn sie die Aktivitäten, für die sie verantwortlich sein konnten, nicht in Gestalt von regelmäßigen »Einrichtungen« innerhalb von Hull House programmieren und institutionalisieren würden. Als erstes gründeten sie in ihrem

* Das englische Tätigkeitswort *to care* drückt mehr aus als das deutsche *sich kümmern.* Es enthält sowohl Bedeutungselemente der mütterlichen ›Sorge‹ als auch der Zuneigung von Liebenden – und es deckt jene gesellschaftliche Verantwortlichkeit ab, die in der christlichen Caritas zumindest in ihren Ursprüngen enthalten ist.

** Diese Formulierung unterschlägt, daß Mary Keiser, die als Hausangestellte mitarbeitete, sehr bald eine Hauptperson im Knüpfen von Kontakten und im geselligen Verkehr mit der Nachbarschaft geworden war.

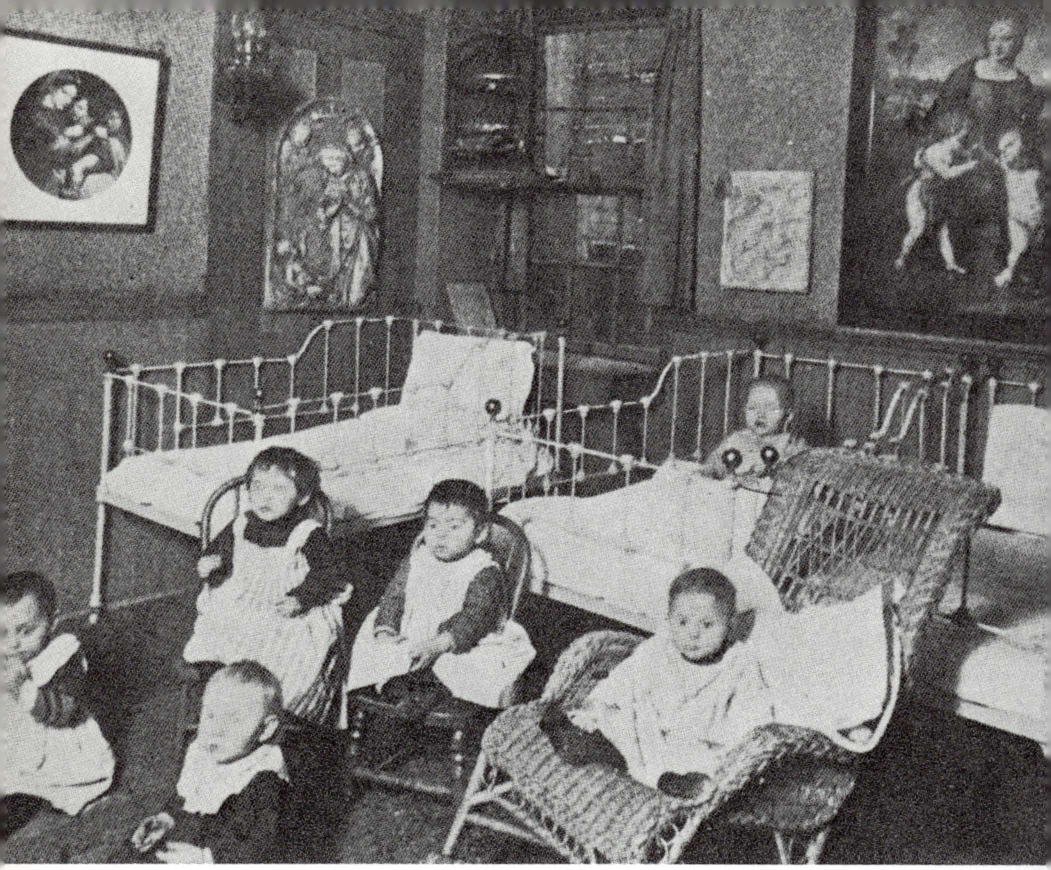

Hull House Kinderkrippe vor der Jahrhundertwende.

Wohnzimmer einen Kindergarten mit zwei Dutzend Kindern von Fabrikarbeiterinnen, und eine »modische junge Dame« kam jeden Tag aus dem Norden von Chicago, um die Kinder zu betreuen[66]. Dann gründeten sie einen Jungenclub, und Jane Addams setzte sich sehr für einen Club italienischer Mädchen ein, den sie anfänglich selber leitete, obwohl ihr Biograph Daniel Levine bemerkt, daß die Arbeit mit Gruppen oder Clubs nicht gerade ihre starke Seite gewesen wäre[67]. Als eigentliche Zielgruppe definierten die Frauen jedoch nicht die Kinder und Jugendlichen der Nachbarschaft, sondern die Erwachsenen. Alles, was sie mit Kindern und Jugendlichen machten, sollte eigentlich und vorrangig dazu dienen, das Leben der berufstätigen Frauen zu erleichtern. Sie bereiteten sich lange und gründlich darauf vor, eine »Volksküche« nach Bostoner Vorbild einzurichten, in der ein billiges und kalorienreiches* Mittagessen für die Arbeiter und Arbeiterinnen der umliegenden Gewerbebetriebe angeboten werden sollte. Aber die Kundschaft hielt an den europäischen Eßgewohnheiten fest, und die ›Volksküche‹ wurde in eine Kaffeestube umgewandelt, in der Angestellte und Akademiker (vor allem Lehrer) ihr Mittagessen einnahmen. Auch die Idee einer genossenschaftlich organisierten Kohlenhandlung stellte sich als unrentabel heraus, während eine provisorische Turnhalle – in der es für Jugendliche auch alkoholfreie Tanzabende gab – und ein Heim für junge Fabrikarbeiterinnen großen Zuspruch fanden. Für alteingesessene Chicagoer Bürger gründete Hull House einen Veteranenclub, für alleinstehende ältere Frauen organisierte es Sommerferien auf dem Lande; immer mit dem Ziel, die Selbsthilfekräfte der Nachbarschaft zu ermutigen. Insbesondere während des harten Winters 1896 auf 1897 gewann Jane Addams einen tiefen Eindruck »von der Gutherzigkeit, mit der die Armen sich untereinander beistehen: Die Frau oben im Haus teilt bereitwillig ihr Frühstück mit der Familie unter ihr, weil sie weiß, daß sie »nichts haben«. Der Mann, der im letzten Winter bei ihnen gewohnt hat, zahlt ihnen einen Monat Miete, weil er weiß, daß der Familienvater arbeitslos ist. Der Bäcker gegenüber, der von der Konkurrenz in der Stadt zusehends an die Wand gedrückt wird, schickt ihnen drei Laibe altes Brot, weil er die Kinder mit verlangenden Blicken vor seinem Fenster stehen sah ...«[68]. Der Ausweitung der Aktivitäten von Hull House entsprachen auch seine räumlichen Ausdehnungen, die meist von privaten Spenderinnen finanziert wurden: die Butler Gemäldegalerie wurde angebaut, dazu Räume für den Jane (Mädchen) Club, für den Jungen Club, für das Kaffeehaus, für eine Turnhalle, für eine Leihbücherei und für ein kleines Theater. Auch die ständige Mitarbeiterinnen und Mitarbeiter (die *residents)* bekamen einen geräumigen Speiseraum, der auch für öffentliche *dinner parties* genutzt wurde. Im ersten Jahr besuchten wöchentlich etwa 1000 Menschen Hull House, im zweiten Jahr waren es schon 2000. Es liegt auf der Hand, daß diese Ausdehnung der Aktivitäten nicht ohne zuverlässige und regelmäßige Mitarbeiter getragen werden konnte. Nach fünf Jahren hatte Hull House bereits fünfzehn *residents,* nach zehn Jahren waren es fünfundzwanzig. Im Gegensatz zu Toynbee Hall stand keine Universität hinter dem Unternehmen, die regelmäßig sozial engagierte Absolventen als *residents* schickte, sondern Hull House mußte sich vor allem in der Gründungsphase auf persönliche Bekanntschaften und später auf

* Für die damalige Situation in Chicago war nicht die *Überernährung,* sondern die *Unter*ernährung das Hauptproblem der Einwanderer.

Frauen, die Hull House gründeten und finanzierten:
Ellen Gates Starr, Alice Hamilton, Mary Rozet Smith (obere Reihe von links)
Julia Lathrop, Florence Kelley, Louise De Koven Bowen (untere Reihe von links).

seinen guten Ruf als sozial-politisches Experimentierfeld verlassen. Ich stelle jetzt die wichtigsten und bekanntesten Gründerinnen vor.

Jane Addams und Ellen Starr hatten sich während des Studiums in Rockford kennen gelernt und waren seit jener Zeit zuverlässig miteinander befreundet. Jane Addams kümmerte sich in den ersten Jahren bevorzugt um die Mädchen-Arbeit, die Außenkontakte und die Finanzierung, Ellen Starr organisierte innerhalb der Erwachsenenbildung des Hauses die Gruppen für englische und amerikanische Literatur und Kunstbetrachtung; später absolvierte sie eine Lehre als Buchbinderin und entwickelte dieses Handwerk in Hull House zum angesehenen Kunstgewerbe. Mehr und mehr mischte sie sich – ebenso wie Jane

Addams, ich werde darauf zurückkommen – in die Arbeitskämpfe der Frauen ein, half deren Streiks organisieren und wurde geachtetes Mitglied der Sozialistischen Partei.

Die dritte Rockford-Absolventin in Hull House war Julia Lathrop, die später an der Höhere-Töchter-Universität Vassar in Rechtswissenschaft promovierte und als eine Dreißigjährige gut ausgebildet, kultiviert, qualifiziert, aber ohne eine Chance, gesellschaftliche Verantwortung zu übernehmen, den Ruf nach Hull House mit Begeisterung annahm und seine Entwicklung ebenso prägte wie die beiden »eigentlichen« Gründerinnen. Später trat sie in den Staatsdienst ein, organisierte das erste Jugendgericht in Illinois, arbeitete als Direktorin des *Children's Bureau* in Washington und war nach Meinung von Jane Addams »eine große Dienerin des (Bundes)-Staates«[69]. Als Juristin war sie an alternatives Argumentieren und das Aushandeln von Kompromissen gewöhnt, sie kämpfte konziliant und diplomatisch – ganz im Gegensatz zu der vierten, eindrucksvollen Frau von Hull House: Florence Kelley.

Florence Kelley entstammte einer alten Quäker-Familie aus Philadelphia. Sie studierte in Heidelberg und Zürich, sprach fließend Deutsch und Französisch und las ohne Mühe italienische und schwedische Texte. Sie übersetzte Friedrich Engels' Beschreibung der *Lage der arbeitenden Klasse in England* ins Englische und spezialisierte sich während ihres Aufenthalts in Hull House auf empirische Untersuchungen der Arbeitsbedingungen in Fabriken und Gewerbe. Mit Hilfe des liberal-republikanischen Gouverneurs John P. Altgeld wurde Florence Kelley 1895 Chefin des Fabrik- und Gewerbe-Aufsichtsamtes und setzte sich auf der Basis eigener Untersuchungen der Arbeitsplatzsituation für die Enschränkung der Kinder- und Frauenarbeit und für die Anfänge einer Arbeitsschutzgesetzgebung ein. Ihre staatlich finanzierten Untersuchungen der Wohn-Situation in den Arbeiter- und Immigranten-Vierteln Chicagos versetzte Hull House in die Lage, eine ausführliche sozialwissenschaftliche Beschreibung seiner Nachbarschaft, der Herkunft seiner Bewohner, ihrer Schulbildung und Sprachfertigkeit, der Zahl ihrer Kinder und des Mietgeldes für ihre Wohnungen, der Lage von Fabriken, Gewerberäumen, Geschäften und Kneipen anzufertigen: Die Informationen, die Florence Kelley und ihre vier Mitarbeiter täglich auf detaillierten Fragebögen des Arbeitsministeriums sammelten, wurden abends in Hull House kopiert und auf eine Block-Karte der Nachbarschaft eingetragen. So entstanden die berühmten *Hull-House Maps and Papers* (New York 1895). Sie enthielten eine grundsätzliche Kritik des Hausarbeits- und Zwischenmeister-Systems in der Chicagoer Textilindustrie, genaue Statistiken der Wochenverdienste in der Bekleidungsindustrie (sie lagen in Chicago um die Hälfte niedriger als in New

York), eine Beschreibung der jüdischen, böhmischen und italienischen Gettos in Chicago und eine Grundsatzerklärung von Jane Addams über das *Settlement als Faktor in der Arbeiterbewegung*[70]. Florence Kelleys erbitterter Kampf gegen die frühkapitalistischen Fabrikverhältnisse war von beachtlichen Erfolgen, aber auch von gravierenden Rückschlägen gekennzeichnet. Altgelds Nachfolger im Amt, Gouverneur Tanner, beispielsweise entließ Florence Kelley und ersetzte sie durch einen Fabrikbesitzer, der gerade erst wegen offener Verletzung der neuen, liberaleren Arbeiterschutzgesetze verurteilt worden war.

Alice Hamilton aus Fort Wayne war Ärztin und Bakteriologin. Sie zog 1898 ins Hull House und ersetzte in gewisser Weise Florence Kelley, die zu jener Zeit den nordamerikanischen Verbraucherverband in New York organisierte. Florence Kelly wird, bei aller sozialwissenschaftlichen Disziplinierheit, als kämpferische, sozialpolitische und politische Agitatorin beschrieben. Alice Hamilton war Naturwissenschaftlerin. Sie arbeitete zwei Kilometer westlich von Hull House in einem bakteriologischen Labor, machte empirische Untersuchungen der Gesundheitsbedingungen der Nachbarschaft und spezialisierte sich später auf das Forschungsgebiet Industrielle Umweltverschmutzung. 1919 wurde sie Professorin für industrielle Medizin an der renommierten Harvard Universität, aber sie kam immer wieder nach Hull House zurück und arbeitete dort als »Mädchen für alles«.

Diese eindrucksvolle Liste berühmter Frauen, die zum inneren Kreis der *Hull House residents* gehörten, wird durch zwei Chicagoerinnen ergänzt, beide aus reichen Familien stammend, die nicht nur ihre Arbeitskraft in das Nachbarschaftsheim investierten, sondern seine Arbeit aus ihrem Familienerbe finanzierten.

Louise De Koven Bowen kam aus einer alten, reichen, stockkonservativ-republikanischen Chicagoer Familie. Sie fuhr zweispännig mit livriertem Diener durch die Stadt, und ihr Vater verbot ihr, an der öffentlichen Abschlußfeier ihres Lyzeums teilzunehmen, weil es sich für ein sechzehnjähriges Mädchen nicht schicke, in der Öffentlichkeit aufzutreten. Sie unterstützte Hull House von Anfang an mit jährlichen Schecks in der Größenordnung von 500 bis 10000 $ und ermöglichte durch zweimalige Spenden von je 60000 $ wichtige bauliche Erweiterungen des Hauses. Im Hause organisierte sie zunächst einen Frauen-Club; später kümmerte sie sich mit großer Energie um die Bildung des ersten Chicagoer Jugend-Gerichtes, organisierte das notwendige Geld für den Bau einer Jugendstrafanstalt und gründete den Chicagoer Jugendschutzbund. 1911 schenkte sie Hull House 300000 qm auf dem Lande zur Einrichtung eines Sommerlagers für Jugendliche.

Mary Rozet Smith kam ebenfalls aus einer der »ersten« Chicagoer

Familien. Ihre Mutter war eine angesehene Geschäftsfrau, ihr Vater ein gebildeter Industrieller. Mit diesen familiären Verbindungen ausgestattet, brachte sie regelmäßig einen Großteil der Spenden zusammen, die notwendig waren, um die Sachausgaben von Hull House zu decken. Später war sie Vorstandsmitglied der Hull House Stiftung und steckte große Summen ihres ererbten Vermögens in die Unternehmung. Es wird auch gesagt, daß sie es war, die bei finanziellen Schwierigkeiten die vielen internationalen Reisen von Jane Addams bezahlte und ihre Garderobe kaufte.

Damit ist die Liste der Gönnerinnen von Hull House noch nicht erschöpft. Helen Culver, die ehemalige Besitzerin des Hauses, schenkte der Stiftung mehrfach Häuser und den dazugehörigen Grund und Boden. Anita McCormick Blaine aus der Fabrikanten-Dynastie der McCormicks half bei Schwierigkeiten aus, wie viele andere auch, die sich allerdings zurückzogen, wenn die sozialpolitischen Aktivitäten von Hull House die Kapital-Interessen ihrer Familien allzu sehr tangierten.

Wenn wir die Liste der Frauen des inneren Kreises von Hull House noch einmal Revue passieren lassen, dann fällt auf, daß die meisten von ihnen qualifizierte Akademikerinnen mit einer bedeutenden Berufskarriere nicht nur innerhalb, sondern auch außerhalb von Hull House waren. Alice Hamilton war Ärztin, Bakteriologin und Sozialmedizinerin, Florence Kelley war Sozialwissenschaftlerin, Julia Lathrop war Juristin, Ellen Starr Gymnasiallehrerin und später Buchbinderin, Jane Addams war ebenfalls eine *college woman* und qualifizierte sich während ihrer Arbeit in Hull House als nationale und internationale Friedenspolitikerin. Lediglich Mary Rozet Smith hatte keine akademische Ausbildung und beteiligte sich auch nicht aktiv an den politischen Disputen der anderen *residents.* Dafür sorgte sie, daß die Kasse stimmte. Es fällt auf, daß alle Frauen bereits qualifiziert waren, als sie ins Hull House zogen. Aber gleichzeitig diente ihre Arbeit dort ihrer dauernden Weiterqualifikation innerhalb ihrer Disziplinen. Anders wäre es nicht zu erklären, was Jane Addams Neffe etwas euphorisch in seiner Biographie der Tante beschreibt: Europäische Premierminister, Philosophen aller Richtungen, Arbeiterführer und bedeutende Kapitalisten, unpopuläre Poeten, populäre Romanciers und schäbig aussehende Exilanten aus der Hälfte der Königreiche dieser Welt hätten in Hull House zu Abend gegessen und fasziniert den Streitgesprächen der *residents* gelauscht, wenn sie sich bei der Erörtung eines sozialen Mißstandes und der besten Methoden, ihn zu beseitigen, in die Haare gerieten[71].

Die vielfältigen Aktivitäten von Hull House, die sich im Laufe der Jahrzehnte und insbesondere durch die politische Entwicklung von Jane

Addams immer mehr nach außen verlagerten, sind schwer zu fassen und noch schwerer zu beschreiben. Verschiedene Biographen von Hull House haben den Versuch gemacht, so etwas wie den täglichen Arbeitsablauf in dem Settlement idealtypisch zu rekonstruieren. Ich folge dabei einem der neueren Biographen, Daniel Levine[72].

Im Morgengrauen bringt der Zeitungsjunge eine Zusammenstellung der meisten Chicagoer Tageszeitungen. Zu jener Zeit hat die Mitarbeiterin, die für die Kinderkrippe verantwortlich ist, bereits gefrühstückt. Gegen halb acht versammeln sich auch die anderen Mitarbeiterinnen zum Frühstück in der Kaffeestube. Nicht alle sind anwesend. Einige sind schon unterwegs, weil sie außerhalb von Hull House arbeiten, andere schlafen etwas länger, weil sie bis spät in der Nacht mit Seminaren und Arbeitsgruppen zugange waren. Dann erscheint Jane Addams mit einem großen Haufen Morgenpost, die je nach Zuständigkeit verteilt wird. Die Mitarbeiterinnen werden nach Quäker-Sitte mit Vornamen und Familiennamen angeredet, nur Miss Addams ist und bleibt »Miss Addams«. Beim Frühstück kommt es zu den ersten, erregten Auseinandersetzungen über Analysen und Strategien zur Bekämpfung gerade aktueller sozialer und politischer Mißstände. Diese Auseinandersetzungen werden laut, direkt und offen geführt, so direkt und offen, daß eine russische Anarchistin mit erfreuter Verwunderung feststellte, sie habe sich seit langem nicht so sehr zuhause gefühlt wie in Hull House[73]. Diese Diskussionen werden in der Regel einfach abgebrochen, weil alle ihren unterschiedlichen Verpflichtungen nachgehen müssen.

Danach kommen die Kindergarten-Kinder, und Jane Addams arbeitet in ihrem Büro, teilweise, um die enorme Post zu erledigen, teilweise und vor allem nach 1900, um an ihren Reden, Artikeln und Büchern zu arbeiten. Es gibt kein formelles, gemeinsames Mittagessen. Jane Addams verwendet die Mittags- und die frühe Nachmittags-Zeit meist für Besprechungen und Arbeitsessen mit Personen und Institutionen in der Innenstadt.

Nachmittags finden in Hull House Ausbildungs- und Fortbildungskurse für Kindergärtnerinnen und Erzieher statt, und der Frauenclub hält eine Sitzung ab. Danach, sobald die Schule aus ist, überfluten Mengen von Schulkindern die Räumlichkeiten – Mädchen und Jungen werden in getrennten Gruppen zusammengefaßt, aber beiden Geschlechtern werden handwerkliche, musische und sportliche Betätigungen angeboten, um sie »spielerisch auf das Leben und die Arbeit vorzubereiten«. Jane Addams kümmert sich um eine Mädchengruppe, Ellen Starr liest den Jungen alte Sagen vor oder geht mit ihnen in die Turnhalle.

Gegen sechs gibt es für alle Mitarbeiter ein eher formelles Abendes-

Gemeinsames Abendessen des Hull House Teams
Am Kopfende des mittleren Tisches Jane Addams, rechts neben ihr Alice Hamilton.

sen im gemeinsamen Speisezimmer, das vom Koch oder einer Haushälterin serviert wird. Dabei gibt es meistens einen besonders herausgehobenen Gast, mit dem die *residents* gemeinsam essen, der eine kurze Rede hält und mit dem Meinungen, Standpunkte und Kontroversen ausgetragen werden. Der bekannte Schulreformer John Dewey ist häufiger Gast, der liberale Gouverneur John P. Altgeld, Vizepräsident Theodore Roosevelt – und der Anarchist Prinz Peter Kropotkin.

Beim gemeinsamen Abendessen werden die Streitfragen des Frühstücks wieder aufgenommen und weiter entwickelt. Es liegt auf der Hand, daß diese gemeinsamen, informellen Veranstaltungen – die beendet werden, wenn die einzelnen Mitarbeiterinnen aufbrechen, um Seminargruppen in der Erwachsenenbildung, der Arbeiterbildung und der Bildung für Immigranten zu leiten – die an ihnen Teilnehmenden auf eine außerordentliche Weise qualifizierten und weiterbildeten. Wer auch nur ein Jahr intensiv in Hull Haus gearbeitet und gelebt hatte, der profitierte davon in der Regel mehr als von einem abgehobenen, vieljährigen Universitätsstudium. So ist es teilweise richtig, wenn gesagt worden ist, Hull House sei der »Salon« von Jane Addams gewesen. Denn Salons hatten in vorrevolutionären Zeiten *auch* die Funktion, den

Mitgliedern der herrschenden und der nachrückenden Klasse aktuelle und lebensnahe Bildung zu vermitteln.

Diese Feststellung unterstützt die Beobachtungen anläßlich der Gründung von Toynbee Hall, die in dem Satze münden, diese Einrichtung habe vor allem anderen die Funktion gehabt, ihre Mitarbeiter mit den harten Tatsachen der gesellschaftlichen Wirklichkeit vertraut zu machen, sie also volkswirtschaftlich und sozialwissenschaftlich »zu bilden«. Für die armen Leute der Nachbarschaft sei zwar auch manche menschliche Erleichterung abgefallen, aber das sei nicht die Hauptfunktion der Arbeit gewesen. Gemessen an dieser Einschätzung von Toynbee Hall liegen die Dinge in Hull House in einigen wichtigen Punkten anders.

Zunächst einmal: Whitechapel war ein traditioneller englischer Slum. Seine Bewohner lebten an der Grenze zwischen industrieller Reserve-Armee und Lumpenproletariat. In Krisenzeiten hatte mehr als die Hälfte der Londoner Nachbarschaft keine Chance, ihren Lebensunterhalt durch eigene Arbeit zu verdienen. Das Viertel besaß wenig oder keine ökonomischen und kulturellen Ressourcen mehr. Die Nachbarschaft von Hull House hingegen bestand im wesentlichen aus qualifizierten europäischen Arbeitern, ihren Familien und intellektuellen politischen Flüchtlingen, die arbeiten konnten, arbeiten wollten und *auch Arbeit fanden* – allerdings zu den unmenschlichen Bedingungen des

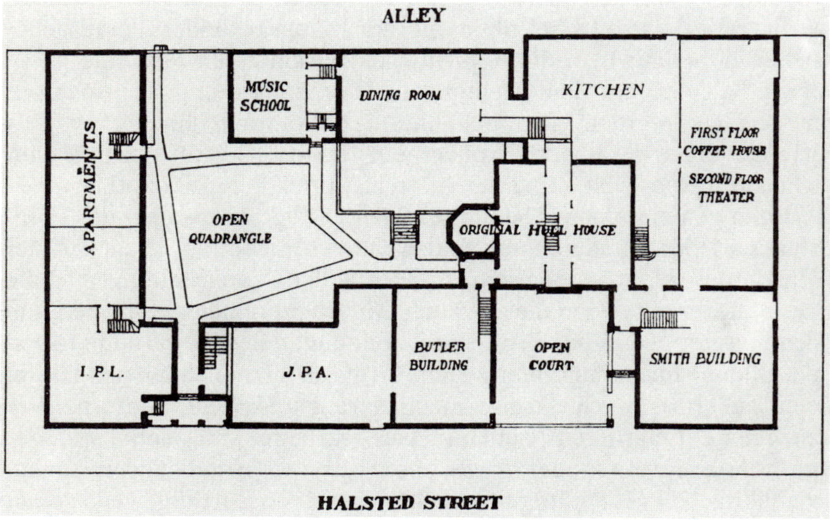

Der Grundriß von Hull House mit Küche und Speisesaal.

nordamerikanischen Kapitalismus. Jane Addams war immer wieder aufs Neue über die Selbsthilfekräfte verwundert, die sie in der Nachbarschaft fand und die lediglich darauf warteten, durch eine organisatorische Starthilfe mobilisiert zu werden: Griechische Immigranten führten im kleinen Theater von Hull House Aeschylus und Sophocles auf, sie gründeten den philosophischen »Plato Club«; deutsche Immigranten organisierten Lesezirkel mit Texten von Dante, Schiller und Goethe. Ellen Starr arbeitete in ihrem Kunst-Studio mit hochbegabten lateinamerikanischen Töpfern und Keramikern; die Musikklassen für Kinder und Erwachsene überschritten häufig die Ebene von Laien-Musikanten. Diese Erfahrungen brachten die Mitarbeiterinnen von Hull House sehr bald zu einer Revision ihrer ursprünglich elitären Konzeption, daß gebildete College-Frauen den Nachbarn Kultur würden beibringen können – so wie Samuel Barnett in seinem Konzept von der wechselseitigen Durchdringung der sozialen Klassen es bis zuletzt formuliert hatte –: sie fühlten sich vielmehr in die Lage versetzt, ihren Anspruch, von den Nachbarn zu lernen, auf erfolgreiche Weise ernst nehmen zu können. Denn die Nachbarn kamen nicht mit leeren Händen, sie brachten vielmehr die angeeigneten Ergebnisse einer Jahrhunderte alten europäischen Tradition mit, wenn sie Hull House betraten. Sie brauchten kein Schulhaus, sondern eine Plattform.

Diese Erfahrung der Qualitäten ihrer Nachbarn versetzten Jane Addams und ihre Mitstreiterinnen auch in die Lage, die Ideologie vom individuellen Versagen der Armen gegenüber den Anforderungen des Lebens und der Welt, wie sie von der kirchlichen Caritas und von den christlichen Wohlfahrtsorganisationen in der alten und in der neuen Welt am Leben erhalten wurden, zurückzuweisen. Denn die Unterscheidung der Armen in »Würdige« und »Unwürdige« wurde in der neuen Welt noch wesentlich rigider gehandhabt als in der alten. Hier gab es keine offensichtliche industrielle Reservearmee. Wer arbeiten wollte, der fand auch Arbeit. Kaum einer außerhalb von Hull House fragte allerdings nach ihren Bedingungen und ihren Wirkungen für die menschliche Existenz. Die besitzbürgerlichen »Wohlfahrtsdamen«, die sich als *friendly visitors* den Wohlfahrtsverbänden zur Verfügung stellten, übertrugen unhinterfragt ihre ethischen und moralischen Standards auf die Familien, die sie »besuchten«. Sie kritisierten – so vermerkt Jane Addams in einem wichtigen Artikel über »die subtilen Probleme der Wohlfahrtspflege«[74] – den Aufwand junger Fabrikarbeiterinnen für ihre Kleidung, ohne zu begreifen, daß dies in der nordamerikanischen Gesellschaft des ausgehenden Jahrhunderts Ausdruck ihres Aufstiegswillens sei. Sie kritisierten den frühen Zeitpunkt der Heirat junger Leute, ohne zu begreifen, daß dies eine vernünftige Reaktion der jungen Arbeiter war, deren Verdienstmöglichkeiten zwischen dem 20. und dem 30. Lebensjahr noch am ehesten eine Familiengründung ermöglichten.

Diese und andere Beispiele festigten die Überzeugung der Mitarbeiterinnen von Hull House, daß die einzige und die beste Möglichkeit, die *Lebensbedingungen* ihrer Nachbarn zu verbessern, in der Verbesserung ihrer *Arbeitsbedingungen* bestehe. Und Möglichkeiten zu dieser Verbesserung sahen sie in der gewerkschaftlichen Organisation und in einer staatlichen Fabrikgesetzgebung, die den Unternehmern die schlimmsten Formen der Ausbeutung menschlicher Arbeitskraft untersagen würde.

Diese Überzeugung verbanden sie allerdings mit einer nicht erlahmenden Bereitschaft, ihren Nachbarn in konkreten Notsituationen konkret zu helfen. So verteilten sie in dem harten Winter zwischen 1892 und 1893, als die Chicagoer Weltausstellung viele ungelernte Arbeitskräfte angelockt hatte, die den Winter ohne Arbeit, ohne Behausung und ohne Lebensmittel überstehen mußten, *gegen ihre Überzeugung* milde Gaben an die Bedürftigen. So brachten sie junge Prostituierte in ihren Räumen unter, wenn sie aus dem Bordell entwichen waren. So halfen sie Fabrikarbeiterinnen bei der Geburt eines außerehelichen Kindes. Aber sie taten es nicht, ohne gleichzeitig Arbeitslosenhilfe, Mindestlöhne und Arbeitszeitverkürzung zu fordern, ohne für die Legalisierung der Prostitution zu demonstrieren, ohne für Geburtenregelung einzutreten. Wer Hull House nur als ein mildtätiges Freizeitheim ansieht, der verkennt seinen grundsätzlichen Anspruch und seine grundsätzlichen politischen Kämpfe.

Dabei war Hull House als Institution alles andere als »revolutionär«. Es behauste zwar Revolutionäre und hatte Mitarbeiterinnen, die sich so verstanden. Aber als Institution ging das Settlement davon aus, daß eine demokratische Gesellschaft, wie es die amerikanische ihrem Anspruch nach war, das Glück und die Wohlfahrt aller ihrer Mitglieder herstellen könne, ohne ihre wirtschaftliche und politische Struktur grundsätzlich verändern zu müssen.

Die ersten politischen Tätigkeiten, die den Bewohnern von Hull House durch die allgemeine Situation in Chicago aufgedrängt wurden, waren kommunalpolitische Initiativen. Wasserversorgung, Abwässer und Müllabfuhr waren in den Gründerjahren und sind noch heute kritische kommunalpolitische Themen in den USA. Insbesondere deshalb, weil die nicht regelmäßig geleerten Müllkübel am Rande der ungepflasterten und mit keiner Kanalisation versehenen Straßen einen ständigen Infektions- und Seuchenherd für die Bewohner und insbesondere für ihre Kinder darstellten. Als die Frauen von Hull House dieses

Spielende Kinder auf dem Hofe von Hull House.

Musizierende Kinder aus der Musikgruppe von Hull House.

Einwandererklasse bereitet sich in der Kaffeestube von Hull House auf die Einbürgerung vor (rechts vorn Jessie Binford, die den Kurs leitet).

Frauen-Basketball-Team von Hull House aus dem Jahre 1902.

Problem erkannten, ließ sich Jane Addams als erste weibliche Inspektorin für die Müllabfuhr im 19. Bezirk wählen. Dieses Amt war ein Ehrenamt, aber es war wie die meisten Ehrenämter im damaligen Chicago mit finanziellen Zuwendungen verbunden, über deren Höhe die *city bosses* entschieden und mit denen sie ihre Gefolgsleute schmierten. Als Müllinspektorin legte sich Jane Addams sofort mit dem einflußreichsten Mann im 19. Bezirk an, Johnny (Da Pow) Powers, der den Bürgermeister in der Tasche hatte und der stadtbekannt dafür war, daß er über genügend Geld und Einfluß verfügte, um Ämter zu kaufen und Widersacher aus dem Bezirk zu vertreiben. Der Konflikt brach auf, als Hull House sich weigerte, zu Weihnachten 1893 Truthühner an die Armen zu verteilen, die Johnny Da Pow gespendet hatte. Der *city boss* schwor, Hull House, dieses «Schlangennest von Anarchisten« aus dem Bezirk zu vertreiben. Hull House wehrte sich publizistisch und stellte Gegenkandidaten zur nächsten Kommunalwahl auf, die aber allesamt durchfielen oder von Powers gekauft wurden. Jane Addams hat diese erste kommunalpolitische Erfahrung in einem Artikel für die Zeitschrift OUTLOOK verarbeitet, der sie und die Chicagoer Verhältnisse weithin bekannt machte[75].

Auch ihre nächste kommunalpolitische Tätigkeit endete mit einem Reinfall. Sie galt, nicht zuletzt durch die enge Verbindung von John Dewey mit Hull House, als eine engagierte Schulreformerin und wurde deshalb in die Schulaufsichtsbehörde gewählt. Die (ehrenamtlichen) Mitglieder dieser Behörde waren in zwei Fraktionen gespalten. Dabei ging es sowohl um die Notwendigkeit, neue und kleinere Schulen zu bauen, um die überfüllten Klassen in angemieteten Räumen zu verkleinern, als auch um die Forderungen der Lehrergewerkschaft nach Mitspracherecht in curricularen Entscheidungen und nach Abschaffung der Praxis halbjährlicher »geheimer« Beurteilung der Leistungsfähigkeit der Lehrer durch den Schulleiter, welche die Grundlage für Gehaltserhöhungen darstellte. Es gelang Jane Addams während ihrer dreijährigen Tätigkeit in der Schulbehörde nicht, die Reformvorstellungen der liberalen Fraktion dieser Behörde durchzusetzen oder auch nur einen für beide Seiten tragfähigen Kompromiß zu schließen. Ihr Biograph John C. Farrell schreibt, gleichsam achselzuckend, sie sei halt kommunalpolitisch unwirksam gewesen und habe ihre entscheidenden Beiträge zur nordamerikanischen Sozialreform eher durch das Medium privater Wohlfahrtsorganisationen geleistet[76]. Ein anderer Biograph deutet an, sie habe um die weitere finanzielle Unterstützung für Hull House gebangt, wenn sie sich in dem Schul-Streit zu eindeutig auf die Seite der Reformer geschlagen hätte[77].

Drei Jahre nach der Gründung von Hull House gab es zunehmende

Lohnauseinandersetzungen in der Oberbekleidungs-Industrie von Chicago, in der viele der Nachbarn von Hull House arbeiteten. Die Löhne fielen ständig, und ständig wurden Arbeiterinnen entlassen. Der gewerkschaftlichen Organisation der Textilarbeiter gehörten fast überwiegend Männer an, russische Emigranten und gelernte Schneider, die in einer gewerkschaftlichen Tradition groß geworden waren. Ihnen standen junge, amerikanisch-irische Frauen gegenüber, die keine gewerkschaftlichen Erfahrungen hatten und die sich mit ihren älteren, russischen Kollegen weder sprachlich verständigen konnten noch im Hinblick auf ihre unterschiedliche Lebensweise verstanden. In dieser Situation ergriff Hull House die Initiative und lud die beiden Gruppen in ihre Räume zur Gründung einer gemeinsamen Gewerkschaftsgruppe ein. Jane Addams beschreibt die Situation in dem Buch *Hull House Maps and Papers* (1895):

»Die Kleidermacherinnen organisierten sich im Hull House im Frühjahr 1892. Die Löhne waren ständig gefallen und es gab unter den Arbeiterinnen eine große Niedergeschlagenheit. Die Zahl der Arbeiterinnen war ebenfalls rapide verringert worden, und die gesamte Branche war in die Hände von kleinen, ausbeuterischen Krautern übergegangen. Die gewerkschaftliche Gruppe unter den Männern zählte 200 Mitglieder, aber die gelernten Arbeiter waren sehr bald gegenüber den ungelernten Frauen, die kein Bewußtsein im Hinblick auf die Löhne hatten, mit denen sie sich zufrieden gaben, in der Minderheit. Die Männer hatten mehrere Jahre lang die gewerkschaftliche Organisierung vorangetrieben, aber sie waren unfähig, die Arbeiterinnen dafür zu gewinnen. Ein offensichtlich unüberbrückbares Hindernis war die Unmöglichkeit gewesen, einen Versammlungsraum (möglichst in Verbindung mit einer Restauration) zu finden, der groß genug für eine gemeinsame, allgemeine Gewerkschaftsversammlung war. In eine Kneipe wollten die Arbeiterinnen nicht gehen. Lediglich einmal hatten sich unter dem Druck eines bevorstehenden Streikes die Frauen eines Textilbetriebes mit den Männern des gleichen Betriebes in einer der etwas besseren Gaststätten getroffen, um sich prompt hinterher von ihren Familien, nachdem sie nach Hause gekommen waren, Vorwürfe machen zu lassen. Es liegt auf der Hand, daß sie sich weigerten, wieder dorthin zu gehen.

Das erste Treffen, das bei uns im Hull House stattfand, bestand aus Arbeiterinnen und Arbeitern und zwei oder drei unserer Mitarbeiterinnen. Die Versammlung war ein Erlebnis für alle Anwesenden. Die Männer – vielleicht 40 an der Zahl – waren jüdisch-russische Schneider, von denen einige nicht einmal gebrochen Englisch sprachen. Sie waren schlecht gekleidet und grimmig. Sie argwöhnten, das Hull House sei eine Spionageorganisation im Dienste der Kapitalisten. Sie waren gelernte Schneider, die den Mädchen weit überlegen waren, wenn es darum ging, einen Mantel zu nähen, und in deren Gesichtern sich die Scham über den Zwang widerspiegelte, zusammen mit diesen Mädchen tagen zu müssen. Die amerikanisch-irischen Mädchen waren gut gekleidet und vergleichsweise entspannt. Sie fühlten sich durch die Anwesenheit der Mitarbeiterinnen des Settlements beschützt und unterhielten sich frei untereinander. Diese beiden so unterschiedlichen Gruppen von Textilarbeitern wurden nur durch den Außendruck auf ihre gemeinsame Gewerkschaft zusammengehalten. Sie waren durch starke rassische Unterschiede getrennt, durch Unterschiede der Sprache, der Nationalität, der Religion, des Lebensstils, – ja durch jeden erdenklichen sozialen Unterschied. Der Dolmetscher stand zwischen den beiden Teilen des Raumes und war etwas hilflos. Er war sich der ökonomischen Notwendigkeit des gemeinsamen Handelns bewußt; er war sich auch über die wechselseitigen Abhängigkeiten im klaren, aber er war durch den sozialen Aspekt der Situation verwirrt. Die Mitarbeiterinnen fühlten, daß zwischen diesen Männern und diesen Frauen eine tiefere Kluft existierte als zwischen den privilegierten und den nicht-privilegierten sozialen Klassen. Und doch hatten die jungen Arbeiterinnen, die jetzt gezwungen wurden, diese Kluft zu überbrücken, einen positiven Vorteil gegenüber den kultivierten Mädchen, die bewußt und manchmal fast heroisch die Kluft zwischen den Klassen übersprangen, um ihren proletarischen Schwestern die Hand zu reichen.

Es gab viel geringere Unterschiede zwischen den Mitarbeiterinnen von Hull House und den Arbeiterinnen, als zwischen den Arbeitern und den Arbeiterinnen aus der selben Branche. Das war ein Bild, das man nur in einer nordamerikanischen Stadt unter den jüngsten Bedingungen des Gewerkschaftslebens vorfinden kann: Arbeiterinnen und Arbeiter werden untereinander zu einer Form sozialer Demokratie gezwungen, allein aus dem Druck der ökonomischen Situation heraus. Das bedeutet einen erzieherischen und den Gesichtskreis erweiternden Aspekt von nicht zu unterschätzendem Wert ...«[78]

Die erfolgreiche Initiative von Hull House bei der Organisation regionaler Betriebsgruppen der Chicagoer Textilarbeiterinnen brachte Jane Addams unter wohlmeinenden Bürgern den Ruf ein, eine geachtete Vermittlerin in Arbeitskämpfen zu sein. Sie wurde im dramatischen

Streik der Pullman-Arbeiter im Jahre 1904 als Vermittlerin angerufen. George M. Pullman stellte Schlafwagen her und hatte zusätzlich als idealistischer Sozialreformer für »seine« Arbeiterinnen und Arbeiter eine eigene Modell-Stadt *(Pullman Town)* gebaut, deren soziale Infrastruktur für die damaligen Verhältnisse mustergültig war, die nur den einen Nachteil hatte: Alle Waren und Dienstleistungen in der Pullman-Stadt wurden monopolistisch von Pullman angeboten und mußten zu Pullman-Preisen gekauft werden. In der Depression des Winter 1893/94 reduzierte Pullman die Löhne, entließ Arbeiter oder setzte sie auf Teilzeitarbeit – aber er hielt an den alten Mieten und Preisen in der Pullman-Stadt fest. Die Arbeiter waren gewerkschaftlich nicht organisiert – sonst wären sie von Pullman gar nicht erst eingestellt worden –, aber sie streikten trotzdem, und die Stadtverwaltung richtete eine Schiedskommission mit Jane Addams ein. Auch in diesem Falle war Jane nicht in der Lage, den festgefahrenen Konflikt zu entschärfen. Sie zog sich zurück und verarbeitete ihre Erfahrungen in der Schrift *A Modern King Lear*[79]. Die Arbeiter mußten schließlich zu den angekündigten niedrigeren Löhnen die Arbeit wieder aufnehmen oder wurden entlassen.

Die Stellung von Jane Addams zu den Gewerkschaften und zur Arbeiterbewegung war und blieb widersprüchlich. Genauer gesagt: Jane nahm in unserem gegenwärtigen politischen Verständnis eine eindeutig »rechte« Position ein. Sie sah die Gewerkschaften idealtypisch als mögliche Repräsentation eines Gemeinwohls, das durch die bürgerlichen Interessenverbände und Parteien Nordamerikas nicht gewährleistet war. Und sie lehnte alle gewerkschaftlichen Aktivitäten strikt ab, die »dem Klassenkampfe« dienten. Denn für sie war der Klassenkampf nichts anderes als der Versuch von Menschen, über andere Menschen Gewalt auszuüben, statt gemeinsam an einem Strang zu ziehen:

»Die Arbeiterbewegung muß alle Menschen in ihre Hoffnungen einschließen. Sie muß die Vereinigung universeller Mitmenschlichkeit sein. Jeder Wermuthstropfen in ihrem Becher ist tödlich. Jeder Anflug von Neid, der gegen einen Kapitalisten genährt wird, jede Hoffnung gleichzuziehen, wenn die Reichtümer dieser Erde den Besitzer wechseln, sind nichts anderes als eine Wiederholung der alten Erfahrung menschlicher Selbstsucht. Alle Erinnerung an erlittenes Unrecht muß von uns abfallen und muß sich zum Bewußtsein gemeinsamer Brüderlichkeit wandeln. Wenn es die Aufgabe eines Settlements ist, auf dem universellen Charakter der Besten zu bestehen, dann wird sein Einfluß nirgendwo mehr gebraucht als innerhalb der Arbeiterbewegung, in der es eine beständige Versuchung zum Klassenkampf gibt«[80].

Das heißt nicht, daß Jane Addams es ablehnte, parteipolitisch tätig zu werden. Im Jahre 1912 beispielsweise unterstützte sie tatkräftig Theodore Roosevelt als Präsidentschaftskandidaten der neu gegründeten *Progressive Party* und arbeitete intensiv an der politischen Plattform dieser Partei mit. Aber ihre Loyalitäten gegenüber Politikern und Parteiprogrammen waren pragmatisch orientiert, sie benutzte sie als Vehikel für ihre eigenen Reformpläne und gab sie auf, wenn sie nicht mehr als Vehikel tauglich waren. Dauerhafte, grundsätzliche politische Loyalitäten entwickelte sie während ihres langen, tätigen Lebens nur im Hinblick auf drei Problemkreise: den Kinderschutz, das Frauenwahlrecht und die internationale Friedensbewegung. Sie war davon überzeugt, daß Mädchen, Frauen und Mütter die öffentlichen Angelegenheiten in aller Welt besser, weil menschlicher gestalten würden als die Männer und daß deshalb das Wahlrecht der Frauen keine eigensüchtige Forderung und auch nicht nur Ausdruck abstrakter Gerechtigkeit sei, sondern im Interesse *aller* Menschen liege. Durch ihre herausragende Tätigkeit in der nordamerikanischen Frauenrechtsbewegung wurde sie innerhalb der internationalen Friedensbewegung im 1. Weltkrieg (1914–1918) bekannt. 1915 wurde sie zur Präsidentin des Internationalen Friedenskongresses in Den Haag gewählt, und sie wurde auch Präsidentin der Internationalen Frauenbundes für Frieden und Freiheit, der im selben Jahr in Den Haag gegründet wurde. Diese Tätigkeit führte zu der größten und tiefstgreifenden Enttäuschung ihres Lebens. Ihr Ziel während des 1. Weltkrieges war es, die USA aus dem Kriege herauszuhalten und eine Internationale Friedenskonferenz aller neutralen Staaten zur Beendigung der Kampfhandlungen einzuberufen. Aber die öffentliche Meinung in den Vereinigten Staaten drängte auf die Teilnahme am Krieg und wurde gegen Ende des Krieges mehr und mehr von der traditionellen nordamerikanischen »Kommunistenfurcht« bestimmt, nachdem die russische Revolution von 1918 die Sowjetmacht etabliert und den Krieg beendet hatte. Die alten Vorurteile gegen das »Anarchistennest Hull House« und gegen die »Revolutionärin« Jane Addams wurden von der reaktionären Presse wiederbelebt. Und als ein englischer Journalist mitten im Krieg an die NEW YORK TIMES einen Brief schrieb, in dem er Jane Addams beschuldigte, auf einer öffentlichen Versammlung behauptet zu haben, die alliierten Soldaten würden betrunken gemacht, bevor sie zum Angriff kommandiert würden[81], erhob sich ein Sturm chauvinistischer Entrüstung, und Jane Addams wurde offen und verdeckt beschuldigt, gemeinsame Sache mit dem Deutschen Reich und mit Österreich-Ungarn zu machen.

Erst in der Zeit nach Friedensschluß und insbesondere während der Reformperioden des Präsidenten Franklin Delano Roosevelt (1933–

1945), deren Anfänge Jane Addams noch miterlebte[82] (sie starb 1935) erinnerte sich die liberale nordamerikanische Öffentlichkeit wieder an die großen Verdienste dieser tätigen Sozialreformerin, die wegen ihrer kommunalen, nationalen und internationalen Tätigkeit im November 1931 zusammen mit dem New Yorker Erziehungswissenschaftlicher Nicolas Murray Butler den Friedensnobelpreis erhielt.

Mehr noch als Henrietta und Samuel Barnett war Jane Addams im Laufe ihrer sechsundvierzigjährigen Tätigkeit ihrem Selbstverständnis und ihren Wirkungen nach eine sozial-reformerische und sozial-politische Pädagogin geworden. Ebenso wie die Barnetts grenzte sie sich dabei sowohl von der damals herrschenden Schulpädagogik als auch von der staatlichen und privaten Armenhilfe ab. Anders als die Barnetts ging sie von der ungebrochenen Überzeugung aus, daß Menschen fähig sind, ihr Leben selbst zu bestimmen und zu gestalten, wenn sie daran nicht zwanghaft durch die sozialen Umstände gehindert werden, unter denen sie leben. Ähnlich wie die Barnetts band sie die unterstützenden Tätigkeiten von Hull House an die Begriffe Freizeit, Geselligkeit, Bildung. Aber anders als die Barnetts war sie davon überzeugt, daß dieser Freizeitbereich nicht unabhängig von der Arbeitstätigkeit ihrer Nachbarn gedacht und gestaltet werden könne und daß deshalb die Reform der industriellen Arbeit, die Verbesserung des Arbeitsschutzes insbesondere für Frauen und Jugendliche, die Begrenzung der Arbeitszeit und die Einführung des Frauenwahlrechtes die eigentlichen Voraussetzungen für die Verbesserung der Wohn- und Freizeitverhältnisse wären. Deshalb unterstützte sie aktiv die Organisationstätigkeit der nordamerikanischen Industrie-Gewerkschaften und deshalb stritt sie unermüdlich für den Weltfrieden. Gleichzeitig aber, und das sollten wir immer mit bedenken, wenn wir sie nicht zu einer makellosen Heroine emporstilisieren wollen, gleichzeitig aber lehnte sie es ab, die US-Gesellschaft als Klassengesellschaft zu beschreiben und bestritt deshalb auch den Gewerkschaften das Recht, ihre Arbeitskämpfe als Klassenkämpfe von unten zu bestimmen.

Das sozial-pädagogische Konzept, das Jane Addams im Laufe ihrer Tätigkeit durch die Erfahrung mit ihren Erfolgen und Mißerfolgen in Hull House entwickelte, war eng an die anthropologischen und didaktischen Einsichten ihres pädagogischen Freundes John Dewey angelehnt. John Dewey (1859–1952) lehrte von 1889 bis 1904 an der Universität von Chicago Erziehungswissenschaft, leitete in den letzten acht Jahren dieser Tätigkeit eine reformpädagogische Versuchsschule und gründete dabei sein didaktisches Konzept auf die optimistische Annahme, daß menschliches Lernen ein komplexer körperlicher, seelischer, geistiger und sozialer Prozeß sei, der durch komplexe menschliche Tätigkeiten ausgelöst, gesteuert und vorangetrieben werde. Dieser Prozeß werde durch Zweifel an der vorfindlichen Wirklichkeit und durch neugieriges Fragen ausgelöst, er führe zu praktischen Tätigkeiten, und die Erfahrungen mit diesen praktischen Tätigkeiten und ihren Folgen förderten sowohl die Erkenntnisseite als auch die Handlungsseite menschlichen Lernens. Greifbar geworden ist dieses didaktische Konzept in der von ihm gemeinsam mit William Heard Kilpatrik entwickelten schulischen Projektmethode, bei der kindliches Lernen um eine konkrete, praktische Aufgabe und deren Lösung organisiert wird. Dewey und Kilpatrick sind prominente Vertreter der nordamerikanischen Reformpädagogik, deren deutsche Variante etwa zur gleichen Zeit und unabhängig von der nordamerikanischen Entwicklung die Arbeitsschule, den Gruppenunterricht und die Schülerselbstverwaltung hervorgebracht hat. Ich kann hier nicht auf die wichtigen und interessanten internationalen Querverbindungen der Reformpädagogik zu Beginn des 20. Jahrhunderts eingehen und beschränke mich deshalb für interessierte Leser auf die Nebenbemerkung, daß sich Nadeshda Konstantinowna Krupskaja, die führende sowjetische Revolutionspädagogin der zwanziger Jahre in ihren Ausführungen über die Grundlagen der Sowjet-Pädagogik mehrfach und ausgesprochen positiv auf die Erkenntnisse von John Dewey bezogen hat[83]. Während die Krupskaja die Prinzipien Dewey im Hinblick auf die Verhältnisse in der Sowjetunion weiter entwickelte – sie versuchte beispielsweise, das Arbeitsgruppenprinzip der Projektmethode zum Kollektivprinzip zu erweitern – blieb Jane Addams, bei Lichte betrachtet und gemessen an der zugegeben naseweisen Einschätzung aus den achtziger Jahren dieses Jahrhunderts, hinter ihrem Mentor John Dewey zurück und entwickelte ein menschenfreundliches aber gleichzeitig schlichtes Konzept vom menschlichen Lernen. Dennoch enthielt ihr allgemeines Bildungskonzept realistischere Züge als der Bildungsbegriff, mit dem sie erzogen worden war.

Der bürgerliche Bildungsidealismus, der Jane Addams als damals fortgeschrittenste Variante bürgerlicher Zivilisationskritik am Rockford College vermittelt worden war und der sich auf die selben Autoren stützte, welche auch die Cambridge-Studenten in England inspiriert hatte, die als *residents* bei den Barnetts in London arbeiteten (Carlyle und Ruskin), ging davon aus, daß Kultur und Bildung eine Sache seien, die sich unabhängig von den realen gesellschaftlichen Entwicklung in den Köpfen bestimmter Menschen (welche die Muße dazu besaßen) entwickeln würde. In Kultur und Bildung käme die Idealität des Menschen zum schönsten und harmonischsten Ausdruck und es sei gewissermaßen die soziale Verpflichtung bürgerlicher Kulturschaffender, die Früchte dieser Idealität in die Masse der Bevölkerung zurückzutragen. *Darum* die etwas wunderliche Vorstellung der Barnetts von der Erziehung als wechselseitiger Durchdringung, wobei das Eigenschaftswort »wechselseitig« nicht immer ernst gemeint war.

Mit diesen Vorstellungen im Kopf kam Jane Addams nach Chicago. Allerdings weniger missionarisch als die Barnetts nach Whitechapel, dafür aber abwartender, geduldiger, weniger vor-eingenommen. Und sie lernte ihre Nachbarn, Einwanderer aus Deutschland, Irland, Italien und Rußland, als Menschen kennen, die ihre eigene kulturelle Identität *mitbrachten* als einen Besitz, der ihnen nicht erst durch die gebildeten Akademikerinnen von Hull House nahegebracht und vermittelt werden mußte. Bei dieser Neu-Orientierung wurde sie durch das Studium damals aktueller anthropologischer Forschungsergebnisse über sogenannte primitive Gesellschaften[84] bestätigt, welche insbesondere den Beitrag von Frauen zu der Entwicklung »primitiver« Gesellschaften unterstrichen: bei Ackerbau und Viehzucht, bei der Herstellung von Nahrung und Kleidung, in Kunst und Kunsthandwerk, bei der Erziehung der Kinder und der Verfeinerung der Männer. Diese Feststellungen kamen dem geschlechtsspezifischen Ansatz von Jane Addams und ihrer *residents* entgegen und bewahrten sie davor, in ihren Nachbarinnen und Nachbarn nichts als ungebildete und unkultivierte Arbeitssklaven zu sehen, die durch Vererbung und Milieu auf einer denkbar niedrigen Stufe menschlicher Existenz festgehalten würden. Wie aber sollten die Kräfte, welche die Nachbarn von Hull House besaßen, weiterentwickelt und vervollkommnet werden? Ihre Antwort war denkbar einfach: durch Kindergärten, öffentliche Schulen und außerschulische Jugendgruppenarbeit. Sie kritisierte dabei am nordamerikanischen Schulwesen, daß es die Immigranten-Kinder ihrer Ursprungskultur entfremde, sie aber gleichzeitig von der Kultur des Einwanderungslandes isoliere und sie daran hindere, eine eigenständige soziale und nationale Identität zu entwickeln. Ihre Vorstellungen von der Natur von Kindern waren (über John Dewey) durch Friedrich Fröbel's Kindergarten-Pädagogik geprägt[85]. Sie nahm einen gleichsam natürlichen Spiel-Instinkt von Kindern an, der sich in spontanem, imaginativem Freispiel niederschlage und bedauerte, daß dieser kindliche Instinkt nicht in Freiräumen organisiert werde, sondern durch den Schmutz und die Lasterhaftigkeit der öffentlichen Straßen und Plätze nordamerikanischer Großstädte ebenso erstickt würde wie durch die organisierte Desinformation des öffentlichen Schulwesens. In ihrem poetischsten Buch aus dem Jahre 1909 *The Spirit of Youth and the City Streets* formulierte sie einen rasanten Appell an die Erwachsenen, das Feuer der Jugend zu nutzen und es nicht zu einem Schwelbrand von Kriminalität und Laster verkommen zu lassen[86]. Dabei dachte sie vor allem an die männlichen Jugendlichen, während sie für die Mädchen und jungen Frauen forderte, die Großstadtstraßen wieder sicher zu machen, damit Frauen nicht auf die Privatheit ihres Elternhauses beschränkt werden müßten, wenn sie ihre Freizeit auf gesellige Weise verbringen wollten[87].

Bemerkenswert am Bildungskonzept von Jane Addams ist, daß sie sich nicht von der allgemeinen Großstadt-Kritik und Großstadt-Feindlichkeit bürgerlicher Romantiker anstecken ließ, sondern aufgrund ihrer Erfahrungen in Chicago darauf bestand, daß die Großstadt ein eigenständiger Sozialisierungsraum sei, mit eigenen Gesetzen, eigenen Effekten und eigenständiger, positiver Bedeutsamkeit für die Entwicklung von Menschen. Sie war überhaupt nicht für den Rückzug in die Vergangenheit oder den Rückzug ins Private. Ein moderner Vertreter der kulturhistorischen, materialistischen Persönlichkeitstheorie könnte sie sogar gutwillig dahingehend interpretieren, daß sie eine frühe Vertreterin der Aneignungs-These gewesen sei: erst wenn es den Menschen gestattet wäre, sich alle historischen und kulturellen Erfahrungen ihrer Kultur und Zivilisation anzueignen und produktiv werden zu lassen, erst wenn Produktion und Reproduktion, Arbeit und Freizeit in ein harmonisches, menschliches Verhältnis zueinander gesetzt worden wären, erst dann werde die Gesellschaft den Möglichkeiten, die in der Natur der Menschen liegen, wirklich gerecht.

Sinnfälliger Ausdruck dieser Überzeugung war das *Hull House Arbeits-Museum,* das Jane Addams um die Jahrhundertwende einrichtete und das vergangene Formen handwerklicher Werktätigkeit in europäischen Kulturen ausstellte, um den Immigranten ein Bild von der Bedeutung und der Qualität ihrer Fertigkeiten zu vermitteln und ihr Prestige in den Augen ihrer nordamerikanischen Nachbarn und ihrer amerikanisierten Kinder zu heben[88]. Sie selbst schrieb 1902 im Zusammenhang mit diesem Museum: »Zwei vernünftige pädagogische Prinzipien dürfen wir vielleicht schon in diesem frühen Stadium unseres Experiments reklamieren: erstens, daß es die überkommenen Ressourcen menschlicher Berufstätigkeit zusammenfaßt und sinnfällig darstellt, zweitens, daß es Erziehung und Bildung* als eine ›andauernde Rekonstruktion menschlicher Erfahrung‹ begreift. Und mehr als dies kann uns auch die beste Erziehung und Bildung nicht vermitteln«[89].

Viele Fragen an die frühe Praxis von Hull House werden offen bleiben. Daß sie gestellt werden können, ist für mich das historische

---

* Im englisch-amerikanischen Sprachgebrauch wird die deutsche Unterscheidung in »Erziehung« und »Bildung« nicht gemacht. *Beide* sind *education.* Mir hat diese verbale Einheitlichkeit immer sehr eingeleuchtet.

Ein Teil von Hull House wurde 1963 abgerissen. Das Stammhaus wurde als Archiv und Museum restauriert.

Verdienst der Frauen dieses *Settlements*. Daß sie schärfer gestellt werden können als angesichts der Praxis von Toynbee Hall, ist für mich der Fortschritt dieses Experimentes im Herzen von Chicago.

Übrigens: 1961 reklamierte die Universität von Illinois das Gelände von Hull House als Baugrund zur Erweiterung ihres Campus. Zwei Jahre lang wehrten sich die Bewohner dagegen, daß Hull House und seine verschiedenen Nebengebäude abgerissen werden sollten. Ein Spruch des Obersten Gerichtshofes entschied für die Universität. Sie restaurierte das ursprüngliche Haus und verwendet es als Museum.

Die alte Nachbarschaft von Hull House existiert nicht mehr. Sie ist von achtspurigen Stadtautobahnen zerschnitten worden, zwischen denen verfallende kleine Fabriken und Gewerbehöfe vergebens zum Kauf angeboten werden. Die Arbeit des *settlements* aber wird vom *Jane Addams Center* fortgesetzt, das 1963 im Norden Chicagos im Geiste der Gründer-Frauen eröffnet worden ist.

4
Altamont Hotel: Zentrale der Einzelfallhilfe in Baltimore

In dem selben Jahr, in dem Jane Addams, Ellen Starr und Mary Keiser an der Halsted Street in Chicago ihr *Settlement* eröffneten (1889) bewarb sich Mary Richmond aus New York um die Stelle einer stellvertretenden Schatzmeisterin der *Charity Organization Society* in Baltimore.

Mary Richmond war 1861 in Belleville in Illinois geboren worden. Ihre Eltern zogen bald in die Heimatstadt Baltimore zurück und starben kurz nacheinander an Lungentuberkulose. Die Tochter wuchs bei Großmutter und Tante auf und schloß 1878 ihre Schulbildung an einem Mädchen-Gymnasium ab. Ein Studium schien aus finanziellen Gründen nicht infrage zu kommen. Mary zog vielmehr zu ihrer Tante, die inzwischen in New York als Korrektorin in einem kleinen Verlag arbeitete, der sich auf progressive Literatur spezialisiert hatte. Sie wurde im selben Verlag als Büroangestellte beschäftigt. Nachts brachte sie sich Stenographie und Buchhaltung bei. Ihre Tante war nach langer Krankheit arbeitsunfähig geworden und mußte bis zu ihrem Tod von Mary Richmond versorgt und finanziert werden. Auf der Suche nach einer möglichst qualifizierten Beschäftigung arbeitete Mary zunächst als Buchhalterin in einem Schreibwarengeschäft, dann in einem Familien-Hotel für 50 $ im Monat – bis sie die Stellenanzeige der Baltimorer Charity Organization Society las. Sie stellte sich vor und wurde genommen. Obwohl sie nichts von Wohlfahrtspflege verstand, eine Frau war und vergleichsweise jung dazu.

In ihrem neuen Büro im Altamont Hotel der Stadt lernte sie einige eindrucksvolle Sozialarbeiterinnen* der Pioniergeneration dieses Beru-

---

* Ich habe schon mehrfach angemerkt, daß ich Schwierigkeiten habe, die historischen Dokumente angemessen zu übersetzen. Einmal bedeuten bestimmte Fachausdrücke heute etwas anderes als um die Jahrhundertwende, zum anderen haben sie in der nordamerikanischen Tradition einen anderen Stellenwert und bezeichnen unvergleichbare Gegenstände. Die eindrucksvollen Frauen, die Mary Richmond kennenlernte, waren unausgebildete, aber engagierte Wohlfahrtspflegerinnen, nicht aber Sozialarbeiterinnen in unserer zeitgenössischen Bedeutung.

fes kennen, die sie mit den Problemen ihres neuen Berufes vertraut machten. Vor allem Zilpha D. Smith, die Geschäftsführerin des Verbandes, mit der sie sich schnell und eng befreundete, brachte sie zu den Versammlungen, Arbeitsbesprechungen und Fall-Konferenzen ihrer ehrenamtlichen Mitarbeiterinnen und Mitarbeiter und regte an, daß sie selbst neben ihrer Tätigkeit als Schatzmeisterin die Aufgabe eines *friendly visitors* übernahm und Gruppenleiterin in einem Club für junge Arbeiterinnen wurde. Durch ihre neue Tätigkeit – die ihr übrigens zunächst nicht mehr als die monatlichen 50 $ einbrachte, die sie auch schon als Buchhalterin verdient hatte – wurde sie bald überregional bekannt. Sie nahm 1890 an der *National Conference of Charities and Correction* teil und wurde ein Jahr später als Nachfolgerin von Zilpha Smith zur Geschäftsführerin des Wohlfahrtsverbandes ernannt.

Rückblickend sagte Mary Richmond über ihre Zeit in Baltimore, sie sei dort »berührt, bewegt und belehrt« worden. Dabei litt sie unter ihrer fehlenden Ausbildung in der Sozialarbeit und den für sie zuständigen Sozialwissenschaften – und sie litt unter ihrer labilen Gesundheit. Eine geschlossene Lungentuberkulose zwang sie zu täglichen krankengymnastischen Übungen und beeinträchtigte ihre Arbeitsfähigkeit. Dennoch – oder vielleicht gerade deshalb – entfaltete die neue Geschäftsführerin eine nahezu fieberhafte Aktivität. Für ihre sieben Mitarbeiterinnen und sich selbst richtete sie eine moderne Fachbibliothek ein, sie organisierte gemeinsame Lese- und Diskussionsabende für die Hauptamtlichen und Fortbildungskurse im *friendly visiting* für die Ehrenamtlichen. Vor allem aber war sie beständig unterwegs, um auf Versammlungen und Konferenzen, in Frauen-Clubs und Kirchengemeinden, bei Fabrikanten und kleinen Geschäftsleuten um Geld und Mitarbeit zu werben. Sie tat dies mit Argumenten, die halbwegs zwischen den konservativen Auffassungen der etablierten Wohlfahrtsorganisationen und den progressiven Vorstellungen der sozialreformerischen Settlementbewegung lagen. Notwendigerweise legte sie sich mit *beiden* an. Den einen unterstellte sie, sie wollten die Wohlfahrtsbüros in Detekteien zum Schutze der Reichen verwandeln, den anderen kreidete sie an, sie wollten die Wohlfahrt als Vehikel jedweder fehlgeleiteter Anstrengung machen, um die Menschheit mit dem Taschenspielertrick der Staatsintervention zu retten[90]. Diese Formulierung stammt aus einer Rede, die Mary Richmond 1896 vor der Arbeitsgruppe für Sozialwissenschaft am Frauen-College in Baltimore hielt. Ich will auf diese Rede ausführlich eingehen, weil in ihr eine Menge Informationen enthalten sind, die wir kennen müssen, um die Position von Mary Richmond historisch richtig einschätzen zu können.

In dieser Rede[91] entwirft sie vor den jungen Akademikerinnen ein

Mary E. Richmond, 1887.

abschreckendes Bild vom wohlfahrtspflegerischen Alltag in den USA – von dem sie selbst ein Teil ist. Da gibt es kommunale Armenhäuser, die Armut nicht korrigieren, sondern erst recht eigentlich herstellen. Besserungsanstalten, die nicht resozialisieren, sondern kriminalisieren. Gefängnisse, die von bestechlichen Wahlbeamten geleitet werden. Arbeitshäuser, in denen es aus Angst vor gewerkschaftlichem Terror* keine vernünftige Arbeit gibt. In der privaten Wohlfahrtspflege ist es nicht besser. Erziehungsheime bereiten nicht auf das Leben vor, sondern auf lebenslange Totalversorgung. Milde Gaben werden in homöopathischen Dosen verabreicht. Kirchliche Kinder-, Jugend- und Erwachsenengruppen erreichen nicht den harten Kern der Armen, dafür sind ihre Veranstalter stolz auf das Niveau der Arbeit.

Dann stellt Mary Richmond die Frage, was ihre Zuhörerinnen wohl angesichts einer solchen alltägliche Situation tun würden, um dennoch aus Überzeugung und mit Engagement in der sozialen Arbeit tätig zu werden. Wahrscheinlich, so vermutet sie, würden sie sich der Settlementbewegung anschließen wollen, in der tätige, nachbarschaftliche Hilfe auf der Basis der Gleichwertigkeit der Settler mit den Nachbarn angeboten werde. Dies aber wäre, so die Rednerin, ein unkluger Schritt. Jane Addams habe selbst gesagt, die Settlement-Idee sei inzwischen überstrapaziert worden. Mary Richmond im O-Ton: »Es ist ein Jammer, daß so viel Zeit auf die Reparatur der Fassaden-Ornamente verwendet wird, während es doch das Fundament des Hauses ist, das verstärkt werden muß. Wenn aber nun eine unverhältnismäßige Zahl von Männern und Frauen, die nach Charakter und Ausbildung am besten geeignet wären, die grundsätzlichen Probleme der Armenhilfe anzupakken, von den Settlements und ihrem eigenen, ungeduldigen Streben nach etwas Neuem in die falsche Richtung orientiert werden, dann werden wir von dem neuen Universitätsfach in Philanthropischer Theorie, auf das so große Hoffnungen gesetzt worden sind, wenig profitieren«.

Natürlich, räumt die Rednerin dann ein, wollen die jungen Akademikerinnen am liebsten unter sich bleiben. Darum ihre Vorliebe fürs Settlement. Aber wäre es nicht viel vernünftiger und selbstdisziplinierter, die Kräfte dort einzusetzen, wo sie am nötigsten gebraucht würden? Mehr als 1,5 Millionen Dollar gibt eine Stadt wie Baltimore jährlich für die Armenhilfe aus – teilweise falsch aus. Das könnte man ändern. Denn mit dem liebenswerteren Teil der Armen beschäftigt sich die Öffentlichkeit gern, aber schwachsinnige junge Mütter, Mädchen auf Trebe,

* Die Gewerkschaften wehrten sich dagegen, daß in den Arbeitshäusern sinnvolle Arbeit geleistet wurde, weil das die Arbeitsmarktlage verengte.

New Yorker Straßenkinder um die Jahrhundertwende.

sinnlose Arbeiten im Arbeitshaus, *das* wären Probleme, mit denen sich niemand gern die Finger schmutzig mache. Deshalb schlägt Mary Richmond den Akademikerinnen vor, eine Liste mit fünf oder sechs der schlimmsten Wohlfahrtseinrichtungen in ihrer Heimatstadt aufzustellen und sich zu fragen, ob es eine negative Wirkung hätte, wenn eine dieser Einrichtungen ihre Pforten schließen müßte. In jedem Fall, in dem diese Frage bejaht werden würde, wäre es sinnvoll und nützlich, in der betreffenden Einrichtung aktiv und engagiert mitzuarbeiten. Denn: »Wenn diejenigen, die das Wissen haben, auch Geduld und Takt besitzen, ist es eine wunderbare Sache zu sehen, wie viel in vergleichsweise kurzer Zeit erreicht werden kann. Und eine schlimme Sache in eine gute Sache zu verwandeln – das lohnt unendliche Mühen. Das ist das Prinzip fürs *friendly visiting* in den Familien und das ist auch das Prinzip moderner Wohlfahrtsorganisationen«.

Mary Richmond fordert also ihre Hörerinnen auf, die Organisationen der bestehenden Wohlfahrt so wie sie sind, effektiv zu machen: Die Organisationsform, das Management, das Spendenaufkommen, die Räumlichkeiten, die Mitarbeiter: »Das ist die konservative Methode und es ist die historische Methode«. Glänzende Erfolge sind damit nicht zu erzielen. Die Gratifikationen sind klein. Aber es lohnt sich dennoch, an der Reform der sozialen Arbeit mitzuwirken, damit »unsere Enkel ihre Wohlfahrtspflege klüger verwalten«.

Der erste Eindruck ist verwirrend. So verwirrend, wie die Klage Henrietta Barnetts, das Almosen-Geben korrumpiere die Armen und entwöhne sie der Aufgabe, ihr Leben lang ihren Lebensunterhalt durch eigene Arbeit selbst zu verdienen. Gibt es da Unterschiede? Und wo gibt es sie?

Wieder einmal ist es hohe Zeit, daß wir uns wenigstens im Überblick mit dem System der Armenhilfe in den USA beschäftigen und dabei so exotische Begriffe wie das schon von den Barnetts erwähnte *friendly visiting* und die *Charity Organization Society* klären.

Die europäischen Kolonialisten, die sich auf Kosten der indianischen Einwohner in der Neuen Welt heimisch machten, hatten die Haupttendenzen des Elisabethanischen Armenrechtes nur formal übernommen. Gewiß: Sie sorgten für ihre Armen mit Nahrung, Kleidung, Feuerholz und anderen Notwendigkeiten zur Haushaltsführung. Aber als Puritaner hatten sie einen Horror vor dem sogenannten Müßiggang der Armen, betrachteten Untätigkeit als Sünde und als Quelle von Unglück und Verbrechen und sahen Armut als Beweis für eine niedere Moral an[92]. Es erschien ihnen deshalb auch nicht als unmenschlich, sondern eher als Gott wohlgefällig, wenn sie ihren Gemeinde-Armen das Leben so schwer wie irgend möglich machten. Hilfesuchende wurden ins

Hinterhof eines New Yorker Miethauses.

Armen-Register eingetragen, ihre Namen wurden am Rathaus angeschlagen und in den Lokalzeitungen veröffentlicht. In Pennsylvanien mußten Arme den Buchstaben P *(Pauper)* auf der rechten Seite ihres Hemdärmels tragen, lediglich alteingesessene und arbeitsunfähige Arme wurden von dieser Diskriminierung ausgenommen. Um Armenhilfe nachsuchende Einwanderer wurden ausgepeitscht, zurückgeschickt oder ausgesetzt, langjährige Hilfesuchende wurden interessierten Bauern zur Nutzung ihrer Arbeitskraft übergeben *(farming out)* oder an Interessenten versteigert *(auction system)*. Von der kirchlichen Armenhilfe profitierten eingesessene Gemeindemitglieder, die regelmäßig am Gottesdienst und am übrigen Gemeindeleben teilnahmen, für die »Anderen« gab es meist nur ein verächtliches Achselzucken. Bürger, denen diese schlichte Praxis der Armenhilfe unchristlich schien, gründeten hier und da philantrophische Vereinigungen, um wenigstens den »unschuldigen Armen« (meist Kinder und Frauen) minimalen Schutz und minimale Hilfe in Form von Sachspenden zu geben.

Diese Praxis schien im Gründerjahrhundert der Vereinigten Staaten von Nordamerika vernünftig. Das Land war weit und unterbesiedelt. Im Kampf mit der Natur und bei der Ausrottung von Ureinwohnern, den Indianern, wurde jede Hand gebraucht. Arbeitslosigkeit war ein unbekannter Begriff. Wer arbeiten konnte, der fand auch Arbeit. Wer nicht arbeitete, der war für die dörfliche Gemeinschaft ein unerträgliche Last. Im Laufe des 19. Jahrhunderts änderten sich vor allem in den Staaten der Ostküste der USA die Verhältnisse. Mehr und mehr Einwanderer kamen ins Land und ließen sich im Osten nieder. Mehr und mehr Arbeitslose und Arbeitsunfähige konzentrierten sich in dem Küstenstreifen zwischen Boston im Norden und Philadelphia im Süden. Aufgrund von Untersuchungen über den Zustand des Armenwesens kam der *Yates-Report* von 1824 zu der Empfehlung, ähnlich wie im alten England die Arbeitswilligkeit der Hilfesuchenden durch ihre Einweisung in ein Armen- und Arbeitshaus *(almhouse)* zu testen. In Massachusetts beispielsweise stieg die Zahl der Arbeitshäuser zwischen 1824 und 1860 von 83 auf 219 an. Mit anderen Worten: Vier Fünftel aller Hilfeempfänger wurden kaserniert, um die Berechtigung ihres Hilfebegehrens zu testen.

Diese Praxis der nordamerikanischen Armenhilfe hatte ihre ökonomischen Gründe. Sie wurde gestützt durch das traditionelle Mißtrauen, das die europäischen Einwanderer dem Staat als Verteilungsagentur von Sozialleistungen entgegenbrachten. Viele von ihnen waren ja gerade im 19. Jahrhundert aus Europa ausgewandert, weil sie sich durch polizeistaatliche Verfolgungen in ihren religiösen und politischen Freiheiten behindert sahen. In ihrer neuen Heimat wollten sie so wenig Staat

Zwölfjähriger Junge beim Versäubern von Nähten in einer New Yorker Zwischenmeisterei.

wie möglich. Und sie wollten keine Steuern zahlen – vor allem nicht, um Faulenzer, Bettler und Kriminelle am Leben zu erhalten. Diese Verachtung jeglichen vom Idealbild eines arbeitsamen Lebens abweichenden Sozialverhaltens fand ihre ideologische Begründung in der damals vorherrschenden frühkapitalistischen Menschen- und Gesellschaftslehre. Adam Smith, David Ricardo und Thomas Malthus hatten die »Theorie« eines Gesellschaftsbildes formuliert, demzufolge sich Kultur, Wirtschaft und Bevölkerung am gesündesten dann entwickeln, wenn der Staat möglichst wenig in ihre »natürlichen Gesetze« eingreift. Arm und hilflos sind vor allem die »Arbeitsunwilligen« und die »Arbeitsunfähigen«. Sie sterben von selber aus, wenn man sie nicht durch falsch verstandene, christlich motivierte Nächstenliebe am Leben erhält und sie noch dazu ermutigt, möglichst viele Kinder zu zeugen. Die Tüchtigen müssen die Chance haben, sich durchzusetzen; und die Untüchtigen müssen die Chance haben, auszusterben. Diese Auffassung ist später sozialdarwinistisch genannt worden, weil sie die Lehre des englischen Naturforschers Charles Darwin (1809–1882) von der biologischen Auslese der lebensfähigsten Arten im Kampf ums Dasein auf das soziale Leben überträgt und den kapitalistischen Konkurrenzkampf mit dem biologischen Ausleseprinzip gleichsetzt.

Aus der ökonomischen Lage der Pionierzeit, aus der lebensgeschichtlichen Staatsferne der Einwanderer und aus der sozialdarwinistischen Gesellschaftslehre des Kapitalismus wurde also eine Einstellung gegenüber Armen und Hilflosen gespeist, die es als menschlich und christlich geboten erscheinen ließ, diesen Armen und Hilflosen nicht nur nicht zu helfen, sondern auch zu verhindern, daß Staat, Kommunen und private Wohlfahrtsvereinigungen diese Armen und Hilflosen durch milde Gaben am unnützen Leben erhielten. Dieses Prinzip wurde lediglich in einer historischen Situation durchbrochen: Als der Sieg der Nordstaaten über die Südstaaten am Ende des Bürgerkrieges (1861–1865) die Abschaffung der Sklaverei und die Enteignung vieler südstaatlicher Großgrundbesitzer brachte, gründete die Zentralregierung in Washington das *Bureau of Refugees, Freedmen, and Abandoned Lands,* kurz *Freedmen's Bureau* genannt. Diese Bundesbehörde, die zwischen 1865 und 1882 existierte, war eine integrierte sozialstaatliche Wohlfahrtsagentur, die materielle Hilfen bei Kriegsfolgeschäden leistete, verlassenen Grundbesitz an freigelassene schwarze Landarbeiter verteilte, Gesundheits- und Erziehungsfürsorge leistete und Rechtsberatung anbot. Es ist interessant und liegt doch gleichzeitig auf der Hand, daß diese Behörde ohne Einfluß auf das nordamerikanische Wohlfahrtswesen geblieben ist und daß ihre Erfahrungen auch nicht bei der Einrichtung einer anderen Bundesbehörde (der *Federal Emergency Relief Administration*) während der Großen Depression der 30er Jahre dieses Jahrhunderts herangezogen worden sind. Denn die Nachwirkungen des Bürgerkrieges wurden als Menschenwerk angesehen, dessen Folgen durch staatliches Handeln zu korrigieren waren, während zyklische, kapitalistische Wirtschaftskrisen offenbar als außer-menschliches Schicksal oder als über-individuelle soziale Gesetzmäßigkeiten galten, in die der Staat sich tunlichst nicht einmischen sollte.

Die Situation der Armen und Hilflosen während der zweiten Hälfte des 19. Jahrhunderts in den USA war verzweifelt und widersprüchlich. Einige Gemeinden unterstützten ihre würdigen Armen durch Sachspenden und verjagten die unwürdigen Nichtstuer und Bettler, andere Gemeinden sperrten sie in Arbeitshäuser und ließen sie solange arbeiten, bis ihnen die Lust an Hilfegesuchen vergangen war, die Kirchen

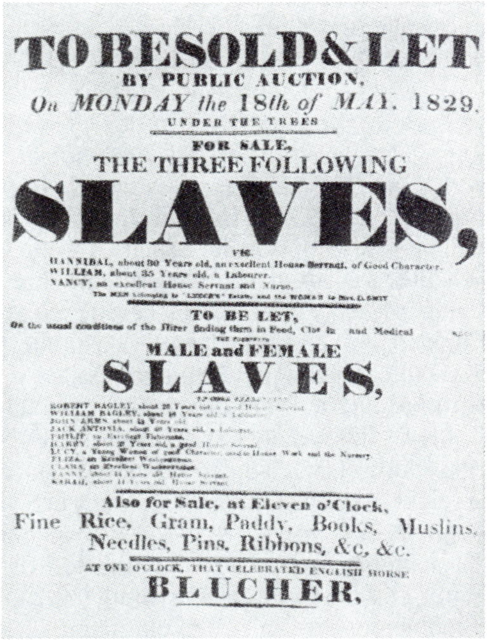

Sklavenmarkt im Süden der Vereinigten Staaten von Amerika und Ankündigung einer Sklavenauktion Mitte des 19. Jahrhunderts.

unterstützten ihre aktiven Gemeindemitglieder, wenn sie in unverschuldete Not geraten waren, private philanthropische Vereinigungen kümmerten sich um gefallene Mädchen und ausgesetzte Kinder. Gleichzeitig wuchs durch die Folgen des Bürgerkrieges und durch rasch aufeinander folgende Wirtschaftskrisen in den achtziger Jahren das soziale Elend vor allem im Osten und im Mittleren Westen der Vereinigten Staaten sprunghaft an. Die Armen, die Arbeitslosen, aber auch die Arbeiterinnen und Arbeiter rotteten sich zusammen, schlossen sich zusammen, organisierten sich und schienen die politische, die staatliche und die wirtschaftliche Ordnung zu bedrohen. Die Arbeitskämpfe und die Aufstände konnten nur mit Mühe und meist mit der Waffengewalt von Bundestruppen niedergeschlagen werden.

In dieser gespannten sozialen Situation formulierte der aufgeklärte Teil der nordamerikanischen Öffentlichkeit die Forderung nach einer Vereinheitlichung und Verwissenschaftlichung der disparat gehandhabten Armenhilfe und Armenpflege. Ein Geistlicher, der Reverend Stephen Humphrey Gurteen gründete 1877 in Buffalo im Staate New York die erste *Charity Organization Society* (COS). Sie war *nicht* als eine *zusätzliche* Wohlfahrtsagentur zur wahllosen Verteilung milder Gaben an unverschuldet in wirtschaftliche Not geratene Bürger gedacht, sondern als eine Clearingstelle, um einerseits die Hilfesuchenden zu registrieren und ihre individuellen Lebensverhältnisse zu untersuchen und um andererseits die privaten und kommunalen Hilfemöglichkeiten der Gemeinde aufzulisten und die Hilfesuchenden nach Feststellung ihrer wirklichen Hilfsbedürftigkeit an die passenden Wohltäter zu vermitteln. Oberstes Prinzip der COS als kommunaler Clearingstelle war es also, *zu ermitteln und zu vermitteln,* aber selber keine Almosen zu verteilen. *»No Relief Here«* stand in großen, stolzen Lettern auf dem Türschild der COS in Buffalo. Bei ihrer Ermittlungs- und Vermittlungstätigkeit stützten sich die neuen COS auf eine Einrichtung, die wesentlich älter war als die COS selbst: auf ehrenamtlich tätige Hausbesucherinnen *(friendly visitors),* die bereits seit Anfang des 19. Jahrhunderts in England und seit Mitte des 19. Jahrhunderts in Deutschland tätig waren, um Hilfegesuche an Ort und Stelle, d.h. in den Wohnungen der Antragsteller auf ihre Berechtigung zu überprüfen.

Als Erfinder dieses Systems ehrenamtlicher Hausbesucherinnen gilt der schottische Geistliche Thomas Chalmers (1780–1847), der zunächst in seiner kleinen Gemeinde Kilmany in Schottland und ab 1814 in einem Armenbezirk von Glasgow die Armenhilfe auf nachbarschaftlicher, ehrenamtlicher Basis reorganisierte. Er teilte seine Gemeinden in Unter-Distrikte von jeweils rund 400 Einwohnern ein und überprüfte eigenhändig bzw. mit Hilfe ehrenamtlicher Mitarbeiterinnen jedes einzelne Hilfegesuch mit dem »überraschenden Ergebnis, daß während einer Zeit von vier Jahren nur zwanzig neue Hilfegesuche bei einer Bevölkerung von 8000 als wirkliche Hilfsbedürftigkeit anerkannt zu werden brauchten«[93]. Zu diesem Ergebnis kam er mit dem folgenden Vorgehen: Er überprüfte zunächst die Lebenslage der Antragsteller. Dann kontaktierte er Verwandte, Freunde und Nachbarn der hilfesuchenden Familie, um sie zu veranlassen, sich um Waisen, Alte, Kranke und Behinderte zu kümmern; blieb dies erfolglos, dann suchte er nach begüterten Wohltätern, die für persönlich und materiell in Not geratene Familien die Patenschaft übernahmen, und erst, wenn auch das mißlang, bewilligte er Sachspenden aus dem Gemeinde-Fond, den er autonom verwaltete[94].

Die Kommunalverwaltung der Bergischen Gemeinde Elberfeld übernahm 1852 einen Teil des Systems von Chalmers *(Elberfelder System)*, allerdings ohne die Einrichtung persönlicher Patenschaften für notleidende Familien, und auch in New York gründete Robert Hartley nach dem strengen Winter des Jahres 1843 eine Hilfeorganisation, welche die Stadt in 225 Unter-Distrikte einteilte und jedes Hilfegesuch durch eine ehrenamtliche Hausbesucherin überprüfen ließ, ehe sie persönlichen Rat und finanzielle Hilfe im Einzelfall anbot. Dieses System übertrug der Reverend Gurteen auf Buffalo, allerdings mit der wichtigen Ergänzung, daß in seiner Charity Organization Society *alle* privaten Wohlfahrtsorganisationen der Stadt zusammenarbeiteten, um den Konkurrenzkampf um die Spenden privater Wohltäter auszuschalten. Außerdem führte die COS eine zentrale Liste aller Hilfsbedürftigen und um Hilfe Nachsuchenden, um die Ermittlungstätigkeit der ehrenamtlichen Hausbesucherinnen zu vereinheitlichen und zu erleichtern. Damit war ein wissenschaftliches Ermittlungsinstrument geschaffen worden, das den mittelalterlichen Test der (subjektiven) Arbeitsbereitschaft durch die Einweisung in ein Arbeitshaus durch das Sammeln von (»objektiven«) Informationen über die Lebensumstände der nach Hilfe suchenden Familien in den Wohnungen dieser Familien ersetzte und das beanspruchte, wissenschaftlicher, umfassender und menschenfreundlicher zu sein als das alte Arbeitshaus.

Die Hausbesucherinnen waren meist nicht-berufstätige Ehefrauen von Geschäftsleuten und höheren Angestellten und unverheiratete höhere Töchter ohne Ausbildung und Beruf. Sie begnügten sich allerdings nicht damit, lediglich als ehrenamtliche Ermittlungshelferinnen tätig zu sein, sondern hatten das dringende Bedürfnis, sich in eine direkte, persönliche Beziehung zu den von ihnen besuchten Familien zu setzen. Nachdem sie gelernt hatten, daß materielle Hilfeleistungen in aller Regel sowohl den Spender entehrten als auch die Würde der

Beschenkten verletzten (so hatte es Henrietta Barnett in Whitechapel/ London formuliert), konzentrierten sie sich auf persönliche Ratschläge über Haushaltsführung, Kindererziehung und Eheleben. Durch regelmäßige, vierzehntägliche Hausbesuche wollten sie eine persönliche Beziehung zu den von ihnen betreuten Familienmitgliedern aufbauen und durch ihre Ratschläge *(counselling)* die Ursachen der Hilfsbedürftigkeit zum Verschwinden bringen. Der progressive Teil dieser *Charitiy Organization Bewegung,* die sich als eine Reformbewegung verstand, formulierte ihr neues philanthrophisches Ideal in der Forderung *»no alms but a friend«.* Ihre Kritiker, zu denen Jane Addams gehörte, machten daraus den Slogan *»Neither alms nor a friend«.* Das neue System stand und fiel mit dem Vorhandensein einer ausreichenden Zahl ehrenamtlicher Besucherinnen, die geschult genug waren, nicht in der ersten Regung mitmenschlicher Gefühle in die eigene Tasche zu greifen und punktuell materiell zu helfen und die gleichzeitig geschickt genug waren, mit den Angehörigkeiten einer ihnen fremden sozialen Klasse freundlich zu sprechen, sie zu verstehen, objektive Familiendaten zu erheben und gleichzeitig freundschaftlichen Rat zu geben. Und das neue System stand und fiel gleichzeitig mit der Bereitschaft der Kommunalverwaltung und der übrigen privaten Wohlfahrtsorganisationen, die COS anzuerkennen und mit ihr zusammenzuarbeiten. Dazu gehörten vor allem zwei Eigenschaften der hauptamtlichen COS-Organisatoren: Organisationstalent und Verhandlungsgeschick gegenüber der Kommune und den anderen Wohlfahrtsverbänden und die Fähigkeit, sozial engagierte Frauen zur ehrenamtlichen Mitarbeit zu motivieren und sie während ihrer Tätigkeit wenigstens minimal fortzubilden und zu schulen. Über beide Eigenschaften verfügte Mary Richmond in offensichtlich hervorragender Weise.

Mary Richmond war durch ihre Ausbildung als Buchhalterin und ihre bisherige Tätigkeit als Assistentin von mittleren Geschäftsleuten darauf vorbereitet worden, die soziale Arbeit geschäftsmäßig zu organisieren, d. h. sich aufgrund einer pragmatischen Einschätzung der Lage mittelfristige Ziele zu setzen und sie durch Optimierung der vorhandenen Ressourcen schrittweise zu erreichen. Sie war davon überzeugt, daß »der beste Weg, eine menschliche Institution überflüssig zu machen, darin besteht, sie so perfekt wie möglich zu organisieren«[95]. Fehler, die dabei auftreten, sind meist Fehler in der Organisation und Verwaltung. Bereits in ihrem zweiten Geschäftsbericht als stellvertretende Schatzmeisterin der COS von Baltimore gibt sie auf die Frage eines verwunderten Spenders, was sie denn eigentlich mit dem vielen Geld mache, wenn ihr Verband es nicht direkt in die Armenhilfe stecke, die selbstbewußte Antwort: »Unser größter Etatposten sind Büromiete und Gehälter. Wir finanzieren die volle Arbeitskraft von sieben erfahrenen Sozialarbeitern, die ihr Bestes geben, um Hilfsquellen für jede erdenkliche Form der Hilfsbedürftigkeit zu erschließen, und wir unterhalten sieben Bezirksbüros, wo die Bedrängten und Unglücklichen in eine freundschaftliche Beziehung zu denen gebracht werden, die unter glücklicheren Umständen leben, wo ein organisiertes Potential von ehrenamtlichen Hausbesucherinnen jeden einzelnen Fall verfolgt und, wo immer möglich, die Selbsthilfe-Kräfte der Antragsteller stärkt und wo ein kostenloser Arbeitsnachweis für den beiderseitigen Nutzen von Arbeitgebern und Arbeitnehmern unterhalten wird«[96].

Dieses Organisationsprinzip, Geld nicht in Hilflose zu investieren, sondern in quasi-professionelle Helfer, setzt sich im letzten Jahrzehnt des 19. Jahrhunderts in Nordamerika weitgehend durch.

Emil Münsterberg, Jurist und langjähriges Vorstandsmitglied des Deutschen Vereins für öffentliche und private Fürsorge äußerte sich nach einem Besuch der USA um die Jahrhundertwende beeindruckt und bewundernd, daß sich in Nordamerika, im Gegensatz zu Deutschland, wo die dilettantische Verteilung von Almosen durch private Vereine überwiege, die Auffassung durchgesetzt habe, »daß es vor allem darauf ankomme, daß die von der Privatwohltätigkeit zur Verfügung gestellten Mittel in richtiger Weise und an der richtigen Stelle verwendet werden müssen, und daß daher eine der wichtigsten Verwendungszwecke die Anstellung von Persönlichkeiten bilde, die die richtige und zweckmäßige Verwendung sicherstellen. So entbehrt keine der großen Wohltätigkeitsanstalten des gut besoldeten Generalsekretärs mit der entsprechenden Zahl von Gehilfen und sonstigen besoldeter helfender Kräfte«[97]. Allerdings merkt er dann etwas grämlich an, daß in Nordamerika vor allem Frauen die Szene der sozialen Arbeit bestimmen, eine Tatsache, die »Kennern der amerikanischen Verhältnisse sogar Anlaß gegeben hätten, von einer Gefahr des Feminismus in Amerika zu sprechen«[98]. Diesen Hinweis werden wir uns für die Betrachtung der deutschen Verhältnisse um die Jahrhundertwende merken müssen. Hier dominierten in der Tat auch in der Wohlfahrtspflege die Männer. Wäre es anders gewesen, würden wir die epochemachende Leistung einer Frau wie Alice Salomon nicht gerecht einschätzen können.

Aber nicht die Tatsache, daß Frauen wie Mary Richmond das Prinzip formulierten, die soziale Arbeit müsse genauso professionell organisiert und gemanagt werden wie ein kommerzieller Dienstleistungsbetrieb, macht die Eigenständigkeit ihrer Leistung aus, sondern ihr Prinzip, daß die soziale Arbeit von *erfolgreichen* – und nicht von erfolglosen – Geschäftsleuten betrieben werden solle. In einer Rede vor dem Bürger-

Club von Philadelphia im März 1897 macht sich Mary Richmond über einen naiven Geistlichen lustig, der ihr auf die Frage, warum sie eine von ihm empfohlene Dame einstellen solle, geantwortet habe: »Sie ist eine allseits geschätzte junge Dame und die einzige Stütze ihrer verwitweten Mutter. Es wäre ein Akt der Mildtätigkeit, gerade sie mit der frei gewordenen Stelle zu betrauen«[99]. Im Kontrast zu der Blauäugigkeit des Geistlichen formuliert sie ehrgeizigere Forderungen an die Qualifikation *bezahlter* Sozialarbeiterinnen: Sicher sollen sie ein gutes Herz haben und soziale Sensibilität entwickeln. Aber das gute Herz allein, die Notwendigkeit eine kranke Mutter zu unterhalten und eine abgebrochene Berufskarriere im Grünwarenhandel reichen schon heute (1897) nicht mehr aus. Eine Frau, die in der sozialen Arbeit Erfolg haben soll, muß auch fähig sein, in einem anderen Beruf ihre Frau zu stehen. Sie müsse Spaß am Leben haben und an den Alltagsfreuden und Leiden emphatisch teilnehmen können. Sie müsse Humor und Vorstellungskraft mitbringen, Zivilcourage und Unbestechlichkeit, kurz – sie müsse Mitgefühl, Vernunft und Lebenskunst in sich vereinen.

Dies forderte Mary Richmond von den Hauptamtlichen. Übrigens nicht nur von ihren Mitarbeiterinnen, sondern zuvorderst von sich selbst. Für die Ehrenamtlichen legte sie mildere Maßstäbe an. Zu Beginn ihrer Karriere als Wohlfahrtsverbands-Organisatorin hielt sie Lebensklugheit, Takt und Geduld für hinreichende Qualifikationen ehrenamtlicher Hausbesucherinnen. Mehr und mehr rückte später die tätigkeitsbegleitende Fortbildung ihrer *friendly visitors* ins Zentrum ihrer berufspolitischen Interessen. Sie sah immer deutlicher, daß sich im harten Konkurrenzkampf um die Verteilung privater Spenden und um die Berechtigung zur Kanalisierung öffentlicher Sozialhilfe-Etats nur solche *Charity Organization Societies* würden am Leben halten können, die über einen gut trainierten und gut geschulten Mitarbeiterinnenkreis von Ehrenamtlichen verfügten. In der eben zitierten Rede vor dem Bürger-Club von Philadelphia spricht sie deshalb ihren damaligen Herzenswunsch aus: »... und wenn ich noch lange lebe, dann hoffe ich eines Tages auf eine reguläre Ausbildungsstätte der Philanthropie, ehe ich sterbe«[100].

An der Erfüllung dieses Herzenswunsches hat sie als gute Organisatorin und Managerin aktiv mitgearbeitet. Auf der *National Conference of Charities and Corrections* legte sie 1897 ein Papier mit der massiven Forderung nach einer Ausbildungsstätte in angewandter Philanthropie vor[101]. Bereits im Sommer 1898 eröffnete die Charity Organization Society von New York die erste *Summer School of Philanthropy,* aus der später eine Fachhochschule für Sozialarbeit hervorging, die heute als *School of Social Work* Teil der Columbia Universität ist. Mary Richmond sah, daß es vor allem drei Schwerpunkte wären, welche den Lehrplan der von ihr geforderten und später von ihr als Dozentin mitgetragenen Ausbildungsstätte bestimmen müßten: Die Kunst zu ermitteln, die Kunst, eine tragfähige zwischenmenschliche Beziehung zwischen Hausbesucherin und Problemfamilie herzustellen, und die Kunst, die Familienmitglieder in Lebensfragen zu beraten.

Als Verbands-Praktikerin beschäftigte sie vor allem die erste Frage. Sie schätzte die berufspolitische Lage der Sozialarbeit um die Jahrhundertwende realistisch ein: Wenn die COS ihren Anspruch, öffentliche Hilfe sparsamer und wirkungsvoller zu verwalten und zu vermitteln, als es das duale System von Arbeitshaus einerseits und christlicher Mildtätigkeit andererseits bisher bewerkstelligt hatte, dann mußte die COS nachweisen, daß der Ermittlungsfilter, durch den alle Hilfegesuche liefen, »würdige« und »unwürdige« Fälle besser voneinander schied als der Test des Arbeitshauses und das gute Herz ehrenamtlicher Gemeindehelfer. Die Existenzberechtigung der Charity Organization Bewegung hing also von der wissenschaftlich angeleiteten Ermittlungstätigkeit der *friendly visitors* ab. Wenn sie nicht die Kunst beherrschten, im richtigen Augenblick »nein« zu sagen, familiäre und nachbarschaftliche Unterstützungsmöglichkeiten zu erschließen und zu mobilisieren und nur im äußersten Notfall materielle Hilfe zu empfehlen, dann waren die COS eine ebenso windige Institution wie die *settlements,* deren reformerische Faselhänse Mary Richmond im Grunde verachtete[102].

Als didaktisches Modell der von ihr propagierten Ausbildung von haupt- und ehrenamtlichen Sozialarbeiterinnen* schwebte ihr die klinische Praxis der ärztlichen Ausbildung vor. Nicht allgemeine Prinzipien und Gesetzmäßigkeiten als Ursache für Armut und Hilfsbedürftigkeit sollten im Mittelpunkt der Ausbildung stehen, sondern die konkrete Unterweisung an einzelnen Fällen. Richmond räumte ein, daß den Ärzten die Fähigkeit fehle, Krankheitssymptome auf soziale Beziehungsstörungen zurückzuführen. Die Daten ihrer Patienten, die sie für ihre Diagnose sammelten, beschränkten sich auf die körperliche Seite menschlichen Lebens. Sie wollte ihre Mitarbeiterinnen deshalb anleiten, Daten über jene Seite der menschlichen Existenz zu sammeln und zu werten, die für soziale Fehlanpassungen verantwortlich seien. Dazu müßten in ihrem Ausbildungskonzept die Mitarbeiterinnen* befähigt

* Ich wähle jeweils die weibliche Berufsbezeichung, allerdings nicht, um den Eindruck zu erwecken, Mary Richmond sei eine bewußte Feministin gewesen. Sie war es weder im Sinne von Jane Addams noch in unserem heutigen Verständnis. Sie nahm nur als Pragmatikerin zur Kenntnis, daß in dem von ihr beförderten Beruf vorwiegend Frauen tätig waren.

werden, beim Hausbesuch sozial relevante Beobachtungen zu machen und soziale relevante Fragen zu stellen.

Über die Kunst, die richtigen Fragen zu stellen, hatte sich Mary Richmond schon 1896 in einer Fachzeitschrift geäußert[103]. Das Thema verfolgte sie mit wissenschaftlicher Akribie zwanzig Jahre später, nachdem sie 1911 Abteilungsleiterin für Wohlfahrtsorganisationen der *Russell Sage Foundation* geworden war. Russell Sage (1816–1906) war ein erfolgreicher Eisenbahnbesitzer und Börsenspekulant gewesen, der seiner Frau Margaret Olivia Slocum Sage (1828–1918) ein damals riesiges Vermögen hinterlassen hatte. Olivia Sage gründete 1907 mit einem Startkapital von 10 Millionen $ die Russell Sage Foundation in New York zum Zwecke »der Verbesserung der menschlichen und der sozialen Bedingungen in den USA und vor allem zur sozialwissenschaftlichen Forschung, Veröffentlichung und Fortbildung auf dem Gebiet der sozialen Arbeit«. Nach ihrem Tod vermachte sie der Stiftung noch einmal 5 Millionen $ von dem Gesamtvermögen von insgesamt rund 80 Millionen $.

In ihrer neuen Funktion als Forschungsorganisatorin sammelt Mary Richmond systematisch Material, das helfen soll, die Frage zu beantworten, was Sozialarbeiter wissen müssen, ganz gleich, ob sie es mit einem wohnungslosen Paralytiker, dem verwahrlosten Jungen trunksüchtiger Eltern oder einer verwitweten Mutter mit kleinen Kindern zu tun haben[104]. Sie geht davon aus, daß Ärzte und Rechtsanwälte in ihrer Ausbildung befähigt werden, die richtigen Fragen zu stellen und die richtigen Daten zu sammeln und sie möchte die in den Anfängen steckende Ausbildung von Sozialarbeitern durch Erkenntnisse darüber bereichern, was für Sozialarbeiter »die richtigen Fragen« und »die richtigen Daten« sind. Ein Jahr lang beschäftigt sie zwei erfahrene Sozialarbeiterinnen aus der Familienfürsorge und der Gesundheitsfürsorge mit der Analyse vorhandener Fürsorgeakten aus fünf nordamerikanischen Städten. Anschließend organisiert sie eine Umfrage bei 56 Wohlfahrtsverbänden in drei Städten mit unterschiedlicher Sozialstruktur und -entwicklung, um empirisches Material über die »jeweils am weitesten entwickelte Form der sozialen Fallarbeit« zu gewinnen. Die Wohlfahrtsverbände wurden gebeten, für die jeweils ersten fünfzig Fallbearbeitungen eines Etat-Jahres anzugeben, welche Quellen sie benutzt hätten, um Daten zur Einschätzung und Bewertung ihrer jeweiligen Antragsfälle zu gewinnen. Zusätzlich interviewte sie Sozialarbeiter, die ihren Arbeitgeber bzw. ihren Arbeitsplatz gewechselt hatten, um Aufschlüsse über den Zusammenhang zwischen Arbeitsplatz und Datensammlung zu gewinnen. Die Auswertung der Untersuchung wurde im Jahre 1917 von Mary Richmond in der Schriftenreihe der

Russell Sage Foundation veröffentlicht. Sie gehört zu den Büchern, welche die immer deutlichere Konturen annehmende Ausbildung der nordamerikanischen Sozialarbeiterinnen und Sozialarbeiter nachdrücklich beeinflußt und geprägt haben*. Und sie gilt als »wissenschaftliche Grundlegung« der Methode der vertieften und differenzierten Einzelfallhilfe *(social case work)*.

Wer sich heute die Mühe macht, das 511 Seiten starke Buch zu lesen und kritisch zu rezipieren, der mag recht zwiespältige Gefühle entwikkeln. Über weite Strecken liest sich die »Soziale Diagnose« wie ein Lehrbuch für angehende Kriminalkommissare. Das Für und Wider der verschiedenen Quellen für Informationen von Konfliktfamilien wird ausführlich erwogen: Familienmitglieder als Auskunftspersonen, Verwandte als Auskunftspersonen, Gesundheitsbehörden, Lehrer und Schulen, Nachbarn, Arbeitgeber, andere Wohlfahrtsverbände, offizielle Dokumente ... Das Für und Wider der verschiedenen Formen der Ermittlung wird vorgeführt: Briefe, Hausbesuche, Telefonanrufe, Formulare, Fragebogen ... Die Frage der Vertraulichkeit der Informationen und des Datenschutzes wird ventiliert – und das ist wohl auch notwendig, denn das Buch mündet in einen Vorschlag für detaillierte Erhebungsbögen bei Immigranten, verlassenen und verwitweten Frauen, verwahrlosten Kindern, unverheirateten Müttern, Obdachlosen, Geistesgestörten und Schwachsinnigen. Die Fragebogen umfassen zwischen 40 und 110 Fragen und spiegeln eine professionelle Neugier wider, die je nach Einstellung des Lesers sowohl Bewunderung wie auch Schrecken erregen mag.

Andererseits enthalten die allgemeineren und die empirische Studie auswertenden Teile des Buches für die damalige Zeit zweifellos aufklärerisch gemeinte und aufklärerisch wirkende Überlegungen über Entstehung und Bekämpfung sozialer Vorurteile bei ungeschulten ehrenamtlichen Hausbesucherinnen. Mary Richmond hält ihre Leserinnen und Leser immer wieder an, aufgrund vorgefaßter Meinungen nicht nur Informationen zu sammeln, welche diese Meinungen bestätigen, und aufgrund korrekter, aber punktueller Informationen falsche, für die Klienten meist ungünstige Verallgemeinerungen zu meiden. Sie entwik-

* Der Bedarf an Aus- und Fortbildung in der damaligen Zeit war groß. 1915 gab es allein in der Stadt New York 3968 bezahlte Sozialarbeiter, davon nach Richmonds Schätzung 2200 in der Einzelfallhilfe, 500 in der Gemeinwesenarbeit und 1200 in der Gruppenarbeit. Richmond, Sozial Diagnosis. New York: Russel Sage Foundation. 1917, 25. Richmonds Buch über *soziale Diagnose* wurde zwischen 1917 und 1936 vierzehnmal nachgedruckt und vom nordamerikanischen Berufsverband der Sozialarbeiter 1965 neu herausgegeben.

kelt bereits die Grundzüge der späteren Einzelfallhilfe, nämlich das erste Interview, Kontakt mit sämtlichen Familienmitgliedern, Sicherung der Bereitschaft zur Mitarbeit durch die gesamte Familie, Hypothesenbildung, Überprüfung und Evaluation der einzelnen Daten und ihrer Interpretation durch die ermittelnde Hausbesucherin. Sie hält ihre Leser an, kritisch zu ermitteln, aber sie bleibt wortkarg im Hinblick auf die Beantwortung der Frage, wozu diese vielen Ermittlungen eigentlich dienen sollen. Worin die Behandlung *(treatment)* des Falles besteht, darüber Mutmaßungen anzustellen, bleibt den Lesern weitgehend überlassen.

Diese ungewichtete Akzentuierung ist Mary Richmond bewußt gewesen. 1920 beschrieb sie in einer Rede auf der *National Conference of Social Work* notwendige Schritte der sozialen Behandlung von Problemfällen und trat einer, lediglich den gegenwärtigen Zustand festschreibenden* Interpretation der erhobenen Falldaten entgegen, die sie allerdings selbst mit verursacht hatte. Unter Hinweis auf ein Zitat von C. G. Jung betonte sie den dynamischen Aspekt menschlicher Entwicklung, die nicht hinreichend durch Daten aus seiner Vergangenheit prognostiziert werden könne. »Nur ein Toter kann durch die Rekonstruktion seiner Vergangenheit beschrieben werden«[105]. Und in ihrem Lehrbuch *What is Social Case Work?* entwickelt sie 1922, zwei Jahre vor ihrer schweren Krankheit und sechs Jahre vor ihrem Tod, ein sozialpädagogisches Bild vom Menschen, für den Gesellschaft nicht nur Medium sondern Quelle und Ursprung seiner Entwicklung ist. Sie konzipiert den Menschen als ein lernfähiges und lernwilliges Wesen. »Sein Bewußtsein ist nicht etwas, was sich in seinem Kopf oder sonstwo im Raum befindet. Zu jeder Zeit ist das Insgesamt des menschlichen Bewußtseins das Ergebnis seiner natürlichen Gaben und seiner sozialen Erfahrungen und Beziehungen bis zu dieser Zeit«[106]. Es erscheint mir bemerkenswert, daß Mary Richmond in diesem, ihrem letzten Buch ihren Lesern die Prinzipien sozialer Arbeit als Einzelfallhilfe an Beispielen vor Augen führt, die elementare Lernprozesse von behinderten Kindern enthalten. Auf dem Wege zur Beantwortung der von ihr selbst gestellten Frage »Was ist soziale Einzelfallhilfe?« deutete die Autorin also eine erfahrungs- und lerntheoretisch fundierte Antwort an. Soziale Arbeit ist Erziehungsarbeit mit dem Ziel, und jetzt kommt die berühmt gewordene Definition, »die Persönlichkeit durch bewußt bewirkte, individual-

---

* John Boyle O'Reilly charakterisierte die Wohlfahrtshilfe der damaligen Zeit mit dem Zweizeiler: *»The organized charity, scrimped and iced/In the name of a cautious, statistical Christ«.*

fall-spezifische Anpassungsleistungen zwischen Menschen und sozialer Umwelt zu entwickeln«[107].

An der individuellen Differenzierung im Einzelfall hat Mary Richmond zeit ihres Lebens festgehalten. »Halten Sie sich am Einzelfall fest« hat ihr eine erfahrene Sozialarbeiterin einmal gesagt, denn: ... »wenn Sie den Einzelfall richtig bearbeiten, dann haben Sie in ihm die Totalität der gesamten Sozialreform«[108].

Sätze wie diese machen es Kritikern von Mary Richmond leicht, diese Frau als Repräsentantin des Prinzips individueller Schuld für das durch die kapitalistische Produktionsweise des 19. Jahrhunderts und die liberalistische Enthaltsamkeit des bürgerlichen Staates hervorgebrachte Massenelend aufzufassen. Eine solche Betrachtungsweise mag sich uns vom Standpunkt der achtziger Jahre des 20. Jahrhunderts sogar aufdrängen. Wir wissen heute, hundert Jahre später, halt mehr als die sozialpädagogischen Pioniere. Und wir haben auch wiederum mehr vergessen und müssen es uns als historische Lehre mühsam aneignen, so als wäre es ein uns fremder Lehrstoff. Ich denke mir, daß historische Positionen in dreifacher Weise befragt werden müssen: wogegen sie entwickelt worden sind, ob es zur Zeit ihrer Entwicklung schon weitergehende (progressivere) Positionen und eine weitergehende Praxis gab und was wir aus diesen Positionen für die Bearbeitung unserer gegenwärtigen Probleme lernen können.

Wenn ich alles zusammennehme, was ich von Mary Richmond weiß, so finde ich zunächst einige Standpunkte bemerkenswert, die über die herrschende Meinung ihrer Zeit hinausgehen. Sie war beispielsweise ausgesprochen und unausgesprochen der Überzeugung, daß Gott als Verursacher von Armut und Hilfebedürftigkeit *keine Rolle* spiele. Weder sei Armut und Hilfebedürftigkeit Teil der göttlichen Weltordnung, noch sei sie als göttliche Strafe für ein dem Schöpfer der Welt mißliebiges menschliches Tun und Lassen aufzufassen. Sie war weiter der ausgesprochenen Überzeugung, daß Armut und Hilfebedürftigkeit keine angeborene Charakterschwäche oder das Ergebnis unterentwikkelter Willenskräfte wären, sondern daß sie aus der individuellen Lebensgeschichte und dem gegenwärtigen Netzwerk sozialer Beziehungen stammten, in das der Hilfesuchende und seine Familie eingebunden seien. Und sie war schließlich der ausgesprochenen Überzeugung, daß die Hilfebedürftigkeit durch Prozesse sozialen Lernens besser und dauerhafter beseitigt werden könne als durch punktuelle, materielle Gaben. So weit, so gut. Ich gehe sogar so weit zu vermuten, daß Mary Richmond und Jane Addams und ihre Settlement-Frauen bis zu diesem Punkt übereinstimmten. Nur: die *Settlements* und die *Charity Organization Societis* zogen daraus unterschiedliche Konsequenzen für die Strategien ihres Vorgehens (also unterschiedliche methodische Konsequenzen). Die *Settlements* bauten auf eine Doppelstrategie zwischen Verbesserung der Infrastruktur im Wohnquartier und Beschneidung unternehmerischer Willkür im Arbeitsleben durch gewerkschaftliche Organisation und staatliche Arbeitsgesetzgebung. Die *Charitiy Organization Societies* setzten auf die Rekonstruktion individueller Lebens-, Erziehungs- und Arbeitsfähigkeit ihrer Problemfamilien durch die analytischen und pädagogischen Qualitäten der sie besuchenden ehrenamtlichen Helferinnen. Soziale Reformen, die sie meist ebenfalls für notwendig hielten, spielten sich für sie weithin außerhalb des Rahmens ihrer Handlungskompetenzen ab und waren durch sie nicht beeinflußbar.

Vom Standpunkt kapitalistischen Verwertungsinteresses und staatlicher Eingriffe in dieses Verwertungsinteresse war ohne Zweifel die COS ein bequemerer Partner. Während die *Settlements* die Ansprüche an die Staatstätigkeit von Kommune, Land und Bund in die Höhe schraubten, versprach die COS eine Entlastung des aus Steuergeldern gespeisten Staatsbudgets von expandierenden Sozialausgaben.

Es kommt mir wie eine List historischer Vernunft vor, daß die COS mit ihren ehrenamtlichen Hausbesucherinnen gewissermaßen unter der Hand die gesellschaftliche Aufklärung über die eigentlichen, gesellschaftlichen Ursachen von Armut und Hilfebedürftigkeit vorwärts trieb. Denn die Forderung nach wissenschaftlich angeleiteter Beratung von Problemfamilien durch einen großen Kreis von Hausbesucherinnen, die gehalten waren, ihre Ermittlungen schriftlich festzuhalten und zu Fall-Protokollen auszubauen, brachte eine Fülle verallgemeinerbarer Daten über die eigentlichen Ursachen von Armut und Hilflosigkeit zutage. Diese Daten widerlegten sowohl die konservative Vorstellung von der moralisch-sittlichen Instabilität der Hilfesuchenden als auch die fortgeschritteneren Vorstellungen der COS um Mary Richmond über Ursache-Faktoren, die in der individuellen Lebensgeschichte und dem gegenwärtigen sozialen Netz der Hilfesuchenden liegen sollten. Die Daten aus der sozialen Diagnose von Einzelfällen zeigten deutlich, daß es unfreiwillige Arbeitslosigkeit, Arbeitsunfälle und Niedrigstlöhne waren, die vor allen anderen Ursachen Problemfamilien zu Problemfamilien machten. Mit diesen Daten bestätigten die Akten der Wohlfahrtsverbände Erkenntnisse der universitären Sozialwissenschaften, die seit 1866 in der *American Social Science Association* gesammelt und bearbeitet worden waren. 1894 erschien das Standardwerk des Stanford-Professors Amos G. Warner über *American Charities*. Und um die Jahrhundertwende publizierten Angehörige der Columbia Universität in New York aufgrund von Aktenanalysen der *New York Charity Organization Society* aus den Jahren 1890–1897 eine Analyse, aus der

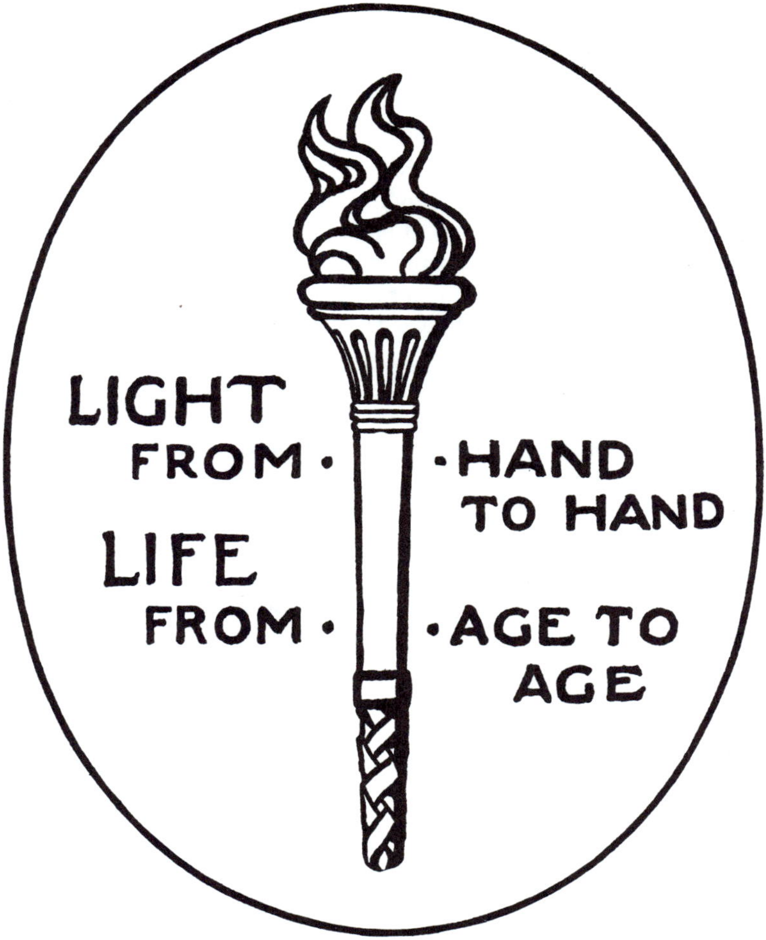

Ein Vignette, die Mary Richmond für die 1927er Konferenz der Familienverbände in Buffalo entworfen hatte:
Licht von Hand zu Hand/Leben von Generation zu Generation

deutlich hervorging, daß in Jahren zyklisch auftretender wirtschaftlicher Depression Arbeitslosigkeit die primäre Ursache für Armut und Hilfebedürftigkeit war, gefolgt von Krankheiten und Arbeitsunfällen der Ernährer. Hingegen spielten Arbeitsscheu, Trunksucht und andere verhaltensorientierte Eigenschaften nur in ca. 10 Prozent aller untersuchten Fälle eine mitbestimmende Rolle.

Auch die Vertreter dessen, was wir uns später als Einzelfallhilfe zu bezeichnen angewöhnt haben, produzierten also wissenschaftlich interpretierbare Fakten über den Zusammenhang zwischen Armut und Gesellschaft. Nur: Die *Settlements* machten erst sozialwissenschaftliche Untersuchungen, um angemessen eingreifen zu können. Die *Charity Organization Societies* entwickelten erst ein Bild von der Bedeutung distanziert helfender Beziehungen und lieferten anschließend Daten zu ihrer Relativierung. Beide methodischen Ansätze waren von den Absichten her betrachtet »fortgeschrittene«. Beide enthielten Potentiale gesellschaftswissenschaftlicher Aufklärung über den Charakter der wirtschaftlichen und politischen Verhältnisse, die soziale Arbeit notwendig werden ließen.

Übrigens: Zwei Jahre nach der Veröffentlichung von Mary Richmonds *Sozialer Diagnose* reinterpretierte die Psychologin Mary Jarrett die im Anhang von Mary Richmonds Buch abgedruckten Falldarstellungen im Lichte der Psychiatrie und stellte fest, daß die Hälfte von ihnen recht eigentlich »psychiatrische Fälle« seien. Diese *psychologische* Feststellung beeinflußte die weitere Entwicklung der sozialen Einzelfallhilfe wesentlich mehr als es die *soziologischen* Erkenntnisse im Gesamtwerk von Mary Richmond hätten bewirken können.

5

Barbarossastraße 65: Die erste Soziale Frauenschule Berlins

Alice Salomon war einundzwanzig Jahre alt und nach eigener Bekundung ein »nutzloses Wesen«, als sie im Briefkasten ihrer Mutter die Einladung zur Gründungsversammlung der »Mädchen- und Frauengruppen für soziale Hilfsarbeit« vorfand, die für den 5. Dezember 1893 in den Bürgersaal des Berliner Rathauses einberufen worden war. In dem Gründungsaufruf, den Berliner Honoratioren (Bürgermeister, Schulräte, Sanitätsräte, Prediger, Direktoren, Offiziere, Stadträte), und ihre Ehefrauen unterschrieben hatten, wird mahnend davon gesprochen, daß der wirtschaftliche und kulturelle Notstand in weiten Kreisen der Bevölkerung eine zunehmende Verbitterung hervorrufe. An dieser Verbitterung trügen die Frauen und Mädchen gerade der »besitzenden Stände« vielfach eine schwere Mitschuld, weil sie den Anschauungen und Empfindungen der »unbemittelten Klassen« weder intellektuelles Verständnis noch persönliche Anteilnahme entgegenbrächten. Das solle nun anders werden. Die Unterzeichner und Unterzeichnerinnen betonen beredt, daß es sich hier nicht etwa um einen Akt weiblicher Emanzipation handele, sondern »lediglich darum, junge Mädchen und Frauen zu ernster Pflichterfüllung im Dienste der Gesamtheit heranzuziehen«. Interessierte Mädchen und Frauen sollten die Möglichkeit erhalten, ehrenamtlich in Krippen, Kindergärten, Horten und Waisenhäusern, in Volksküchen und Krankenanstalten und in der persönlichen Fürsorge von hilfsbedürftigen Familien mitzuarbeiten. Die praktische Arbeit solle durch eine theoretische Ausbildung angeleitet werden, welche »die Frauen und jungen Mädchen zu einer umsichtigen und planmäßigen praktischen Tätigkeit anregen« solle. Leichtverständliche Vorträge über wirtschaftliche und soziale Verhältnisse sollen mit Besuchen in Wohlfahrtseinrichtungen verbunden werden. »Eine Anzahl erfahrener Fachmänner hat sich für die Vorträge bereitwilligst zur Verfügung gestellt«[109].

Alice Salomon ging zu der Gründungsversammlung der »Mädchen- und Frauengruppen für soziale Hilfsarbeit« und trat, zusammen mit fünfzig anderen Frauen, der neuen Organisation bei. Später hat sie über diesen Tag und über ihren Entschluß unter Anspielung auf ein Wort des englischen Romantikers Thomas Carlyle gesagt, er sei gesegnet gewesen, weil sie an ihm ihre Arbeit gefunden habe. Frauen, die sie später darauf festlegen wollten, es sei eben *die soziale Arbeit* gewesen, die gleichsam die berufliche Konkretisierung ihrer eigentlich weiblichen Bestimmung wäre, trat sie mit der nüchternen Feststellung entgegen, was sie damals gebraucht habe, als sie den »Gruppen« beitrat, sei Arbeit schlechthin gewesen. Auch manch anderer Beruf hätte ihr Leben mit einem sinnvollen Inhalt füllen können[110].

Alice Salomon war am 19. April 1872 in Berlin geboren worden. Ihr Vater war ein wohlhabender Kaufmann aus der Lederbranche, dessen Familie sich auf einen eigenhändigen Schutzbrief Friedrich des Großen berufen konnte, in dem der eingewanderten jüdischen Familie das Privileg, ein Haus zu kaufen und einen Fellhandel zu betreiben, zugestanden worden war. Ihre Mutter stammte aus der Breslauer Bankiersfamilie der Potocky-Nelken. Die Salomons lebten im ersten Stock eines hochherrschaftlichen Hauses in der Königgrätzer Straße 28, mit Teich, Springbrunnen, Fliederbüschen, Obstbäumen und einem kleinen Hühnerhof, in dem zeitweilig auch zwei zahme Rehe gastierten. Der Vater hielt Alice für das klügste der insgesamt sechs Kinder. Mit fünf Jahren kam sie versuchsweise in eine christlich-konfessionelle Privatschule der Nachbarschaft. Sie liebte die Schule und durchlief, obwohl sie eine der besten Schülerinnen war, zweimal die Oberstufe, um nicht tatenlos zuhause herumsitzen zu müssen. Zumal ihr Vater, dem sie stärker verbunden war als der Mutter, an den Folgen einer nicht auskurierten Lungenentzündung gestorben war. Eine ihrer späteren Mitarbeiterinnen berichtet:

»Für Alice Salomon begann nun die unglücklichste Zeit ihres Lebens. Sie hat später oft Kummer und Herzeleid erlebt; aber diese Jugendjahre waren die einzige Periode, vor der es ihr in der Erinnerung bis an ihr Lebensende gegraust hat ... Ihre Kräfte lagen brach. Es ist gesagt worden, daß die typische Beschäftigung der »höheren Tochter« in jener Zeit darin bestand, den Kanarienvogel zu füttern, Blumentöpfe zu begießen, Klavier zu üben, Tablettdecken zu sticken und auf die Ehe zu warten. Selbst im Haushalt wurde sie kaum gebraucht, da man selbstverständlich Hauspersonal hatte und die Mutter den Haushalt leitete, so daß man höchstens mit Staubwischen oder ähnlichem helfen konnte«[111].

Die einzige Möglichkeit einer anspruchsvollen Berufstätigkeit für höhere Töchter bestand damals in Deutschland darin, Lehrerin zu werden. Heimlich bereitete sich Alice im ungeheizten Zimmer auf die Aufnahmeprüfung für das Lehrerinnenseminar vor. Aber der Versuch mißlang, weil die Mutter ihre Zustimmung verweigerte. So saß Alice zuhause, stickte täglich vier Stunden, nahm Unterricht in Sprachen, Kochen und Schneidern, tanzte »und spielte sogar schon Tennis«[112].

Dann kam die Einladung zur Gründungsversammlung der »Gruppen«, »das Stück Papier, mit dem ihr Leben begann«. Ihre Biographin Dora Peyser, die gleichzeitig ihre langjährige Mitarbeiterin und Privatsekretärin war, schildert die Praxis ihrer ersten Lehrjahre bei den »Gruppen« so:

*»Sie half jeden Montag nachmittag in einem Mädchenhort. Hortzeit für die Kinder war von 12 oder 1 Uhr mittags bis 7 Uhr abends. Die Arbeit der Helferinnen bestand im Wesentlichen darin, den Kindern bei den Schularbeiten zu helfen: denn die wohlmeinende Nähmamsell, die den Hort leitete, legte großen Wert darauf, daß die Kinder gute Zeugnisse nach Hause brachten. Nach den Schularbeiten wurde gestrickt, und bis sechs Uhr mußte völlige Ruhe herrschen. Nur von 6 bis 7 Uhr wurde gespielt und auch dann nur Sing- und Kreisspiele unter Anleitung. Das ›Jahrhundert des Kindes‹ war noch nicht angebrochen**.

Dann wurde Alice Salomon auf Hausbesuche geschickt und sah mit eigenen Augen, wie die arme Bevölkerung lebte. Es kam häufig vor, daß die Frauen zwar froh waren, mit Geld oder Nahrungsmitteln unterstützt zu werden, aber diese Besuche vor ihren Ehemännern geheimhielten. Denn obwohl die Löhne niedrig waren und die Familien in Dürftigkeit und Armut lebten, wollten viele Arbeiter wohl aus einem wachsenden Klassenstolz von ›Wohltätigkeit‹ nichts wissen.

Das größte Elend herrschte unter den Heimarbeiterinnen. Sie lebten in engen, ungesunden, überfüllten Wohnungen, arbeiteten wie gehetzt den ganzen Tag und tief in die Nacht hinein, ohne genügend Zeit, für ihre Kinder und sich selbst auch nur das Nötigste zu besorgen und konnten doch nicht genug verdienen, um das Leben ohne Hilfe von Außen zu fristen. Vor allem waren sie ganz schutzlos und der Willkür der Unternehmer preisgegeben«[113].

---

* Im Jahre 1900 erschien das Buch von Ellen Kay, *Das Jahrhundert des Kindes* in deutscher Sprache. Es leitete eine reformpädagogische Phase der Betrachtung pädagogischer Probleme aus dem Blickwinkel von Kindern und nicht von Erwachsenen ein.

Die älteste Tochter muß die ganze Familie ernähren.
»Wat, det Jeld ist for die janze Woche? – Ja, und von morjen ab zwee Stunden länger Arbeet! – Er hat jesagt, er käme uns entjejen, je länger wir arbeeten däten, desto weniger Jelejenheit hätten wir, Geld auszujeben!«
Zeichnung von Heinrich Zille, 1924.

Noch einmal: es war nicht das Pathos »der sozialen Arbeit«, das die junge Alice Salomon faszinierte, sondern die schlichte Tatsache, daß sie plötzlich eine Lebensperspektive sah, in der sie selber als Person vorkam und nicht als Anhängsel eines Mannes, auf den sie warten sollte, den sie bedienen sollte, zu dem sie aufschauen sollte. Die bisher brachliegende Energie dieser tätigkeitsorientierten jungen Frau erhielt plötzlich eine Richtung. Sie gründete einen neuen Mädchenhort, arbeitete in einer sozialen Auskunftsstelle, die heute das Deutsche Zentralinstitut für soziale Fragen ist und gründete mit einigen Freundinnen das erste Arbeiterinnenheim in Berlin nach dem Vorbild von Toynbee Hall, von dem sie durch Hörensagen erfahren hatte. »Sie begannen, die Arbeiterinnen zu beschäftigen, mit Handarbeiten, Vorlesen, Musik oder Theaterspielen und boten ihnen bescheidene Erfrischungen an. Mit dem Enthusiasmus junger Laien wollten sie ihnen »Kultur bringen«, die Art von Kultur, die sie selber genossen (hatten)«[114].

Alice Salomon reagierte auf die Berührung mit einer ihr fremden sozialen Klasse wie viele andere, gutherzige und wohlmeinende junge Frauen (und Männer) auch: sie wollte so sein wie die »Armen«, sich so kleiden, wie sie, so leben, wie sie. Es hätte nicht viel gefehlt, und sie hätte zuhause die Bilder von den Wänden genommen und die Teppiche vom Parkett entfernt.

Im Prozeß ihrer ehrenamtlichen Arbeit bei den »Mädchen- und Frauengruppen für soziale Hilfsarbeit« befreundete sie sich mit der Vorsitzenden dieses Vereins, Jeanette Schwerin, in der sie eine geistige Führerin, eine überlegene und dabei verwandte Natur fand, einen Menschen mit stärksten Impulsen und unerhörter Aktivität. Sie selbst schreibt:

»Was ich in täglicher und beglückender Zusammenarbeit mit ihr lernte, hat für immer meine Richtung bestimmt und meine sozialen Energien zur Wirksamkeit gebracht ... Ich begriff, daß selbst das geringe Kapital an Bildung und materiellen Gütern, das mir mitgegeben war, mich den bevorzugten Klassen einreihte; daß darin eine Verpflichtung lag, die Welt besser zu machen als ich sie vorfand. Daß mir dafür nur unzureichende Mittel zu Gebot standen, tut nichts zur Sache. Es war die Erkenntnis dessen, worauf es ankam, die mir eine Lebensauffassung gab, nach der ich solange gehungert hatte«[115].

Jeanette Schwerin war in der damaligen deutschen Frauenbewegung aktiv und verband ihre Tätigkeit in der sozialen Arbeit mit der Hoffnung, über Tätigkeiten in sozialer Arbeit und Sozialpolitik Frauen eine qualifiziertere Berufsperspektive zu eröffnen. Sie kämpfte für die Einführung weiblicher Fabrikinspektorinnen und die Zulassung von Frauen zur öffentlichen Armenpflege. Stellvertretend für Frau Schwerin hielt Alice Salomon 1898 ein Referat auf der Generalversammlung des Bundes Deutscher Frauenvereine in Hamburg, das großen Eindruck machte, und im nächsten Jahr fuhr sie als deutsche Delegierte zum Internationalen Frauenkongreß nach London, wo sie zusammen mit der englischen Sozialforscherin und Frauenrechtlerin Beatrice Webb über Arbeitsschutz für Frauen referierte. Zwischen 1900 und 1920 war Alice

Salomon Vorstandsmitglied des Bundes Deutscher Frauenvereine und arbeitete als Schriftführerin und später als stellvertretende Vorsitzende mit. Erklärte Politik dieses von Helene Lange 1894 gegründeten Bundes war es, dem Klischee von der »Dame« entgegenzutreten, die »durch das parfümierte Taschentuch den ›Armeleutegeruch‹ fernhalten möchte« (Helene Lange) und durch Tätigkeit in der Gemeinde- und Schulverwaltung, an Universitäten und in praktischen Berufszweigen zu zeigen, daß Frauen diese Tätigkeiten ebenso erfolgreich verrichten wie Männer. Nun ist eine solche Gleichwertigkeit nicht der Ausdruck natürlicher Anlagen, sondern das Ergebnis eines gesellschaftlichen Qualifikationsprozesses, der durch Erfahrung und Ausbildung hergestellt werden muß. Wie für Mary Richmond in Baltimore, Boston und New York, so war für Jeanette Schwerin und Alice Salomon die Aus- und Fortbildung der ehrenamtlichen Mitarbeiterinnen in den »Gruppen für soziale Hilfsarbeit« eine Hauptaufgabe, von deren erfolgreicher Bewältigung es abhing, ob die Tätigkeit in der sozialen Arbeit Berufe für Frauen eröffnete oder ob sie weiterhin auf das Gebiet der geduldeten aber ehrenamtlichen Wohlfahrtspflege abgedrängt bleiben würden. Unterstützt von Emil Münsterberg, den wir über sein Buch vom *Amerikanischen Armenwesen* schon kennen, organisierten die Gruppen im Herbst 1899 den ersten Jahreskurs zur beruflichen Ausbildung in der Wohlfahrtspflege. Der Kurs umfaßte vier Wochenstunden und enthielt Vorlesungen von Max Weber über »Grundzüge der modernen sozialen Entwicklung« und von Emil Münsterberg über »Soziale Hilfstätigkeit in England und Amerika«. Andere Dozenten lasen über »Wohlfahrtseinrichtungen für die arbeitenden Klassen«, »Die Organisation der öffentlichen und privaten Wohlfahrtspflege«, »Grundzüge der Hygiene« und »Gesundheitspflege bei Kindern«. Jeanette Schwerin las über »Frauenpflichten im Haus und in der Gemeinde«. Die Teilnahme war freiwillig, und nach anfänglichem Enthusiasmus der inzwischen auf einhundertsiebenundzwanzig Mitglieder angewachsenen Organisation ließ das Interesse an den teilweise sehr abgehoben-akademisch dargebotenen Informationen merkbar nach. Alice Salomon erklärte sich dieses Nachlassen so: »Es interessierte nicht genug, wenn die Konstruktion der Wasserwerke erläutert oder die Befugnisse der Baupolizei dargelegt wurden, wenn wir hygienische Kenntnisse brauchten, um die uns anvertrauten Kinder vor Krankheiten zu schützen«[116].

Im Juli 1899 starb die Vorsitzende der Gruppen Jeanette Schwerin, und Alice Salomon wurde mit siebenundzwanzig Jahren ihre Nachfolgerin. Die Einführung des ersten Jahreskurses für Wohlfahrtspflege war ihre erste organisatorische Tat. Ein nächster Schritt war der Ausbau der Kontakte zwischen den »sozialen Gruppen« und den Wahlfahrtseinrichtungen, in denen die Frauen mitarbeiten sollten. Jährliche Konferenzen zum Erfahrungsaustausch und zur Verbesserung der Anleitung der Helferinnen an ihren Arbeitsplätzen wurden eingeführt. Aus England brachte Alice Salomon die Neuerung mit nach Deutschland, den »sozialen Gruppen« eigene »Jugendgruppen« anzuschließen, in denen Frauen der jungen Generation mit den Gedanken und Zielen der Frauenbewegung vertraut gemacht werden sollten. »Soziale Gruppen« und ihre »Jugendgruppen« vermehrten sich rasch im ganzen Reichsgebiet und erreichten 1917 die Zahl von mehr als 100. Damit hatte die deutsche Frauenbewegung wenigstens ansatzweise ihre spezifische Jugendbewegung erhalten, die auf halbem Wege zwischen sozialer Jugendpflege und autonomer Jugendbewegung stand. Wir werden auf dieses Thema im nächsten Kapitel noch einmal zurückkommen[117].

Um die Jahrhundertwende waren Frauen an deutschen Universitäten noch eine Sensation. Es erregte Aufsehen, als die Freiin Elisabeth von Richthofen den Doktorgrad in Nationalökonomie an der Berliner Universität erwarb und von ihrem »Doktorvater« Max Sering mit einem öffentlichen Abendessen geehrt wurde. Alice Salomon war auch eingeladen, und Sering fragte sie *en passant,* ob sie nicht Lust hätte, bei ihm wolkswirtschaftliche Vorlesungen zu hören, zumal sie sich ja schon einige Zeit mit der ungleichen Entlohnung von Männern und Frauen beschäftigt habe. Alice nahm das Angebot an und studierte – ohne Abitur – Nationalökonomie bei Gustav Schmoller, Adolf Wagner und Alfred Weber. Das Kolleg-Geld verdiente sie sich als nebenamtliche Dozentin am Viktoria-Lyzeum, am Pestalozzi-Fröbel-Haus für Erzieherinnen und beim Letteverein*. Außerdem brachte ihr die journalistische Tätigkeit für Frauenzeitschriften und Zeitungen hin und wieder – und zur Verwunderung ihrer Mutter – Geld ein. In ihrem dritten Semester lieferte sie eine Seminararbeit über das »Grenznutzenprinzip« und interpretierte es als Erklärung für die ungleiche Entlohnung von Männern und Frauen**. Alfred Weber war von der Arbeit beeindruckt und fragte sie, ob sie über dieses Thema promovieren wollte. Ihren Ein-

---

* Der Letteverein war eine durch private Initiative gegründete und finanzierte Frauenfachschule, die junge Frauen für Berufe qualifizieren sollte, die »ihrem weiblichen Wesen« nahelagen.

** Das Grenznutzenprinzip enthält die volkswirtschaftliche Auffassung, die Lohnhöhe in einer bestimmten Branche bestimme sich nach dem Lohniveau der am wenigsten rentabel arbeitenden Betriebe des jeweiligen Industriezweiges und verschaffe den rationeller produzierenden Unternehmern Extraprofite.

Streik der Crimmitschauer Textilarbeiterinnen für den Zehnstundentag. Die 22. Streikwoche am 18. Januar 1904.

wand, sie habe ja noch nicht einmal ein Reifezeugnis, tat er mit dem »stolzen« Satz ab: »Man reiht sich doch da ein, wo man hingehört«[118].

Trotz massiver Unterstützung durch ihre akademischen Lehrer hatte Alice Salomon jahrelange Schwierigkeiten, zur mündlichen Prüfung zugelassen zu werden, zumal sie als Nicht-Abiturientin eine besondere Genehmigung der Philosophischen Fakultät* benötigte. Frauenstudium-feindliche Fakultätssprecher verhinderten mehrfach ihre Zulassung, bis sie schließlich am 5. März 1906 mit Glanz die mündliche Prüfung bestand. Ihrer Mutter hatte sie die ganze Unternehmung verheimlicht, und so reagierte Anna Salomon, als die Tochter freudestrahlend im schwarzen Prüfungs-Kostüm nachhause kam, nur mit der ahnungslos-hilflosen mütterlichen Mahnung: »Aber Alice, Du weißt doch, daß Dir Schwarz nicht steht!«

In ihrer Dissertation, die mit umfangreichem statistischen Material über die Lohnentwicklung von Frauen und Männern in Industrie, Landwirtschaft, Handel und Dienstleistungsgewerbe versehen war, schätzte Alice Salomon die ungleiche Entlohnung von Männern und Frauen nicht als willkürliche Unterdrückung der Frau durch den Mann ein, sondern »als eine gesetzmäßige Erscheinung des Wirtschaftslebens«, die allerdings durch bessere berufliche Qualifikation von Frauen und stärkere gewerkschaftliche Organisierung überwunden werden könne. Dieses Prinzip vertrat sie nicht nur wissenschaftlich, sondern auch praktisch. Als die sächsischen Textilarbeiterinnen 1903 in Crimmitschau für den Zehnstundentag streikten und beim großen Streik der Berliner Konfektionsarbeiterinnen 1911 unterstützten Alice und ihre »sozialen Gruppen« die Streiks moralisch, organisatorisch und agitatorisch, allerdings mehr in Richtung auf die Forderung nach Arbeitszeitverkürzung für Frauen, damit sie nebenbei ihren familiären Pflichten würden nachkommen können. Diese argumentative Stoßrichtung hatte Alice Salomon schon 1900 in einen gewissen Gegensatz zu den englischen Frauenrechtlerinnen gebracht, die eine unterschiedliche Arbeitsgesetzgebung für Männer und Frauen ablehnten. Auch die deutsche Sozialistin Lily Braun trat den Aktivitäten der »sozialen Gruppen« öffentlich mit dem Argument entgegen, daß sie die Arbeiterinnen der Arbeiterbewegung abtrünnig machten und in eine falsche Richtung orientierten[119]. Alice Salomon »suchte Lily Braun auf, um ihre Arbeit zu verteidigen und sie zur Toleranz zu bewegen. Aber eine sehr nachdenk-

* Die Fakultäten der alten Universität entsprechen den gegenwärtigen Fachbereichen, in denen verschiedene Anwendungs- und Forschungsgebiete einer wissenschaftlichen Disziplin zusammengefaßt werden.

liche Alice Salomon ging von dieser Unterredung nach Hause. Lily Braun hatte sie vor die Fragen gestellt: Kann man mit sozialer Arbeit eine bessere Welt hervorbringen? Ist es nicht ein Palliativ, ein Kompromiß? Wäre es nicht besser, das soziale System radikal zu ändern? Wofür sollte man sich einsetzen, Reform oder Revolution? Seitdem hat Alice Salomon mit diesen Fragen viel gerungen, sich aber immer für Reform, nie für Revolution entschieden«[120].

Nein, eine Sozialistin war Alice Salomon nicht gewesen und auch nicht geworden. Obwohl sich unter anderem der Sozialdemokrat August Bebel darum bemüht hatte, sie zu überzeugen. Sie war es so wenig gewesen wie Samuel und Henrietta Barnett, wie Jane Addams und Mary Richmond. Ihre Bedeutung lag in der Zielstrebigkeit, mit der sie zwischen 1898 und 1928 durch die Mobilisierung des sozialen Engagements gutwilliger, berufsloser junger Frauen des Bildungsbürgertums und durch ihre schrittweise Qualifizierung für die soziale Arbeit dieses breiten und sich mehr und mehr ausdifferenzierenden Berufsfeld für anspruchsvolle Frauen zugänglich gemacht und zu einer weiblichen Domäne ausgebaut hat. Um diese Leistung angemessen würdigen zu können, müssen wir einen Blick auf die Situation der Wohlfahrtspflege im Deutschen Reich um die Jahrhundertwende werfen.

Die Zeitspanne zwischen den Befreiungskriegen (1813) und dem 1. Weltkrieg (1914) bedeutete für Preußen und später für das ganze Deutsche Reich eine rasche Entwicklung von Industrie und Verkehrswesen und gleichzeitig den zunehmenden Verfall kleinbäuerlicher Landwirtschaft und städtischen Handwerks. Diese Entwicklung setzte eine massenhafte innerdeutsche Wanderungsbewegung von Ost nach West und vom Dorf in die Stadt ingang. Um 1900 lebte die Hälfte der deutschen Bevölkerung außerhalb ihrer Heimatstadt oder Geburtsgemeinde[121]. Wuppertal etwa war 1800 eine Kleinstadt von 12000 Einwohnern, 1850 zählte sie 50000 Einwohner und 1885 war sie auf 106000 Einwohner angewachsen. Die Dampfkraft, die spätere Einführung der Elektrizität als Energiequelle, die Verfeinerung von Werkzeugmaschinen und die Verdichtung des Verkehrsnetzes machen die Industrie weitgehend unabhängig von den alten Standorten, die über Wasserkraft verfügten und an Wasserwegen lagen. Die standortflexiblen Industrien zwangen die entwurzelten Bauern, Landarbeiter und Handwerker, der Konzentration des Kapitals zu folgen und ihre Arbeitskraft in den neuen industriellen Zentren zu Tagespreisen anzubieten. Stockungen im Investitionsfluß und Absatzkrisen schlugen voll auf die Existenz der proletarischen Familien durch. Es gab weder Arbeitslosengeld noch Kranken- und Invalidenversicherungen. Nachträglich haben Historiker errechnet, daß es im späteren Gebiet des Deutschen Reiches um 1850 ca. 16

Baracken für obdachlose Familien in Berlin.

Streik für höhere Löhne auf dem Lande.

Auswanderung nach Nordamerika.

Prozent Arbeitslose gegeben habe, 1860 waren es 10 Prozent, 1870 (durch den Krieg mit Frankreich und die Reparationszahlungen der Franzosen, die zum 1. deutschen Wirtschaftswunder führten) 1,4 Prozent, 1880 waren es 15,1 Prozent und 1890 waren es 9,5 Prozent. Dazu muß man wissen, daß die Löhne für ungelernte Industriearbeit damals an der unteren Grenze des Existenzminimums einer proletarischen Familie lagen und daß deshalb das Heer der Armen und Hilflosen nicht identisch mit dem Heer der Arbeitslosen war, sondern zusätzlich die Masse der Heimarbeiterinnen und Heimarbeiter und der nicht qualifizierten Industriearbeiter sowie der Saisonarbeiter umfaßte.

Die massenhafte innerdeutsche Wanderungsbwegung untergrub das alte Prinzip, daß die Heimatgemeinde für die materielle Unterstützung von Armen und Hilflosen zuständig sei. Das Festhalten an diesem Prinzip hätte die Entwicklung der kapitalistischen Industrie behindert, denn das Kapital bedarf der Arbeitskraft, um einen Mehrwert zu erzeugen und als Rendite abzuwerfen. Und wenn das Kapital zu neuen Standorten wandert, dann dürfen die Arbeitskräfte nicht daran gehindert werden, dieser Kapitalbewegung zu folgen. Es war deshalb ein vorausschauender und entwicklungsfreundlicher Akt der preußischen Gesetzgebung, vom Grundsatz der Freizügigkeit bei der Wohnortwahl ausgehend den Anspruch auf Armenunterstützung gegen eine Gebietskörperschaft auf der Basis des Wohnortes der letzten zwei Jahre und nicht mehr auf der Basis des Geburtsortes zu formulieren (Gesetz über den Unterstützungswohnsitz von 1870). Damit näherte sich Preußen den Prinzipien der englischen Armengesetze an. Es übernahm jedoch nicht den Arbeitshaus-Test als wichtigstes Instrument zur Überprüfung der Arbeitswilligkeit und zur Abschreckung von Hilfesuchenden. Um 1905 gab es in Preußen lediglich zwanzig Landesarmenanstalten mit 2840 Insassen und vierundzwanzig Korrektionsanstalten mit 8048 Insassen. Angesichts der Massenarmut spielten sie keine erwähnenswerte Rolle. Offensichtlich war das Arbeitshaus in der zweiten Hälfte des 19. Jahrhunderts in Deutschland kein entscheidender Faktor bei der Erziehung zur Arbeitsamkeit durch Abschreckung mehr. Es wurde »zunehmend von der ökonomischen Entwicklung ›abgekoppelt‹, d. h. seine im Zeitalter des Absolutismus noch vorhandene öffentliche ›Pilotfunktion‹ als Großbetrieb, der eine Produktivitätssteigerung hervorruft und ›anregend‹ auf die *privaten* Gewerbetreibenden wirkt, ist ebenso vorüber wie seine pädagogische Ausgestaltung im Sinne der Schaffung von ›Industriosität‹ innerhalb der Stadtbevölkerung«[122].

Vorrangig betrieben die zu Armenverbänden zusammengeschlossenen Kommunen in Preußen und später mehr und mehr im ganzen Reich die materielle Armenfürsorge durch »offene Hilfen« (das entspricht dem englischen *outdoor* oder *home relief*). Diese Hilfen sollten die minimale materielle Versorgung der hilfesuchenden Familien kurzfristig sichern, sie sollten gleichzeitig so gering bemessen sein, daß sie von den Armen nicht als staatliche Alternative zur Lohnarbeit aufgefaßt und »mißbraucht« werden konnten und sie mußten deshalb auch unter diskriminierenden Bedingungen »gewährt« werden: In den 90er Jahren des 19. Jahrhunderts brauchte eine fünfköpfige Arbeiterfamilie durchschnittlich 1200 Mark im Jahr, um sich kärglich am Leben zu erhalten. Die durchschnittlichen Zuwendungen der Armenhilfe für eine solche Familie beliefen sich auf ein Viertel bis höchstens die Hälfte dieser Summe. Den Familien blieb also nichts übrig, als nebenbei zu betteln, zu stehlen oder Quellen der privaten Wohlfahrt anzuzapfen*. Die Hilfesu-

---

* Die Aufwendungen waren von Kommune zu Kommune verschieden. Landeseinheitliche Fürsorgerichtsätze wurden erst 1927 eingeführt. Ich folge bei den Zahlen dieses Abschnitts den Ausführungen von Sachße und Tennstedt.

chenden verloren außerdem – wie in England – das aktive und passive Wahlrecht, sie verloren Grundrechte, wurden in die Armenzucht genommen* und konnten jederzeit in ein Arbeitshaus eingewiesen werden.

Ein solches System der kommunalen Armenhilfe – auf welche die Hilfesuchenden keinen Rechtsanspruch haben, die Kommune ist lediglich gegenüber *dem Staat* verpflichtet, für die Armen zu sorgen – funktionierte nur im überschaubaren ländlichen Rahmen, wo jeder jeden kennt und wo soziale Kontrolle von den Nachbarn geübt wird, ohne daß es eigens dafür bestellter Armenpfleger bedarf.

In den großen Städten brach das System solcher informeller, nachbarschaftlicher Kontrolle zusammen. Vor allem, wenn diese Städte rasch und ungeplant wuchsen. Wie Wuppertal und Elberfeld, wo deshalb aus guten Gründen 1852 das sogenannte Elberfelder System der Armenhilfe eingeführt wurde. Es teilte die Stadt in kleine Unter-Bezirke, in denen jeweils ein ehrenamtlicher Helfer für höchstens vier hilfesuchende Familien zuständig war. Dieses Ehrenamt war übrigens eine bürgerliche Pflicht, wie heute das Schöffenamt, und wer sich ihm verweigerte, konnte bestraft werden. Der ehrenamtliche Hausbesucher überprüfte jeden Fall individuell, in der Bezirksversammlung wurde dann über den Antrag beschlossen. Jede Unterstützung war zunächst auf vierzehn Tage berechnet und mußte dann erneut bewilligt werden. Das Elberfelder System enthielt nicht den Anspruch auf individualpädagogische Ratschläge und Hilfen der Problemfamilien durch die ehrenamtlichen Hausbesucher (wie das nordamerikanische System der *Charity Organization Societies*), es enthielt aber über die USA hinausgehend flankierende kommunale Arbeitsbeschaffungsmaßnahmen bei saisonaler und krisenbedingter Arbeitslosigkeit durch öffentliche Arbeiten beim Straßenbau, bei der Landkultivierung und bei der Eisenbahn.

In den ganz großen Städten wie Berlin stieß die Anwendung des Elberfelder Systems auf Schwierigkeiten wegen der Ehrenamtlichkeit der Mitarbeiter. Weder waren sie in ausreichender Zahl zu finden, noch waren sie in der Lage, sich problemlos Zugang zu den Familien der Hilfesuchenden zu verschaffen. Und schließlich waren sie nicht ausgebildet, um Informationen zu sammeln, die für die »gerechte« Vergabe der geringen Fürsorgemittel notwendig waren. Erstmalig in Straßburg wurde deshalb um die Jahrhundertwende eine neue Form der Zentrali-

---

* Beauftragte der Kommune können sich beispielsweise jederzeit Zutritt zu ihren Behausungen verschaffen. Reste dieser Praxis sind heute noch in den Hausordnungen von kommunalen Obdachlosensiedlungen enthalten.

sierung der kommunalen Armenfürsorge praktiziert, das *Straßburger System*[123]. Es verlegte den Schwerpunkt der Entscheidung über Zuwendungen wieder in ein städtische Armenamt und ersetzte die ehrenamtlichen Hausbesucher wenigstens in schwierigen Fällen durch bezahlte Kräfte.

Die private Wohltätigkeit kirchlicher, philanthropischer und bürgerlicher Vereine spielte auch im 19. Jahrhundert eine Rolle. Sachße und Tennstedt deuten an, daß sie möglicherweise für diese Zeitspanne in der Geschichtsschreibung überschätzt worden sei, aber immerhin gab es um die Mitte des 19. Jahrhunderts in Preußen 1680 einschlägig registrierte Vereine, in Württemberg waren es 1875 4311. Während die Tätigkeit in der *kommunalen Armenfürsorge* fast ausschließlich ehrenamtlich (und Schritt für Schritt hauptamtlichen) Männern vorbehalten war, wurden sozial engagierte Mädchen und Frauen (wie Alice Salomon) auf das Feld der *privaten Wohlfahrtsvereine* verwiesen. Dort tätig zu sein war mindestens im Preußen seit den Befreiungskriegen und der Einführung der allgemeinen Wehrpflicht eine Art patriotischer Frauenpflicht. Die Domäne dieser privaten *Armenpflege* (im Gegensatz zur kommunal organisierten und staatlich beaufsichtigten *Armenhilfe*) waren Krankenpflege, Altenpflege, Kinder- und Jugendfürsorge, Ferienverschickungen, Erziehungsheime, Kinderbewahranstalten und Kindergärten.

Über die aktive Mitarbeit in einem philanthropischen bürgerlichen Verein *(den ›sozialen Gruppen‹)* hatte Alice Salomon den Zutritt zur ehrenamtlichen, sozialpädagogischen Arbeit gefunden. Als Frauenrechtlerin und Volkswirtschaftlerin muß ihr bald klar geworden sein, daß die ehrenamtliche Tätigkeit in Vereinigungen der privaten Wohlfahrtspflege sozial engagierten Frauen auf Dauer keine neuen Berufsfelder werde erschließen können. Sie mußten sich den Zugang zu den ansatzweise vorhandenen hauptamtlichen Tätigkeiten der Armenfürsorge, wie sie im Straßburger System angebahnt worden waren, verschaffen – und das war nur durch den Aufbau einer mehrjährigen, anspruchsvollen Berufsausbildung möglich. Diese Ausbildung aber mußte auf Frauen beschränkt werden, wenn in ihr nicht sofort wieder die Männer dominieren sollten.

Die »Mädchen- und Frauengruppen für soziale Hilfsarbeit« gründeten im Jahre 1908 die erste Soziale Frauenschule Berlins in den Räumen des Pestalozzi-Fröbel-Hauses in Berlin-Schöneberg. Alice Salomon wurde ihre erste Direktorin. Mit zwanzig Schülerinnen wollte sie anfangen. Achtzig hatten sich gemeldet, davon die Hälfte für die berufsvorbereitende Unterstufe und die Hälfte für die berufsfachliche Oberstufe. Sie sei geschaffen worden, so Alice Salomon in ihrer Eröffnungsrede am 15. Oktober 1908,

»den Mädchen und Frauen unserer Stadt, unseres Landes Arbeit zu geben. Arbeit, das heißt nicht Beschäftigung, nicht Zeitvertreib, sondern eine Tätigkeit, die nicht nur ihre Zeit – sondern auch ihre Gedanken, ihr Interesse in Anspruch nimmt; die zunächst für einige Jahre den Inhalt ihres Lebens ausmachen soll, um den herum alles andere, was das Leben ihnen an Freuden, Genüssen, Anregungen bietet, sich nur – gleichsam wie eine schmückende Arabeske – als Beiwerk gruppiert ... Es ist Wunsch und Hoffnung der Gründer unserer Schule, daß Sie hier Ihre Arbeit finden sollen. Wunsch und Hoffnung zugleich. Und die Berechtigung zu dieser Hoffnung nehmen wir aus der Wahl der Unterrichtsgebiete, die im Mittelpunkt unseres Lehrplans stehen. Es sind pädagogische und soziale Fächer. Es sind pädagogische und soziale Aufgaben, für die Sie hier vorbereitet werden sollen ... Daneben wollen wir – und dem wird ausschließlich die Oberstufe dienen – den Schülerinnen Gelegenheit zu berufsmäßiger Schulung in sozialer Arbeit geben, eine Ausbildung, die sie befähigt, verantwortliche Stellungen sowohl als bezahlte soziale Berufsarbeiter wie im unbesoldeten Hilfsdienst auszufüllen. Wenn wir dabei keinen Unterschied zwischen der Ausbildung zu beruflicher Arbeit und zu sozialer Hilfstätigkeit machen, wenn wir die Oberstufe diesen beiden Zwecken dienstbar machen wollen, so geschieht das in der Überzeugung, daß die unbesoldete soziale Arbeit genau so gut, genau so gründlich getan werden soll und deshalb auch derselben Vorbereitung bedarf ...«[124]

Fünf Jahre später studierten neben 93 Schülerinnen in der Unter- und Oberstufe 30 in einem Fortbildungskurs, 43 besuchten einen Abendkurs und 58 waren Hospitantinnen. Die Räume reichten nicht mehr aus, und Alice Salomon plante auf einem Hinterhof des Pestalozzi-Fröbel-Hauses, wo bis dahin eine Krebskonservenfabrik gestanden hatte, ein modernes, schönes Schulgebäude mit Vorgärtchen und Dachgarten für ihre Schülerinnen. Es wurde zu Kriegsbeginn 1914 bezogen.

Der Weltkrieg war für die Internationale Frauenbewegung ebenso wie für die Internationale Arbeiterbewegung eine schwere Belastungsprobe. Internationale Solidarität stand gegen nationale Loyalitäten. Kriege liegen nie im Interesse von Frauen, und imperialistische Kriege entsprechen nie dem Interesse von Arbeiterinnen und Arbeitern. Auf

◀
Der Neubau der Sozialen Frauenschule in Berlin-Schöneberg (1914) ist heute in seiner ursprünglichen Form Teil der Fachhochschule für Sozialarbeit und Sozialpädagogik.

der anderen Seite entfachten die kriegführenden Regierungen nach »Ausbruch« des Krieges eine derartig massive Feind-Propaganda, daß es starker, gefestigter, politischer Organisationsformen bedurfte, um dieser nationalistischen Propaganda zu widerstehen und an internationaler Solidarität festzuhalten.

Alice Salomon wurde von der Kriegserklärung im August 1914 in Irland überrascht, wo sie mit der Präsidentin des Internationalen Frauenbundes, Lady Aberdeen den jüngsten Kongreß des Bundes in Rom auswertete. Sie konnte erst sechs Wochen nach Kriegsbeginn Irland wieder verlassen. In Deutschland fand sie eine neue Situation vor. Die meisten wehrfähigen, jüngeren Männer waren als Soldaten eingezogen worden, das Feld der sozialen Arbeit wurde mehr und mehr den Frauen überlassen. Dora Peyser berichtet: »Als Leiterin der Sozialen Frauenschule konnte sie (Alice Salomon) ihre Schülerinnen nicht schnell genug ausbilden und mußte Notstandskurse einrichten, um der Nachfrage nach sozial geschulten Frauen zu genügen. Viele ihrer früheren Schülerinnen wurden in führende Stellungen berufen. Sie selbst übernahm Aufgaben im Nationalen Frauendienst und widmete sich dort besonders dem Hilfswerk für Künstler und Intellektuelle ...«[125]

Zu dem Internationalen Friedenskongreß, den Jane Addams und andere entschiedene Pazifistinnen aus der internationalen Frauenbewegung für April 1915 nach Den Haag einberufen hatten, wäre Alice Salomon gern gefahren, aber der nationalistische Flügel des Bundes Deutscher Frauenvereine, der die Vorstandspolitik damals bestimmte, beschloß, »daß niemand, der ein offizielles Amt im Bunde hatte, fahren dürfe«[126]. Ein zweites Mal während des ersten Weltkrieges entschied sich Alice Salomon für die nationalen Interessen des kriegführenden Deutschen Reiches und gegen die internationalen Interessen der Friedensbewegung: Die Reichsregierung hatte 1916 eine *Frauenarbeitszentrale* gebildet, welche Frauen als Arbeitskräfte in der Kriegsindustrie und als weibliche Hilfskräfte in der Etappe mobilisieren sollte. Die Entscheidung Alice Salomons, in dieser Zentrale als Sachbearbeiterin für die Mark Brandenburg mitzuarbeiten, war deswegen besonders schwierig, weil Salomon bisher den Krieg lediglich indirekt durch Intensivierung weiblicher sozialer Arbeit unterstützt hatte, währen die ihr angetragene, neue Tätigkeit eine direkte Unterstützung der Kaiserlichen Kriegsmaschine darstellte. Trotz dieser Tatsache nahm sie die ihr

Alice Salomon,
die erste Direktorin der Sozialen Frauenschule in Berlin-Schöneberg. ▶

angetragene Beschäftigung an und bereiste in den letzten beiden Kriegsjahren die von den deutschen Truppen besetzten polnischen und russischen Gebiete, um sich um die Arbeitsbedingungen der Heereshelferinnen zu kümmern, die ihrer Fürsorge unterstanden.

Der Bruch zwischen deutscher Frauenbewegung und internationaler Friedensbewegung, den der erste Weltkrieg herbeigeführt hatte, beeinflußte die politische Entwicklungsgeschichte Alice Salomons auch nach dem Waffenstillstand des Jahres 1918. Als Jane Addams und Carolina Wood im Auftrage der nordamerikanischen *Society of Friends* (Quäker) Deutschland besuchten, um Hilfsmaßnahmen für hungernde deutsche Kinder einzuleiten *(Quäkerspeisung)* und Alice Salomon die Amerikanerinnen in der Sozialen Frauneschule auf Englisch begrüßte, protestierten deutsche Vertreterinnen des Bundes der Frauenvereine gegen diesen »Anbiederungsversuch«. Als im September 1920 der Kongreß des Internationalen Frauenbundes in Oslo stattfinden sollte, boykottierte der deutsche Bund die Teilnahme an diesem Kongreß, weil Deutschland noch nicht Mitglied des Völkerbundes geworden war. Der deutsche Vorstand wollte ihr verbieten, privat nach Norwegen zu fahren – die Präsidentin des Norwegischen Frauenbundes hatte sie zu einem Erholungsaufenthalt in die norwegischen Berge eingeladen. Alice Salomon fuhr trotzdem und legte gleichzeitig ihr Vorstandsmandat nieder. Dieser Bruch hat sie tief getroffen und ihre Bereitschaft, sich am sozialen und politischen Aufbau der Ersten Deutschen Republik zu beteiligen, gedämpft. Rückblickend schrieb sie 1926: »Nach der Revolution – als die Frauen zu Bürgerinnen wurden – verzichtete ich mit voller Überlegung auf Anteilnahme am politischen Leben, nicht nur, weil meine Gesundheit schon damals erschüttert war, sondern auch weil ich zu der Überzeugung kam, daß Menschen, die sozial führen und pädagogisch unter der Jugend wirken wollen, besser außerhalb des Parteikampfes stehen. Vielleicht aber trieb mich auch die Gewißheit, daß ich die für solchen Kampf nötige Begabung nicht besitze und dabei weder Gutes leisten noch in Übereinstimmung mit meiner innersten Natur leben könnte«[127]. Diese Erklärung für ihre politische Enthaltsamkeit in einer Zeit, in der verschiedene politische und soziale Reformen, für die Alice Salomon gekämpft hatte, wenigstens im Ansatz verwirklicht wurden (Frauenwahlrecht, Achtstundentag, Zulassung von Frauen zu bisher verschlossenen Berufsausbildungen und Berufstätigkeiten, Reichsjugendwohlfahrtsgesetz), erscheint mir nicht einleuchtend. Sie entspricht auch nicht der selbstbewußten Einschätzung ihrer eigenen Fähigkeiten, von der immer wieder berichtet wird. So erinnert sich Dora Peyser an ein Gespräch mit ihr, in dem sie gefragt hat, ob das »Fräulein Doktor« heute noch einmal den gleichen Beruf wählen würde. »Auf eine

Wohlfahrtsschule wäre ich wohl nicht gegangen.« Dann, nach einer Pause: »Aber was ich auch angegriffen hätte, ich wäre immer an die Spitze gekommen«[128].

Ihre politische Enthaltsamkeit war wohl doch durch die Enttäuschung entstanden, welche ihr der »Hurra-Patriotismus« vieler ihr nahestehender Frauen bereitet hatte. Und dieser Hurra-Patriotismus hatte im damaligen konservativen Deutschland eine besonders menschenfeindliche Färbung: Alice Salomon war Jüdin, und sie hatte Vorbehalte gegen diese Tatsache innerhalb der bürgerlichen Frauenbewegung schon mehrfach zu spüren bekommen. Als sie während des Krieges Nachfolgerin von Gertrud Bäumer als Vorsitzende des Bundes Deutscher Frauenvereine werden sollte, erschien es vielen Frauen »nicht wünschenswert, eine Frau mit einem jüdischen Namen zur Präsidentin zu wählen«[129]. Dieser latente Anti-Semitismus wurde mit der Machtergreifung der deutschen Faschisten 1933 zum politischen System. Im Mai 1937 wurde sie von der Geheimen Staatspolizei angewiesen, Deutschland innerhalb von drei Wochen zu verlassen, um eine Einweisung in ein Konzentrationslager zu vermeiden.

Aber schon zehn Jahre vorher schränkte Alice Salomon ihre innerdeutsche Tätigkeit ein, übergab die Soziale Frauenschule 1927 an die Breslauer Historikerin und Germanistin Charlotte Dietrich und konzentrierte ihre Arbeitskraft auf Auslandsreisen in ihrem Amt als Vizepräsidentin des Internationalen Frauenbundes und auf Lehrbücher für die Ausbildung zur sozialen Arbeit. Zusammen mit Siddy Wronsky, der Leiterin des Berliner Archivs für Wohlfahrtspflege veröffentlichte sie 1921 einen *Leitfaden der Wohlfahrtspflege* und 1926 eine Sammlung von Akten aus der Familienfürsorge unter dem anspruchsvollen Titel *Soziale Therapie.* 1930 gab sie zusammen mit Marie Baum mehr als 200 Familienmonographien aus Berlin, Nord- und Mitteldeutschland heraus, die Teil eines größeren Forschungsprogramms der von Alice Salomon gegründeten *Deutschen Akademie für soziale und pädagogische Frauenarbeit* waren: *Das Familienleben in der Gegenwart.* Und schließlich war sie Allein-Autorin des Buches, das für die Zwecke der Erhellung der Geschichte von Methoden in der sozialen Arbeit von besonderer Bedeutung ist: 1926 veröffentlichte sie das Lehrbuch *Soziale Diagnose,* mit dem sie Anschluß an die amerikanische Tradition gewinnt und gleichzeitig etwas leistet, was Mary Richmond in ihrer sieben Jahre früher mit großem Forschungsaufwand zusammengestellten Buch *Social Diagnosis* nicht gelungen war: eine Beziehung zwischen Ermittlungstätigkeit und pädagogischer Tätigkeit herzustellen.

Als ich die Arbeiten Mary Richmonds beschrieben hatte, habe ich darauf hingewiesen, daß es ihr berufspolitisch darum gegangen sei, die

Ermittlungstätigkeit der bis dahin ehrenamtlich tätigen Hausbesucherinnen durch wissenschaftliche Fundierung der Kunst des Fragens und Beobachtens so zu qualifizieren, daß sie einen besseren Filter zur Trennung »würdiger« und »unwürdiger« Hilfegesuche darstellten als die mittelalterlichen Methoden des Arbeitshaus-Tests. Um dieses Ziel zu erreichen, mußte sie die Hausbesucherinnen dahin orientieren, daß sie nicht spontan und fraulich (gleichsam wie der Samariter im Biblischen Gleichnis) auf Armut und Hilflosigkeit reagierten, sondern »wissenschaftlich«, »distanziert« und »kühl«.

Alice Salomon ging als Vertreterin der *Frauenbewegung* – die sie trotz der geschilderten Schwierigkeiten ebenso war wie Jane Addams und im deutlichen Gegensatz zu Mary Richmond, die sich von dieser Bewegung ebenso abgrenzte wie von den mit ihr verbundenen *Frauen-Settlements* – davon aus, daß es nicht die Aufgabe von Frauen in der sozialen Arbeit sei, *wie Männer zu wirken,* sondern daß ihr besonderer Beitrag darin bestehen solle, Fraulichkeit und Mütterlichkeit, die bisher im privaten Raum des Ehe- und Familienlebens verkümmerten, in die Öffentlichkeit eines sozialen Berufes einzubringen, zu pflegen und zu kultivieren. Dieser Ansatz wird heutzutage sicher sowohl beim sozialistischen wie auch beim autonomen Teil der Frauenbewegung auf Widerspruch und Widerstand stoßen. Ich will und kann auf diese Diskussion nicht eingehen, weil ich zunächst einmal erreichen möchte, daß wir die Situationen und die Positionen der Zeitepoche zwischen 1870 und 1920 als historische Tatsachen erfassen, ehe wir sie aus der Sicht der achtziger Jahre kritisch einschätzen. Deshalb möchte ich mich darauf beschränken, an Alice Salomons Lehrbuch über *Soziale Diagnose* das herauszuarbeiten, was gegenüber dem Ansatz von Mary Richmond älter und gleichzeitig doch neuer war und was die internationale Entwicklung von Methoden in der sozialen Arbeit hätte bereichern können – wenn es international je zur Kenntnis genommen worden wäre.

Alice Salomon war nach einem ersten, eher touristischen Besuch des nordamerikanischen Sub-Kontinents 1923 und 1924 in die USA gereist, hatte einige Zeit in Lillian Walds' *Henry Street Settlement* in New York und bei Jane Addams[130] in Chicago verbracht und vor allem mit Porter Lee, dem damaligen Direktor der Schule für soziale Arbeit in New York diskutiert. Dabei war sie von der Wirkung zweier Lehrbücher bei der Ausbildung beeindruckt – von Mary Richmonds *Sozialer Diagnose* und von dem Buch des Kalifornischen Professors für Öffentliche Wohlfahrt Karl von (de) Schweinitz *The Art of Helping People out of Trouble* (1924). Ein Lehrbuch, so wie Mary Richmond es geschrieben hatte, wollte sie für deutsche Verhältnisse verfassen. Wie Mary Richmond ging sie davon aus, daß die verantwortliche Tätigkeit von Sozialbeamten in der Familienfürsorge, der Sozialhygiene, der Gesundheitsfürsorge, der Säuglingsfürsorge und als Gutachter vor Jugendgerichten zugenommen habe und daß »aus einer Tätigkeit, die Armut bekämpfen wollte, eine Arbeit geworden (ist), die der Wirksamkeit des Arztes, des Lehrers, des Richters zum Erfolg verhilft, die das Leben der Menschen gesünder, besser, inhaltsreicher machen will«[131]. Der von ihr parallel zu Mary Richmond gewählte Titel *Soziale Diagnose* sollte zum Ausdruck bringen, »daß diese erste Tätigkeit des Fürsorgers in jedem einzelnen Fall eine selbständige und vielfältige Leistung fordert. Diese Leistung besteht darin, Material zu sammeln (eigene Beobachtungen und Aussagen anderer), das beschaffte Material zu prüfen und zu vergleichen, es zu bewerten, Schlüsse daraus zu ziehen – schließlich ein Gesamtbild herzustellen, das erlaubt, einen Plan für die Abhilfe (Behandlung) zu fassen ... Zum Material der Ermittlung gehören ... alle Tatsachen aus dem Leben des Bedürftigen und seiner Familie, die dazu helfen können, die besondere soziale Not und das soziale Bedürfnis des Betroffenen zu erklären und die Mittel zur Lösung der Schwierigkeit aufzuzeigen«[132]. Was diesen ersten, ermittelnden Teil des Lehrbuches angeht, so scheint Alice Salomon genau dem Vorbild Richmonds zu folgen. Sie handelt das Erstgespräch, Ermittlungen in der Hausgemeinschaft, Erkundigungen bei Verwandten, bei Ärzten, in der Schule, beim Arbeitgeber und bei Nachbarn und Hauswirten gedrängter als Richmond aber mit der gleichen Tendenz ab. Klienten sind beweispflichtig, daß sie die beantragte Hilfe wirklich brauchen. Sozialbeamte sind verpflichtet, alle Daten zu erheben, die *für und gegen* die Gewährung des Hilfegesuchs zeugen könnten.

Im zweiten Teil ihres schmalen Lehrbuches entwickelt Alice Salomon dann aber Gedanken über »die Kunst zu leben« und »die Kunst zu helfen«, die über das Anpassungskonzept von Mary Richmond hinausgehen. Alle Fürsorge, so schreibt Salomon, bestehe darin, »daß man entweder einem Menschen hilft, sich in der gegebenen Umwelt einzuordnen, zu behaupten, zurecht zu finden – oder daß man seine Umwelt so umgestaltet, verändert, beeinflußt, daß er sich darin bewähren, seine Kräfte entfalten kann«[133]. *Beide* Anpassungsleistungen laufen im einzelnen Fürsorgefall zusammen.

Sicher: Eine Frau muß eine regelmäßige Unterstützung bekommen. Aber sie muß auch lernen, ihre Kinder zweckmäßiger zu ernähren.

Sicher: Einer Familie muß eine gesündere Wohnung beschafft werden. Aber sie muß auch lernen, die ärztlichen Verordnungen zu befolgen.

Sicher: Der älteste Junge muß in eine andere Lehre gebracht werden. Aber er muß auch lernen, regelmäßig zu arbeiten.

Sicher: Die Kinder brauchen ärztliche Behandlung. Aber: Sie müssen auch lernen, sich passende Spielkameraden zu suchen.

Die jeweils zuerst genannten Aufgaben sind Aufgaben, die der Fürsorger in Angriff nimmt und ausführt. Die zuletzt genannten Aufgaben sind Aufgaben, die von dem Willen und den Kräften des Klienten, seiner Angehörigen abhängen; von ihrer Bereitschaft, einen Rat anzunehmen, einen Plan auszuführen: »Die Aufgabe des Fürsorgers besteht deshalb darin, die Haltung des Klienten zu beeinflussen, auf einen Menschen einzuwirken – und das ist im Grunde genommen eine *Führeraufgabe.* Ihr Erfolg hängt von dem Einfluß ab, den die Persönlichkeit des Wohlfahrtspflegers ausübt. Dies ist das wesentliche Hilfsmittel«[134]. Die erste Aufgabe, die Veränderung der Lebensumstände von Klienten mit dem Ziel, sie bei der Entwicklung ihrer Persönlichkeit und bei der Entfaltung ihrer Kräfte zu unterstützen, sei – so Alice Salomon 1926 – »heute, trotz aller Armut unseres Volkes, weit durchgreifender möglich als vor zwanzig oder dreißig Jahren«. Die zweite Aufgabe werde in ihrer ganzen Tragweite aber erst allmählich erkannt. Sie bestehe darin, »die Haltung eines Menschen, seine Einstellung zu ändern. Damit erst entsteht die methodische Frage«[135].

Salomon illustriert dieses *methodische* (wir würden heute sagen: *didaktische*) Problem am Beispiel einer Adoptivmutter, die darum bittet, ihren fünfjährigen Adoptivsohn anderweitig unterzubringen, weil sie aufgrund familiärer Erfahrungen befürchtet, unheilbar lungenkrank zu sein. Die Fürsorgerin geht *zunächst* auf diesen Wunsch ein, schlägt aber *gleichzeitig* vor, daß sich die Klientin fürsorgeärztlich untersuchen läßt. Nach längerem Zögern willigt die Klientin in diesen Vorschlag ein und erfährt, daß ihre Krankheit in einem Stadium ist, in dem vollständige Heilung wahrscheinlich sei. Die Fürsorgerin kann daraufhin die Klientin bewegen, ihren Adoptivsohn nicht herzugeben. An diesem Beispiel erläutert Salomon, daß es häufig Bitten um *Vermittlung* sind, die den Erstkontakt zwischen Fürsorge und Klient motivieren. Im weiteren Verlauf stellt sich dann aber heraus, daß andere als die gewünschten Maßnahmen besser geeignet sind, das eigentliche Ziel des Klienten zu erreichen. Im geschilderten Falle hatte die Fürsorgerin durch das gezielte Sammeln von Beobachtungen und Befragungen festgestellt, daß die Adoptivmutter eigentlich an ihrem Kinde hing, daß sie es auch behalten wollte, daß sie nur unsicher war, ob sie ihm durch ihre Krankheit jene Lebensumstände würde bieten können, die für die Erziehung dieses Kindes notwendig seien.

Alice Salomon schließt die Darstellung dieses Falles mit der verallgemeinernden Feststellung: »Wahre Hilfe kann der Mensch dem Menschen nur bringen, wenn fremde Not, wenn fremdes Leid für ihn zum eignen wird, wenn es ihm im Herzen brennt. Die bessere Technik, die durchdachte Methode ist nur ein Werkzeug – als solches nützlich und unentbehrlich. Aber recht handhaben kann es nur der Mensch, dessen Tun aus einem wachen Gewissen quillt; aus dem lebendigen Glauben an eine Brüderlichkeit, der Taten wirken muß«[136]. Diese Taten dürfen nicht zur Überwältigung des Klienten führen. »Niemand kann einen anderen dadurch stark machen, daß er für diesen anderen arbeitet. Niemand kann ihn dadurch zum Denken veranlassen, daß er für den anderen denkt. Das Glück, das ein Mensch sich erwirbt, hängt im wesentlichen von ihm selbst ab«[137]. Wie bescheiden dieses Glück allerdings dimensioniert ist, deutet Alice Salomon an, wenn sie auf der gleichen Seite ihres Buches auf Menschen verweist, die mit ihrem Leben fertig wurden: »Im Grunde ihres Wesens haben fast alle Menschen die Fähigkeit, sich irgendwie abzufinden.«

Das Leben meistern, mit dem Leben fertig werden, sich irgendwie abfinden – dies scheint mir in der Tat eine Stufenfolge zu sein, die nach unten führt. Ob diese Abwärtsbewegung die notwendige Folge beruflicher Idealvorstellungen ist, die auf dem Wege zu ihrer Verwirklichung an die Wirklichkeit angepaßt werden – oder ob es auch die Möglichkeit gibt, die Wirklichkeit an anspruchsvollere Vorstellungen von der menschlichen Existenz anzupassen – Alice Salomon läßt diese Frage zumindest offen, denn an anderer Stelle stellt sie fest, der Sozialarbeiter solle immer auch »die soziale Reform anregen«[138].

Ich bekenne, daß mich das Kapitel über Alice Salomon unbefriedigt läßt. Diese Frau hat viel für die Entwicklung von Methoden in der Sozialarbeit bewirkt. Aber ihre Wirkung im eigenen Land und in der nordamerikanischen Emigration blieb begrenzt und auf eine merkwürdige Weise gedämpft. Die Stimme einer Frau, die internationale Beachtung verdiente und erhielt, verstummte in dem Augenblick, in dem sie dem deutschen Faschismus entkommen war.

Joachim Wieler kommt das Verdienst zu, die bisher im Dunkel liegende Emigrationsgeschichte von Alice Salomon aufgehellt zu haben. In jahrelanger detektivistischer Kleinarbeit hat er die Spuren dieser Frau im nordamerikanischen Exil bis zu ihrem Tode am 30. August 1948 in New York verfolgt und sowohl das Originalmanuskript ihrer Autobiographie *(Character is Destiny)* wie auch eine von verschiedenen Bearbeitern im Hinblick auf die Einschätzung der deutschen Zeitgeschichte gemilderte Fassung aufgefunden und zusammen mit Rolf Landwehr und Rüdeger Baron der deutschen Öffentlichkeit zugänglich gemacht[139].

6
Ratskeller in Berlin-Steglitz: Die Entdeckung der Jugendgruppe als Erziehungsmittel

Der Student Hermann Hoffmann-Fölkersamb war ein stiller, freundlicher, eher unscheinbar wirkender junger Mann, der sich allerdings durch ein unübliches Hobby hervortat: er war begeisterter Stenograph – also der Kurzschrift kundig, mit der man vor Erfindung von Tonbandgerät und Diktierkassette gesprochenen Text mit der gleichen Geschwindigkeit aufnehmen konnte, in der er gesprochen wurde. Diese Kunst wollte Hermann Hoffmann gern an junge Leute weitergeben, und so veranstaltete er ab 1895 für Schüler des Gymnasiums in Berlin-Steglitz und mit Erlaubnis des Direktors dieses Gymnasiums kostenlose Stenographiekurse. Einige Schüler besuchten ihn auch in seiner Studentenbude und stöberten in seinen Büchern. Dabei fanden sie ein handgeschriebenes Tagebuch mit der Schilderung einer achtzehntägigen Harzwanderung, die Hoffmann als Magdeburger Gymnasiast mit Klassenkameraden unternommen hatte. Die Steglitzer Gymnasiasten waren begeistert: »Herr Hoffmann, das müssen Sie auch mit uns machen!« Hoffmann tat es und organisierte mit den Schülern in den folgenden Jahren »unter wachsender Beteiligung mehrtägige Wanderungen über Harz und Kyffhäuser zum Rhein oder durch den Bayerischen und Böhmerwald, stets mit eigener Verpflegung, mit allmählich vervollkommneten, zusammenlegbaren »Herden« und Übernachten in Dorfwirtshäusern, Scheunen und selbst in einem zusammensetzbaren Zelt – alles für diese Jugend ganz neue Dinge«[140].

Als Hermann Hoffmann im Januar 1900 Berlin endgültig Richtung Konstantinopel verließ, begeisterte er einen seiner Schüler, den Gymnasiasten Karl Fischer auf einem langen Spaziergang über den Steglitzer Fichteberg in Richtung Dahlem für den Plan, aus der eher informellen Wandergruppe eine über die Berliner Grenzen hinaus wirkende Wanderbewegung der Jugend zu machen. Karl Fischer schien für diesen Plan der richtige Mann zu sein. Gewiß, er wird nicht gerade als großer Denker und mitreißender Redner geschildert, aber er besaß Organisationstalent und den großen Wunsch, andere Gymnasiasten *zu führen*. Er »führte einen neuen Stil und einen neuen Inhalt ein. Die Ausflüge wurden häufiger und ausgedehnter, und die Freunde von der Steglitzer Schule kamen nicht nur sonntags und in den Ferien zusammen, sondern auch während der Woche. Sie hatten jetzt einen eigenen Gruß (»Heil«), einen Erkennungspfiff, nach und nach entwickelten sie eine besondere Tracht, um nicht für Landstreicher oder Hausierer gehalten zu werden, sie entwickelten ihren eigenen Geschmack in bezug auf Volks- und Marschlieder, Fischer wurde »Oberbachant«, denn der fahrende Scholar des Mittelalters (Bachant) war ihr Idealbild. Wer neu zur Gruppe stieß, fing mit dem Rang des »Scholaren« an, wurde mit der Zeit »Bursche« und später dann »Bachant«. Seine Beförderung hing von der Teilnahme an Fahrten ab und davon, wie er sich dabei verhielt, häufig verlangte Fischer auch schriftliche Hausarbeiten«[141].

Die preußischen Vereinsgesetze verboten damals die Teilnahme von Jugendlichen unter 18 Jahren an Veranstaltungen politischer Vereine und schränkten auch die Teilnahme an geselligen Veranstaltungen nicht registrierter Organisationen ein. Fischer bemühte sich deshalb, einen unverdächtigen Trägerverein reputierlicher Steglitzer Bürger zusammenzubringen, der die Wanderfahrten der Schüler gegenüber Staat und Schule abschirmen sollte. Am 4. November 1901, nachdem er die Reifeprüfung bestanden hatte, versammelte er in einem Hinterzimmer des Steglitzer Ratskellers – dort wo jetzt der großmäulige Pleitebau des Steglitzer Kreisel steht – mit fünf Steglitzer Schüler-Vätern und einem halben Dutzend Studenten den *Wandervogel, Ausschuß für Schülerfahrten (AfS)*. Die Erwachsenen sollten den Ausschuß nach außen repräsentieren, sich aber nicht in die inneren Angelegenheiten des Vereins mischen. Zwei Jahre später erkennt denn auch das Preußische Unterrichtsministerium den Verein als förderungswürdig an. Den Namen »Wandervogel« hatte der einzige junge Arbeiter der Gruppe beigesteuert: der Mechaniker Wolfgang Meyen. Auf einer Wanderung von Steglitz nach Dahlem war ihm ein Grabstein aufgefallen, dessen Inschrift so begann: *»Wer hat euch Wandervögeln / die Wissenschaft geschenkt / daß ihr auf Land und Meeren / die Flügel sicher lenkt ...«*.

Der Wandervogel, wie er von nun an unbeschadet der zahlreichen Spaltungen, Neugründungen, Konkurrenzgründungen und Neubenennungen umgangssprachlich hieß, verbreitete sich an Preußischen Gymnasien wie ein Buschbrand. Allein der *Alt-Wandervogel*[142] registrierte für das Jahr 1906 vierhundertdreiundneunzig Fahrten mit 5953 Teilnehmern; 1909 waren es zweitausendachthundertundsechzig Fahrten mit 33539 Teilnehmern. Was machte den Wandervogel so anziehend? Denn um die Jahrhundertwende gab es bereits eine Fülle von Organisationen *für* Jugendliche – wir würden sie heute »Jugendpflegeorganisationen« nennen: 1846 hatte der Schumachergeselle und spätere katholische

Priester Adolf Kolping den Rheinischen Gesellenbund und 1848 den Rheinisch-Westfälischen Jünglingsbund gegründet; 1863 zählte die Deutsche Turnerschaft, die sich auf den Turnvater Friedrich Ludwig Jahn berief, 16000 Jungturner, ab 1866 gab es in Preußen einen Vaterländischen Frauenverein, der junge Mädchen zu hausfraulichen und sozialpflegerischen Tätigkeiten anhielt, und 1883 wurde in Berlin der Christliche Verein junger Männer mit einem protestantischen Missionsauftrag gegründet. Der Wandervogel war also vom Standpunkt des Angebots an jugendlichen Freizeitaktivitäten beileibe keine Neuheit. Neu am Wandervogel war, daß er sich nahezu ausschließlich an bürgerliche Gymnasiasten wandte und daß er, bei allem Wohlwollen, das Staat und Schule ihm zunächst entgegenbrachten, eine kritische Alternative zum gymnasialen Schüleralltag darstellte – und zwar *darstellte* (und nicht nur versprach). Wir können uns heute den Alltag an einem Preußischen Gymnasium wahrscheinlich gar nicht mehr richtig vorstellen. Denn auch wir kritisieren unsere Schulen: Die Schulen, die wir selbst besucht haben, und die Schulen, in die unsere Kinder gehen. Aber gemessen an der Preußischen Schule um die Jahrhundertwende muten unsere gegenwärtigen Bildungseinrichtungen wie freundliche pädagogische Provinzen an[143]. Der Lateinlehrer Ludwig Gurlitt, den wir eben als Gründungsmitglied des Wandervogels e. V. zu Steglitz kennengelernt haben, beschrieb 1905 in seiner Streitschrift »Der Deutsche und seine Schule« das Gymnasium, unter dem er litt, weil er in ihm lehrte, als Inbegriff einer auf Unterwerfung und Unterdrückung der Jünglinge gerichteten Untertanenfabrik. »Tyrannisch ist die Zucht unserer orthodoxen Kirche, tyrannisch die zur Mißhandlung ausartende Gewalt der militärischen Vorgesetzten, tyrannisch jede entwürdigende Behandlung der unteren Beamten von seiten der Vorgesetzten, tyrannisch die Ausbeutung der armen, um das tägliche Brot kämpfenden Mitbürger durch die brutale Gewalt des Kapitals, tyrannisch die Erziehung in Schule und Haus, sofern sie nicht nach dem Rechte der kindlichen Natur fragt und nur den Zwang und das Gebot unbedingten Gehorsams will gelten lassen ... Der Erfolg ist der, daß unser Gymnasium immer mehr und mehr dazu kommt, nur Subalternbeamte zu züchten, Pflichtmenschen, die ihre Bürostunden pünktlich einhalten und gehorsamst nach der Meinung des allwissenden Herrn Geheimen Rates fragen«[144].

In dieser Situation versprach der Wandervogel den preußischen Gymnasiasten zwei Dinge, die ihnen weder Elternhaus noch Schule geben konnte und die, wie wir heute sicherer als damals zu wissen meinen, zur Erziehung von Menschen als gesellschaftliche Wesen von grundlegender Bedeutung sind. Der Wandervogel versprach ihnen die *Erfahrung der Gemeinschaft* Gleichaltriger und Gleichgesinnter in

Die alte Schule.
»Wir wollen ihnen die freideutsche Jugendkultur schon austreiben! Ich sperre jeden ein, der nach frischer Luft riecht!«
Zeichnung von E. Thöny im SIMPLICISSIMUS, 1914.

kleinen Gruppen (»Horden«) eigener Wahl, und er versprach ihnen die Erfahrung einer den ganzen Körper, den Geist und die Seele bewegenden *Tätigkeit.* Gemeinschaftserlebnis in der Gruppe und Erfahrung des eigenen Körpers durch Tätigkeit fanden nicht, und das ist wohl das Entscheidende für die große Popularität des Wandervogel, als verordnete Lehrerveranstaltungen im Turnunterricht statt, sondern als quasi selbstbestimmtes Bildungserlebnis fernab von Elternhaus, Schule und Großstadt. Denn das Wandern nach Belzig und Fürstenwalde, nach Rheinsberg und in die Märkische Schweiz, in die Lüneburger Heide und nach Schwaben, an die Saale, ins Unstruttal und in den Westerwald, später auch nach Finnland, Lappland und in die Sahara, blieb die zentrale Aktivität des Wandervogel. Mir ist bekannt, daß völkische Ideologen des Wandervogel diese wichtige, aber keineswegs metaphysische Aktivität ins Lächerliche überhöht haben. Etwa Hans Breuer, der Autor des populärsten Liederbuches des Wandervogel *(Der Zupfgeigenhansl),* der im Vorwort zur Neuauflage aus dem Jahre 1915 kriegstrunken schrieb: »Der Krieg hat dem Wandervogel recht gegeben, hat seine tiefe nationale Grundidee los von allem Beiwerk stark und licht in unsere Mitte gestellt. Wir müssen immer deutscher werden. Wandern ist der deutscheste aller eingeborenen Triebe, ist unser Grundwesen, ist der Spiegel unseres Nationalcharakters überhaupt«[145].

Um das Wandern als zentrale Tätigkeit herum entwickelten die Wandervögel eine Fülle von teils nützlichen und teils modischen Accessoires. Zunächst trugen die Steglitzer ihre grün-rot-goldenen Schülermützen, um nicht für Landstreicher (»Kunden«) gehalten zu werden, die sie zwar als Wiedergeburt mittelalterlicher Scholaren irrtümlich verehrten, deren schlechter Ruf ihnen aber die Quartiersuche beim Bauern erschwert haben würde. Später legten sie sich breitkrempige, federgeschmückte Robin-Hood-Hüte zu, ihre starke Wanderkluft, bestehend aus einer uniformähnlichen Drilljacke und einer festen Bundhose, wurde bald auch in der Schule getragen, der ursprünglich benutzte Tornister oder Schulranzen wich dem aus Süddeutschland eingeführten Rucksack. Die auf den ersten Fahrten in den Harz noch benutzten, großstädtischen Regenschirme wurden durch zünftige Lodencapes ersetzt.

Zum Kult der Kluft kam der Kult des Essens. Die Wandervögel legten Wert darauf, gemeinsam selbst zu kochen, und zwar Mitgeführtes, das durch Einkäufe beim Bauern ergänzt wurde. Die schon zu dieser Zeit entwickelte Marken-Industrie stieg ein: Die Firma Knorr hatte vom Preußischen Kriegsministerium schon dreißig Jahre vorher den Auftrag erhalten, für den Deutsch-Französischen Krieg der Jahre 1870/71 eine haltbare, kalorienreiche und leicht mitzuführende Heeresnahrung zu

DER ZUPFGEIGENHANSL

HERAUSGEGEBEN VON HANS BREUER
UNTER MITWIRKUNG VIELER WANDERVÖGEL

VERLAG FRIEDRICH HOFMEISTER, LEIPZIG
81. AUFLAGE 1920 479.—483. TAUSEND

entwickeln. Die bis heute beliebten KNORR-Suppenwürfel und KNORR-Erbswürste in wasserundurchlässigem Kunstdarm bestanden die Bewährungsprobe und wurden auch vom Wandervogel geschätzt[146]. Das gemeinsame Essen wurde im gemeinsam mitgeführten Hordenpott zubereitet, ursprünglich auf Herden, später nur noch über einem selbstgemachten Holzfeuer. Aus dem Holzfeuer entwickelte sich rasch der Kult gemeinsamen nächtlichen Feierns um das Lagerfeuer. Dabei spielte das Rezitieren von Gedichten, das Lesen aus zeitgenössischen Romanen und das Singen von Volksliedern und authentischen oder in der Art des Mittelalters neu komponierten Landsknechtsliedern eine große Rolle. Laute und Zupfgeige waren Begleitinstrumente, später kamen Gitarre und Banjo hinzu, und mit zunehmender Militarisierung der Jugendbewegung in den Dreißiger Jahren wurden sie von Trommeln und Fanfaren verdrängt.

Das sehr gefühlsintensive Wandern drängte nach artistischer Verarbeitung. Das Schreiben von Fahrten- und Tagebüchern gehörte zum Stil des Wandervogels, Laienspiele in der Art des Hans Sachs wurden wiederbelebt und neu inszeniert, Gedichte wurden gemacht und in der Gruppe vorgelesen; das Bleistiftzeichnen wurde gepflegt, die Kunst des Schattenrisses wurde neu entdeckt und mancher Wandervogel vervollkommnete sich in der Kunst des fotografischen Landschaftsportraits. Kritiker haben zur Kunstausübung der Wandervögel angemerkt, sie haben tiefe Gefühle in wenig originelle Formen gegossen. Das mag sein, aber Kunst zu machen entsprach gar nicht dem Selbstverständnis der Wandervögel, sie wollten sich vielmehr auf eine möglichst umkomplizierte Weise so ausdrücken, daß jeder es mitmachen und jeder es verstehen konnte. Also eher Kunstgewerbe als Kunst.

Dies wiederum hängt mit dem besonderen Gruppenkonzept der Wandervögel zusammen, das mehr oder weniger auch von anderen Bünden der bürgerlichen Jugendbewegung übernommen wurde. Zunächst: Wandervogel und bürgerliche Jugendbewegung waren eine Sache junger *Männer*. Junge Frauen wurden als Störung für das Gemeinschaftserlebnis und als Behinderung der Abenteuerfahrten angesehen. Wanderbegeisterte Mädchen schlossen sich zu eigenen Wandervereinen zusammen. Erst ab Frühjahr 1907 nahmen einige von ihnen an gemeinsamen Wanderfahrten teil. Die Jungen waren in der Regel zwischen 12 und 18 Jahre alt (diese Spanne entsprach genau ihrer gymnasialen Schulzeit), ihre Führer waren meist 3–6 Jahre ältere

Auf großer Fahrt. Wandervögel beim Abkochen im Walde um 1920. ▶

Schüler oder Studenten. Wurden die Wandervögel selber Studenten und übernahmen keine Führerrolle im Wandervogel, so schlossen sie sich häufig zu eigenen Gruppen in der Akademischen Freischar oder der Freideutschen Jugend zusammen.

»Die Gruppe oder Horde umfaßte selten weniger als sieben oder acht Mitglieder ... Gruppen mit mehr als zwanzig Mitgliedern galten als zu groß, man glaubte, es könnte in ihnen keine echte Freundschaft und keinen Zusammenhalt geben. Gab es in einer Stadt mehr als eine Gruppe, dann wurden sie in einer Ortsgruppe zusammengefaßt, alle Ortsgruppen eines Gebietes bildeten eine eigene zentrale Organisationsstufe, die Gau genannt wurde. Die einzelnen Horden einer Ortsgruppe arbeiteten zusammen, aber sie wetteiferten auch untereinander. Die Gruppenleiter trafen sich von Zeit zu Zeit, und ebenso unternahmen zwei oder alle Horden einer Ortsgruppe gelegentlich gemeinsam eine Aktion. Oft hatte der Gau ein eigenes, internes Mitteilungsblatt, hektographiert oder gedruckt, und ein- oder zweimal jährlich trafen sich die verschiedenen Ortsgruppen eines Gaues in einem Lager ...«[147].

Entscheidend war und blieb die kleine Gruppe, die sorgsam über ihre Autonomie wachte. Übergreifende Organisationsformen wurden zwar von Fall zu Fall geduldet, aber doch als Fremdkörper für das eigentliche Gruppenerlebnis empfunden. Familie und Schulklasse waren ja Zwangsgruppen. In ihnen mußte man sich verhalten und hatte keine Möglichkeiten, die Grenzen vorgegebener sozialer Normen *(»Das tut man nicht!«)* experimentierend zu überschreiten. So, wie die proletarischen Lehrlinge der damaligen Zeit »nach Anweisung feilen lernten«, so lernten die bürgerlichen Gymnasiasten »nach Anweisung leben«. In den kleinen, autonomen Gruppen der Jugendbewegung witterten sie die Chance, das »man« durch ein »wir« (und hoffnungsvollerweise auch durch ein »ich«) zu ersetzen und auf eine risikoreiche, experimentelle Weise »leben zu lernen«. Der Schriftsteller Manfred Hausmann, der wie viele andere Dichter, Schriftsteller und bildende Künstler, die um die Jahrhundertwende jung gewesen waren, von der Jugendbewegung berührt, bewegt und belehrt worden ist*, beschrieb ein halbes Jahrhun-

---

* Solche Künstler waren unter anderem Johannes R. Becher, Arnold Bronnen, Erwin Erich Dwinger, Kasimir Edschmid, Hans Fallada, Ernst Heimeran, Ernst Jünger, Alfred Kurella, Heinrich Lersch, Gerhard Herrmann Mostar, Will Vesper, Karl Heinrich Waggerl, Paul A. Weber, Ehm Welk, Friedrich Wolf.
Ich verwende hier bewußt noch einmal die Formulierung »berührt, bewegt, belehrt«, die von Mary Richmond stammt und die als Schlüsselerlebnis für alle in diesem Buch vorgestellten Personen in der einen oder anderen Weise gilt.

dert später die bewegende Erstmaligkeit dieses Lebenserlebnisses, das ihn auf einer Wanderfahrt des Alt-Wandervogels in den Weihnachtsferien des Jahres 1912 wie ein Blitzschlag getroffen hatte, als er mit seiner Gruppe in der Burgruine Hanstein kampierte. »Um die Abenddämmerung trafen wir auf der Ruine ein. Und alsbald begann im Saal, den eine Balkendecke, verglaste Fenster und ein offener Kamin bewohnbar machten, eine bewegende und erregende Weihnachstfeier. Für mich war sie deshalb so bewegend, weil fast alles, was geschah, unter dem verklärenden Zeichen des »Zum ersten Male« stand. Zum ersten Male sah ich einen Weihnachtsbaum, der keinen anderen Schmuck als einige wenige Kerzen trug und mit seinem weit ausladenden, stark duftenden Gezweig so waldhaft, so unberührt wirkte. Zum ersten Male vernahm ich die Weihnachtsgeschichte in der großen männlichen Sprache des Heliand-Dichters. Zum ersten Male ließ die unbegreiflich süße, von Geigen und Blockflöten umjubelte Melodie des »Susani Susani« mein Innerstes erbeben. Zum ersten Male erfuhr ich, was das ist, eine Gemeinschaft. Zum ersten Male war ich nicht mehr allein«[148].

Bei Texten wie diesem fällt es mir immer wieder schwer, meine eigene Bewegung zu kontrollieren. Nicht, weil ich solche Texte für künstlerisch vollkommen hielte, sondern weil sie mich an ähnliche Schlüsselerlebnisse in meiner Kindheit und Jugend erinnern, ohne die ich heute anders wäre als ich bin. Dennoch will ich nicht den Eindruck erwecken, als ob das jugendbewegte Leben aus einer nicht abreißenden Perlenkette solcher abendlicher Feiern bestanden hätte. Diese Feiern waren vielmehr bedachte Höhepunkte einer jugendlichen Alltagserziehung, die auf vielfach schmerzliche Weise versuchte, aus einzelgängerischen, konkurrenzorientierten Gymnasiasten gruppenfähige Wandervögel zu machen. Wandervogel Gottfried Schantz schilderte 1910 auf ironisch distanzierte Studentenart den Erziehungsstil, der sich im Wandervogel bei der Durchsetzung dieser Sozialisationsaufgabe eingebürgert hatte. Schantz berichtet vom Gespräch mit dem Vater eines seiner Wandervögel. Der Vater zeigt sich neugierig und verwundert, wie denn der Hordenführer mit »einer ganzen Horde solcher Bengels fertig werde«? Ja, wie wohl? Schantz denkt an die schöne Gewohnheit im Wandervogel, daß das vertraute Verhältnis zwischen Führer und Scholar schon äußerlich durch das freundschaftliche Du gekennzeichnet werde. Durch diese Sitte werde die Autorität des Führers manchmal auf eine harte Probe gestellt, besonders wenn die ganze Horde durch einen schnoddrigen Berliner verdorben werde. Da helfe dann nur ein tüchtiger Knuff oder eine andere herzhafte Handgreiflichkeit. »... Die Wirkung ist ... glänzend. Gewöhnlich verschwindet dann das betreffende Pflänzchen für einige Zeit bei den Nachzüglern der Horde, um ganz plötzlich, beispielsweise beim Abkochen, wieder aufzutauchen und sich mit einer göttlichen Ungezwungenheit, als ob gar nichts geschehen sei, beim Strafvollstrecker wieder einzuführen: »Du kannst mir wohl etwas von Deiner Butter abgeben?« Das kommt dann mit solch reizender Naivität heraus, daß man laut auflachen möchte und die schönste Harmonie herrscht wieder in der Wandervogelfamilie«[149]. Als weitere Möglichkeit kameradschaftlich-pädagogischen Eingriffs schildert Schantz bei gruppenstörendem Verhalten die Alternative: »Entweder putzt du morgen früh für alle zehn Teilnehmer die Stiefel oder du wirst nach Hause geschickt!« Und als Maßregel für ganze Gruppen von Wandervögeln schildert er ein Ereignis aus einem großen Lager von 300 Wandervögeln zu Ostern 1910, als eine Gruppe ihre Abkochstelle unaufgeräumt verlassen hatte. Ein Führer stellte sich mitten auf das Trümmerfeld, versammelte das ganze Lager um sich und »erklärte der auf eine ganz besondere Neuigkeit gespannten Volksmenge mit einer geradezu klassischen Handbewegung: »Hier haben Schweine abgekocht«. Er ging, alles lachte und folgte ihm, die Betroffenen drückten sich verschämt beiseite, und als der letzte Wandervogel die Stätte der verruchten Tat verlassen hatte, war die Kochstelle in dem Zustande, in dem man sie angetroffen hatte«[150]. Und dann formuliert Schantz, eigentlich eher nebenbei, das bedeutsamste Prinzip des Wandervogel:

> *»Wer aufmerksam beobachtet, wird vielfach finden, daß unsere Wandervögel sich auch gegenseitig erziehen, und zwar oft mit erstaunlichem Erfolge. Hast du noch nie gemerkt, wie es einen kleinen Übeltäter packt, wenn ein gleichaltriger Kamerad ihm vor allen anderen ins Gesicht wirft: ›Du, das finde ich ganz abscheulich von Dir!‹ Das sind seelische Peitschenhiebe, die viel mehr schmerzen als der landläufige Anpfiff eines Erwachsenen«*[151].

Die Entdeckung der Gruppe gleichaltriger Jungen als Träger sozialer Selbsterziehung, die durch nur wenige Jahre ältere Gruppenführer angeleitet wurde, die sich nicht als »Pädagogen« begriffen, sondern als Organisatoren von Wanderfahrten und Naturerlebnissen, war die wichtigste kulturelle Leistung der bürgerlichen Jugendbewegung. Damit will ich nicht sagen, daß diese Entdeckung schon die Ausformung und Ausformulierung von Prinzipien partnerschaftlicher, demokratischer Erziehung bedeutet hätte, wie es später in Reformpädagogik, Gruppenpädagogik und anti-autoritärer Erziehung versucht worden ist. Das Arrangement der kleinen, autonomen Gruppe freiwilliger Wanderer ließ jedoch eine solche, zur Gymnasialpädagogik alternative Selbsterziehung zu und begünstigte ihre Entwicklung.

Der erste Höhepunkt dieser Selbsterziehungs-Bewegung war das Treffen auf dem Hohen Meißner bei Kassel und die »Meißner-Formel«, welche die beteiligten Jugendbünde dort gemeinsam formulierten. 1913 sollte im Deutschen Reich die hundertste Wiederkehr der Völkerschlacht bei Leipzig gefeiert werden, mit der das Napoleonische Heer wieder über den Rhein zurückgedrängt wurde. Den Jugendbewegten mißfiel der Hurra-Patriotismus, mit dem Kriegervereine und Studienräte diesen Tag der »nationalen Befreiung« feierten und damit gleichzeitig den Haß gegen »die Franzosen« schürten. Sie wollten den Tag mit einer eigenen Feier im Stil der Jugendbewegung (im wörtlichen Sinne dieses Verbums) »begehen« und riefen zu einer Sternwanderung zum Hohen Meißner, einem Berg im Süden von Kassel, auf. Dort schlossen sich die meisten der veranstaltenden Jugendgruppen zur *Freideutschen Jugend* zusammen und formulierten als gemeinsames Ziel: *»Die Freideutsche Jugend will ihr Leben vor eigener Verantwortung, nach eigener Bestimmung in innerer Wahrhaftigkeit selber gestalten. Für diese innere Freiheit tritt sie unter allen Umständen geschlossen ein. Alle Veranstaltungen der Freideutschen Jugend sind alkohol- und nikotinfrei.«*

Diese Einheit überdauerte den 1. Weltkrieg nicht. »Der Krieg schied in seiner Unerbittlichkeit die Älteren von den Jungen, die Realisten von den Träumern und die Unpolitischen von den politischen Köpfen« schrieb 1964 Harry Pross, ein gründlicher und kritischer Kenner der Materie[152]. Dieser Scheidungsprozeß war keine Besonderheit des Kriegszustandes, er war vielmehr *die* typische Organisationsform der alten Jugendbewegung. Denn die kleinen, autonomen Jugendgruppen oder Horden, von regional attraktiven Jugendführern gegründet, versuchten zwar immer wieder, sich überregional auszuweiten oder zu überregionalen Bünden zu vereinigen. Aber die Grundidee auch des Bundes war es, die geschlossene Gesellschaft Gleichgesinnter aufrechtzuerhalten und nur unter großen Vorbehalten Bündnisse mit anderen Bünden einzugehen. Typisch für den Bund war deshalb nicht seine Vereinigung, sondern seine Spaltung. Kräche, Auszüge, Gegengründungen und Neugründungen waren in der alten Jugendbewegung an der Tagesordnung: man spaltete sich solange, bis man wieder unter sich war.

Trotzdem, so haben viele ehemalige Jugendbewegte für sich und ihre Bewegung reklamiert: Wer einmal durch sie hindurchgegangen sei, der habe eine unverwechselbare Prägung erhalten, die ihn von der Mehrheit der anderen Erwachsenen seiner Altersgruppe unterscheide. Aber schon ein Blick auf die Liste jugendbewegter Schriftsteller belehrt, daß viele von ihnen in den zwanziger und dreißiger Jahren politisch nach rechts rückten und Wegbereiter der Nationalsozialisten wurden oder sich zumindest von ihrer Propaganda gebrauchen ließen (Bronnen,

Dwinger, Jünger, Lersch, Vesper, Welk), während einige wenige Sozialisten, Kommunisten und Antifaschisten wurden (Becher, Kurella, Wolf). Für mich unterstreicht diese Tatsache die passagere Bedeutung der Jugendbewegung für den Entwicklungsprozeß von Jugendlichen und die soziale Zusammensetzung der Mehrheit ihrer Mitglieder. Diese Mehrheit rekrutierte sich nicht aus der Arbeiterjugend und nicht aus der Jugend von Aristokratie, Offizierkorps und erfolgreichem Unternehmertum. Sie bestand vielmehr aus Kindern der mittleren Ränge von Funktionsbürgern, also Beamten, Lehrern, Pfarrern, Selbständigen. Diese Struktur galt wohl auch für die Vertreterinnen englischer und nordamerikanischer Reformbewegungen, die ich in den vorangegangenen Kapiteln vorgestellt habe. Mit einem Unterschied: für diese Frauen war der feste Wille tätigkeitsbestimmend, in Verbindung mit den Armen, Hilflosen und Entrechteten zu treten und ihnen, wenn schon nicht soziale Gerechtigkeit, so doch menschliche Hilfe und soziale Entlastung zu bringen. Dieser soziale Impetus war den meisten Mitgliedern der bürgerlichen Jugendbewegung fremd. Walter Laqueur: »Die Mehrheit der Mitglieder wollte einer gleichgesinnten und mehr oder weniger homogenen Gruppe angehören, in der Außenseiter nicht eigentlich erwünscht waren. Ihr gesellschaftliches Bewußtsein war nicht hoch entwickelt, und der Gedanke, »unters Volk zu gehen«, der eine ganze Generation russischer Studenten so angesprochen hatte, wäre ihnen irgendwie lächerlich und ganz unrealistisch vorgekommen. Missionstätigkeit in den unteren Gesellschaftsschichten blieb das Monopol religiöser und politischer Organisationen«[153].

Aber gerade *weil* sie nichts für andere und alles für sich tun wollten, hat ihre Entdeckung der kleinen, autonomen Jugendgruppe als Selbsterziehungsmittel ein historisches Modell geschaffen, von dem Einzelelemente auch in vielen Basisbewegungen junger Menschen in diesem Jahrhundert eine Rolle gespielt haben und immer noch spielen: in der Arbeiterjugendbewegung, in der reformpädagogischen Bewegung, in der Frauenbewegung, in mißbrauchter Form in der nationalsozialistischen Bewegung und dann wieder in ursprünglicher Form bei den grünen Bewegungen dieses Jahrzehnts. Es hilft deshalb wenig, der alten bürgerlichen Jugendbewegung beckmesserisch anzukreiden, daß sie antipolitisch war, daß sie gefühlsselig war und die politische Rationalität ihrer Mitglieder nicht entwickelte oder sogar unterdrückte, daß sie massenfeindlich war, kunstgewerblich, latent homosexuell, vor-faschistisch – insgesamt also Teile der Jugend in eine Sackgasse führte. Sie ist eine *historische Tatsache*, und ihre Ausstrahlung auf spätere Bewegungen ist ebenfalls eine historische Tatsache. Im Gegensatz zu den anderen, in diesem Buch vorgestellten sozialen Bewegungen war sie eine Bewegung für sich selbt – und nicht für andere. Sie wollte die Individualität ihrer jugendlichen Mitglieder durch Tätigkeiten, Erlebnisse und Gefühle entwickeln – über die Erziehungsleistungen der Familie hinaus und an den Verziehungsleistungen der Schule vorbei. Oder – in den Worten des Studenten Bruno Lemke, der 1913 auf dem Hanstein das allen jugendbewegten Gruppen gemeinsame Erziehungsideal zusammenfassend formulierte:

»Tun wir selbst unsere Schuldigkeit an uns, indem wir selber unsere Erziehung in die Hand nehmen. Nicht um die Erziehung, die uns andere Institutionen angedeihen lassen, zu ersetzen, sondern um sie zu ergänzen. Es kann kein Fehler sein, wenn der Zögling einer guten Pflege nun plötzlich anfängt, selbst zu denken. Es kann kein Übel sein, wenn er, der bis dahin beflissen war, das ihm Dargebotene sich anzueignen, nun plötzlich aufsteht und selbst fragend mit dem Finger in die Zukunft weist ... Die Selbsterziehung soll unsere Losung sein, sie wollen wir unserm Bündnis zugrunde legen, alle sollen sich uns verwandt fühlen, denen es Ernst ist mit ihrem Selbst; fern sollen die bleiben, die es uns rauben wollen«[154].

Berliner Grunewald: Die Entdeckung der Jugendorganisation als Kampfmittel

Im Juni 1904 wurde in einem Jagen des Berliner Grunewald die Leiche des Schlosserlehrlings Paul Nehring gefunden. Er hatte den Freitod gewählt, weil er die Drangsalierungen und Mißhandlungen seines Lehrmeisters nicht mehr ertragen mochte. Das Ereignis wurde von der bürgerlichen Presse nicht zur Kenntnis genommen. Aber sozialdemokratische Zeitungen berichteten darüber, Berliner Lehrlinge und junge Arbeiter diskutierten darüber und gründeten am 10. Oktober 1904 im Hinterzimmer einer Kneipe im Berliner Norden den *Verein der Lehrlinge und jugendlichen Arbeiter Berlins.* »Dies war der Beginn der organisierten Arbeiterjugendbewegung in Deutschland«[155]. Das Berliner Beispiel wirkte ansteckend. Im folgenden Jahr bildeten sich ähnliche Vereine in Halle, Bernau, Königsberg, Cottbus, Kiel und Harburg. Im Juni 1906 trafen sich ihre Vertreter zu einer ersten gemeinsamen Konferenz in Berlin und gründeten die *Vereinigung der freien Jugendorganisationen Deutschlands.* Bis zum Juni 1908 waren ihr 36 regionale Vereine mit 5500 Mitgliedern beigetreten, das Berliner Vereinsorgan

Jugendleben in Köln (1915): Die Kinder des Bürgertums.

Die arbeitende Jugend wurde Organ des Gesamtverbandes. Als seine Ziele nannte Otto Peters, einer der führenden Personen der Arbeiterjugendbewegung, *Jugendschutz, Bildung, Erziehung.* Und zwar in genau dieser Reihenfolge, denn Jugendschutz im Sinne von Jugendarbeitsschutz war das existentielle Hauptproblem arbeitender Jugendlicher um die Jahrhundertwende. Vor allem, wenn sie nicht in Großbetrieben arbeiteten, in denen seit dem ersten preußischen Jugendarbeitsschutzgesetz des Jahres 1839 wenigstens minimale Verbesserungen der Arbeitsplatzsituation Jugendlicher durchgesetzt worden waren, sondern in kleinen Handwerksbetrieben mit weniger als zehn Arbeitern. Für diese Klitschen galt nämlich das *preußische Regulativ über die Beschäftigung jugendlicher Arbeiter in den Fabriken nicht.* Für sie galt nicht die Begrenzung des Arbeitstages für neun- bis sechzehnjährige Arbeiterinnen und Arbeiter auf zehn Stunden. Jugendliche, die älter waren als 16, wurden überhaupt nicht geschützt. Und immerhin gab es zu jener Zeit mehr als vier Millionen jugendlicher Arbeiterinnen, Arbeiter und Lehrlinge, also rund 15 Prozent des Gesamtproletariats.

Unabhängig von Berlin hatte der sozialdemokratische Reichstagsabgeordnete und Rechtsanwalt Ludwig Frank im Herbst 1904 in Mann-

Jugendleben in Köln (1915): Die Kinder des Proletariats.

heim den *Verein junger Arbeiter* gegründet. An anderen Orten in Süddeutschland wurden rasch ähnliche Vereine gegründet, sie schlossen sich im Februar 1906 zum *Verband junger Arbeiter Deutschlands* zusammen und gaben das gemeinsame Verbandsorgan *Die junge Garde* heraus. »Im Gegensatz zur norddeutschen Bewegung, in der aufgrund des preußischen Vereinsgesetzes jede politische Betätigung verboten war, hatte der süddeutsche Verband von Anfang an ein politisches Programm. Ziel des Verbandes war es, »die Jugend in die Gedankenwelt des Sozialismus einzuweisen und sie zur tüchtigen Mitkämpferin im Befreiungskampf der Arbeiter zu erziehen« ... Dr. Frank hatte das Ziel auf den Nenner gebracht: »Schutz den jungen Händen gegen die Ausbeutung, Schutz den jungen Köpfen gegen die Verdummung«[156]. Der süddeutsche Verband verfolgte schon frühzeitig eine antimilitaristische, internationalistische Linie. Er organisierte 1907 in Stuttgart die erste Internationale Arbeiterjugendkonferenz: »Führende Genossen aus verschiedenen Ländern referierten zu wichtigen Fragen der proletarischen Jugendarbeit, über die Verbesserung der Lage der Arbeiterjugend als Vorbedingung für die Bildungsarbeit, zur Verlängerung der Schulpflicht bis zum 16. Lebensjahr, eine Forderung, die (der sozialdemokratische Reichstagsabgeordnete) Karl Liebknecht einbrachte, sowie über das Verbot der Nachtarbeit und des Züchtigungsrechtes. Weitere Punkte der Konferenz waren u. a. der antimilitaristische Kampf der Arbeiterjugend. Hier bezog sich der Kongreß auf die Resolution des Stuttgarter Kongresses der 2. Internationale, der dem Arbeiterjugendkongreß vorausgegangen war. Diese Resolution verpflichtete die internationale Jugendbewegung, gegen den Militarismus zu kämpfen«[157].

Dem raschen Ausbreiten politischer Arbeiterjugendorganisationen setzte die reaktionäre Mehrheit des Deutschen Reichstages im April 1908 ein Reichsvereinsgesetz entgegen, das die restriktiven Vereinsgesetze Preußens auf das gesamte Reich ausdehnte. Personen, die das 18. Lebensjahr noch nicht vollendet hatten, durften nun weder Mitglieder politischer Vereine sein noch an öffentlichen politischen Versammlungen teilnehmen. Die sozialdemokratische Fraktion hatte zwar zusammen mit der Fraktion der Zentrumspartei gegen dieses Gesetz gestimmt, aber es trat dennoch im Mai 1908 inkraft. Und nachdem es inkraft getreten war, wurde seine Existenz vom rechten Flügel der deutschen Sozialdemokratie und von den Gewerkschaften benutzt, um die selbständige Entwicklung der Arbeiterjugend zu beschneiden. Die Gewerkschaftsführer fürchteten, daß eigenständige Jugendschutzkommissionen der Arbeiterjugend, eigene Beschwerdestellen, Berufsberatung, Stellennachweis und Rechtsschutz bei Arbeitsstreitigkeiten den Monopolanspruch der Gewerkschaften auf die Organisation von Arbeitern und Angestellten durchlöchern könnten. Die Führer des rechten Flügels der deutschen Sozialdemokratie fürchteten, daß die klassenkämpferische und internationalistische Orientierung insbesondere des süddeutschen Verbandes junger Arbeiter Deutschlands die Chancen schrittweiser Reformen zerstören könnten, von denen sich diese Führer eine allmähliche Zähmung der kapitalistischen Wirtschaftsordnung versprachen.

Das neue Reichsvereinsgesetz spielte diesen zweifachen Befürchtungen in die Hände. Auf dem Parteitag der SPD im September 1908 in Nürnberg setzte sich der rechte Flügel der Partei mit dem Kompromiß durch, selbständige regionale Jugendvereine dürften weiter bestehen, aber ihr Berliner Zentralverband* müsse aufgelöst werden. Dafür würden bei allen Grundorganisationen der Partei *Jugendausschüsse* gebildet, die sich aus Vertretern der örtlichen Parteiorganisationen und der Gewerkschaftskartelle unter Hinzuziehung von über 18 Jahre alten Vertrauenspersonen der jugendlichen Arbeiter und Arbeiterinnen zusammensetzten. Damit waren formal Arbeiterjugendliche vor den

* Er war vom norddeutschen Verband gerade erst gegründet worden.

Maßregeln des Reichsvereinsgesetzes geschützt, gleichzeitig war damit politisch die organisatorische Selbständigkeit der Arbeiterjugend zerstört worden. Sie ist erst nach 1945 durch die (relative) Selbständigkeit von *Jungsozialisten* innerhalb der SPD und durch die (tatsächliche) Selbständigkeit der *Sozialistischen Jugend Deutschlands* wiederhergestellt worden.

In ihren Anfängen waren die Gruppen der Arbeiterjugendvereine ebenso autonom wie die Gruppen der bürgerlichen Jugendbewegung. Sie schlossen sich von unten nach oben zusammen und wurden nicht von oben nach unten gebildet. Aber ihre Gruppenziele sind nicht mit der Formel *Selbsterziehung durch Gemeinschaftserlebnisse* zu fassen. Eher mit der Formel *Gesellschaftliche Befreiung durch gemeinsamen politischen Kampf*. Waren sie auch durch reaktionäre Gesetze von der aktiven Teilnahme an diesem politischen Kampf ausgeschlossen, so konnten sie sich doch auf ihn vorbereiten. Dazu brauchten sie starke zentrale Organisationen mit funktionierenden internationalen Kontakten zu anderen sozialistischen Jugend- und Erwachsenenorganisationen. Die Arbeiterjugend strebte nach zentralen Vereinigungen und wurde vom bürgerlichen Staat und von Teilen der ihr nahestehenden Partei daran gehindert. Die Bürgerjugend lehnte zentrale Vereinigungen ab, weil sie ihre autonomen Gruppenentwicklungen hätten stören können. Und: Arbeiterjugendliche hatten schlicht weniger freie Zeit als Gymnasiasten, ihr Gruppenleben wandernd, singend und spielend zu kultivieren. Ihre Fortbewegungsart war eher der Demonstrationsmarsch, ihr Lied war das politische Kampflied, ihr Spiel war die Straßenagitation. Ihre zentralen Zeltlager waren politische Manifestationen und Lernorte in Sachen internationaler Solidarität. Ihr Antimilitarismus beunruhigte die Reichsregierung erheblicher als die vorsichtige Kritik der Freideutschen am Hurra-Patriotismus deutscher Studienräte. Sicher, es mag unfair erscheinen, die subjektiven Leiden der jungen Generationen um die Jahrhundertwende gegeneinander aufzurechnen. Die Gymnasiasten aus Berlin-Steglitz litten sicher *subjektiv* ebenso unter den Schulen, die sie gängelten und den Universitäten, die sie langweilten, wie die gewerblichen Lehrlinge, die täglich zehn Stunden lang in ihre Werkstätten eingeschlossen und geprügelt wurden. Aber *objektiv* waren die Leiden einer jungen Generation von Bildungsbürgern, die an weltfremden Schulen gelangweilt wurden, von geringerer historischer Sprengkraft als die Leiden einer jungen Generation von Arbeiterinnen und Arbeitern, denen am Arbeitsplatz die Chance genommen wurde, sich durch Bildung und Erziehung die gesellschaftlichen Errungenschaften ihrer Zeit anzueignen und schöpferisch weiterzuentwickeln. So zogen die einen in Gottes freie Natur, um nach der

Scherenschnitt aus dem Wandervogel, 1919.

Blauen Blume der Romantik zu suchen. Die anderen versammelten sich in engen Vereinszimmern um eine Rote Fahne, die den Augen der preußischen Polizei verborgen bleiben mußte.

Das soll nicht heißen, daß proletarische Jugendliche keine Sehnsucht nach Selbsterfahrung, Selbsterziehung, Selbstentwicklung gehabt hätten. Wir finden deshalb auch in der proletarischen Jugendbewegung viele Elemente, die uns in der bürgerlichen Jugendbewegung be-

Titelbild der Arbeiter-Illustrierten-Zeitung (AIZ), 1925.

gegnet sind. Fahrt und Lager, Abkochen und Lagerfeuer, Lied und Spiel, gemeinsame Kleidung und gemeinsame Erkennungszeichen spielten eine große Rolle. Aber sie waren nicht Ausdruck eines pädagogischen Schonraumes, der ihnen zugestanden worden oder den sie sich erkämpft hatten, sondern sie waren immer auch politisch und enthielten angesichts der Verfolgungen durch den bürgerlichen Staat ein Element politischen und damit existentiellen Risikos. *Deshalb* war für sie die gruppenübergreifende nationale und internationale Solidarität kein folgenloses Lippenbekenntnis, sondern die Voraussetzung für die Herstellung politischer Verhältnisse, unter denen sie ihre eigene Erziehung und Bildung überhaupt erst hätten in Angriff nehmen können.

In den Gruppen der Arbeiterjugendbewegung vor dem 1. Weltkrieg waren überwiegend Lehrlinge und junge Arbeiterinnen und Arbeiter aus kleinen Gewerbebetrieben organisiert. Die Masse der jungen Arbeiter in der großen Industrie wurde von ihnen nicht erfaßt. Innerhalb dieses Teiles der proletarischen Jugend bildeten sich um die Jahrhundertwende und verstärkt zwischen 1920 und 1930 sogenannte wilde Cliquen, die in ihren äußeren Erscheinungen und in ihrem Selbstverständnis große Ähnlichkeiten mit den Gruppen der bürgerlichen Jugendbewegung hatten und die wie jene die straffen Organisationsformen der Arbeiterjugendverbände ablehnten, weil das ihren Vorstellungen vom »freien Leben der wilden Zunft« widersprochen hätte. Sie waren an ihrer gemeinsamen Kluft zu erkennen. *Lessing* und *Liebel,* die historische Dokumente über diese wilden Cliquen gesammelt haben, beschreiben ihre Fahrtenkluft: Lederhosen, die bis zum Knie reichten, auffallende Hosenträger, bunte Wadenstrümpfe, »phantastische Käppis mit langen Hahnenfedern oder runde Hutköpfe ohne Rand, durch die bunte Bänder gezogen waren. Auffallende Ohrringe und Tätowierungen ergänzten die phantasievolle Kostümierung«[158]. Die Ablehnung jedes Eingriffs von außen ging mit einer nahezu unbeschränkten Autorität des »Cliquen-Bullen« nach innen Hand in Hand. »Es ist nicht leicht zu ergründen, auf welche Weise ein Jugendlicher zum Bullen wurde, wie weit seine Machtbefugnisse reichten, unter welchen Umständen er sie möglicherweise verlor. Eine formale Wahl fand nach den Berichten, die uns vorliegen, kaum statt: wenn sie stattfand, war sie nur der Schlußpunkt eines bereits erfolgten naturwüchsigen Ausleseprozesses«[159].

An dieser Stelle frage ich mich, ob nicht manchem Leser dieses Buches der Zusammenhang zwischen bürgerlicher Jugendbewegung, organisierter Arbeiterjugendbewegung, wilden Cliquen und dem Zwecke dieses Buches, die Geschichte von Methoden in der sozialen Arbeit zu rekonstruieren, verloren geht. Für mich sind sie historische

Auch in sozialistischen Zeltlagern gab es Volkstänze und Volkslieder.

Lagerleben sozialistischer Jugendgruppen in den 20er Jahren.

Ausdrucksformen sozialer Selbsterziehung Jugendlicher unterschiedlicher Klassenlage, die über ihre zu einem späteren Zeitpunkt erfolgte Aufnahme in die bürgerliche und sozialistische Reformpädagogik und über die – ganz anders geartete – Entdeckung der Gruppe Gleichaltriger als Selbsterziehungsmittel in der nordamerikanischen Sozialforschung der dreißiger Jahre wieder den, allerdings unverstandenen, Eingang in die in unserem Land inzwischen gelehrten Methoden der Sozialarbeit gefunden haben.

Der gesamten Jugendbewegung ging es nicht – wie der nordamerikanischen Sozialreform und der Reform sozialer Arbeit – um die Entwicklung ehrenamtlicher sozialer Tätigkeit zum sozialen Beruf –, sondern um das Ausfüllen oder Erkämpfen eines organisatorischen Freiraums, in dem Selbsterziehung (mit allerdings unterschiedlichen Zielsetzungen) möglich sein sollte. Die Idee, eines Tages hauptamtlicher Gruppenleiter oder Gruppenpädagoge zu werden, kam weder den Wandervögeln, noch den Arbeiterjugendbewegten, noch den Angehörigen wilder Cliquen. Die einen wurden Studienräte, Pfarrer, Schriftsteller oder Rechtsanwälte, die anderen blieben Arbeiter und kamen spätestens zur Zeit des *Dritten Reiches* in Hitlers Zuchthäuser oder mußten auswandern. Die Zugehörigkeit zur Jugendbewegung hatte keine berufliche Perspektive und sollte sie nicht haben. Sie war als Durchgangsstadium konzipiert und begriffen, und die Methoden, mit denen sie sich selbst in Szene setzte, wurden von einer Gruppe zur anderen und von einem Gruppenführer zum anderen weitergegeben und durch Versuch und Irrtum weiterentwickelt. Am ehesten war noch die Arbeiterjugendbewegung in der Lage, ihre Traditionen der Arbeit in und mit Jugendgruppen im Rahmen zentraler Organisationsformen von einer Generation auf die andere weiterzugeben. Und mancher Jugendbewegte aus der Arbeiterjugend qualifizierte sich durch diese Tätigkeit zum Parteifunktionär oder zum Gewerkschaftsekretär. Oder zum Reichstagsabgeordneten.

Aufbewahrt und berufspädagogisch weiterentwickelt wurden die Erfahrungen der Jugendbewegung, der bürgerlichen wie der proletarischen, durch Berufspädagogen, die *als Pädagogen* an dieser Bewegung teilgenommen hatten. Stellvertretend für sozialistische Pädagogen wähle ich Kurt Löwenstein (1885–1939)*, stellvertretend für bürgerliche Pädagogen Edmund Neuendorff ** aus.

---

* Reinhard Wolff hat im Zusammenhang mit der sozialistischen Kinderladenbewegung der 70er Jahre eine Bibliographie sozialistischer Erzieher zusammengestellt, die unter dem Titel *Erziehung und Klassenkampf* 1969 erschie-

Kurt Löwenstein, Sohn aus jüdischer Textil-Händler-Familie in Blekkede an der Elbe, wollte eigentlich Rabbiner werden. Zweifel an der Übereinstimmung seiner Weltauffassung mit den Lehren seiner Kirche bewogen ihn dazu, diese Berufsperspektive aufzugeben und Philosophie und Pädagogik zu studieren. Er schloß sich der *Deutschen Gesellschaft für Ethische Kultur* an, in der Alice Salomon ein Jahrzehnt vorher aktiv mitgearbeitet hatte und ließ sich nach der Promotion in Erlangen mit seiner Frau Mara Kerwel (daher sein Schriftstellername Kerlöw-Löwenstein) in Berlin-Charlottenburg nieder. Schon während des Studiums hatte er sich mit der Arbeiterfrage und der Frauenfrage beschäftigt und die Arbeiten von Karl Marx, Friedrich Engels und August Bebel gelesen und verarbeitet. Nach dem Zusammenbruch des Kaiserreiches schloß er sich der *Unabhängigen Sozialdemokratischen Partei Deutschlands (USPD)* an, wurde einer ihrer Stadtverordneten und ihr schulpolitischer Sprecher. 1920, als die USPD in Berlin mit 46 Prozent aller Stimmen die stärkste Partei wurde, kam er als Abgeordneter in den Reichstag. 1921 wurde er zum Stadtrat für Volksbildung von Berlin-Neukölln gewählt. In diesem Berliner Arbeiterbezirk entwickelte er beispielhaft seine Schulmodelle, die zu einer wissenschaftlichen orientierten, sozialistischen Einheitsschule führen sollten. Die Karl-Marx-Schule in Berlin-Neukölln war sein Werk.

Für das Interesse dieses Buches ist Kurt Löwenstein als Gründer der sozialistischen *Kinderfreunde-Bewegung* von besonderer Bedeutung, weil er in dieser Bewegung wichtige Gruppenerfahrungen der proletarischen Jugendbewegung aufbewahrt und für die Altersgruppe der Acht- bis Vierzehnjährigen anwendbar gemacht hat, so wie die Pfadfinder ähnliche Altersgruppen der bürgerlichen Kinder rekrutieren. Wobei der Vergleich sicher für beide Organisationen unpassend ist.

Die *Kinderfreunde-Bewegung* war im Jahre 1908 von dem Tischlergesellen und Arbeiterzeitungs-Redakteur Anton Afritsch in Graz gegründet worden. Dort war sie eine Mischung aus Komsomolzen und Pfadfindern, deren Erziehungsideale von dem sozialistischen Psychologen Alfred Adler geprägt waren. Sie war im wesentlichen eine Organisation von sozialistischen Eltern für Kinder, die sozialistisch erzogen werden sollten. Kurt Löwenstein, der stärker als Afritsch vom Konzept

---

nen ist und die Arbeiten von 123 sozialistischen Erziehern, Lehrern und Erziehungswissenschaftlern enthält.

** Wolfgang Scheibe (Die Reformpädagogische Bewegung. Eine einführende Darstellung. Weinheim: Beltz 1969ff.) hat die bürgerliche Reformpädagogik dieses Jahrhunderts in einer umfassenden Darstellung gewürdigt.

kindlicher Autonomie ausging, formte die deutsche Kinderfreunde-Bewegung entscheidend. »Wir gehen ... von der besonderen gesellschaftlichen Lage des Arbeiterkindes aus. Das Arbeiterkind lebt unter einer doppelten Unterdrückung. Es teilt die wirtschaftliche Not und das unsichere Dasein seiner Arbeitereltern, es erlebt darüber hinaus in der häuslichen Enge, in der Bedrücktheit der Eltern eine zweite Form der Unterdrückung. In den meisten Proletarierfamilien, selbst in solchen, in denen Mutter und Vater politisch organisiert sind und sich nicht nur als gute Sozialdemokraten fühlen, sondern auch mutige Kämpfer der Arbeiterbewegung sind, herrscht im häuslichen Kreise noch die alte Form obrigkeitlicher Gesinnung. *So sehr* die Eltern eine klassenlose Gesellschaft erstreben, *so sehr* sie die Bedrückung der Schwächeren hassen, und dem Stärkeren nur vermehrte gesellschaftliche Verpflichtung auferlegen wollen, *so wenig* ist diese Gesinnung zumeist in ihr eigenes Heim eingedrungen«[160]. Also wurde die Kinderfreunde-Bewegung eine Selbsterziehungsbewegung proletarischer Eltern.

Gleichzeitig aber war es Kurt Löwenstein klar: »Die Bourgeoisie *raubt* uns unsere Kinder. Jedes hungernde, frierende Kind, jedes Kind, das von der Tuberkulose heimgesucht wird, jedes ausgebeutete Kind ist ein Raub der Bourgeoisie an der Arbeiterklasse. Jedes Kind, das im Geiste der bürgerlichen Weltanschauung heranwächst, jedes Kind, das ideologisch festgehalten wird in den Werturteilen der Bourgeoisie, jedes Kind, dessen Hoffen und Sehnen sich in Ergebenheit an die Mächte der Vergangenheit verliert, ist ein Verlust im Klassenkampf. Darum muß die Arbeiterklasse aktiv werden in der Wahrnehmung ihrer heiligsten Interessen. *Darum muß die Arbeiterklasse bestimmenden Einfluß gewinnen auf das Wachstum ihrer Kinder«*[161]. Also wurde die Kinderfreunde-Bewegung ein politisches Erziehungsinstrument der organisierten Arbeiterklasse.

Wichtigstes Bindeglied zwischen diesen beiden Aufgaben waren die *Helfer der Kinderfreunde-Bewegung.*

Die Kinderfreunde-Helfer stellten um 1930 die wahrscheinlich größte Laienpädagogen-Bewegung außerhalb der Kirchen in Mitteleuropa dar. Helfer(in) konnte werden, wer aktiv innerhalb einer Organisation der Sozialdemokratie oder der Sozialistischen Arbeiterjugend arbeitete. Helfer mußten politisch tätig und politisch geschult sein. »Denn wir sind nicht *auch* Sozialisten, wie wir *auch* Tischler oder Lehrer, Ostpreußen oder Bayern, Begabte oder Unbegabte, Asketen oder Genießer sind, sondern wir sind Sozialisten aus der überpersönlichen Grundlage unseres gesellschaftlichen Daseins, unseres gesellschaftlichen Wollens, unseres gesellschaftlichen Handelns«[162].

Was das heißt – Sozialist sein als Erziehungsgrundlage und Erziehungsaufgabe –, das muß schrittweise gleichsam experimentell erprobt und in regionalen und überregionalen Schulungskursen an die Helfer weitergegeben werden. Gemeinsame Quelle dieser Schulung ist die Praxis der FALKEN-Gruppenarbeit und die Praxis der zentralen Kinderrepubliken in den Schulferien. Diese Kinderrepubliken sind Zeltlager, die in Zelt- und Dorfgemeinschaften eingeteilt sind. Jedes Dorf hat seine eigene Selbstverwaltung, alle Dörfer beteiligen sich verantwortlich am gesamten Lagerleben. In den Zelten herrscht – wie in der Kinderfreundebewegung allgemein – konsequente Koedukation, eine Tatsache, die in den zwanziger Jahren ebensoviele öffentliche Ärgernisse erregt hat wie die angebliche Homosexualität der bürgerlichen Jugendbewegung. Die Zeltlager dienen vor allen anderen Dingen der körperlichen Erholung und Entspannung proletarischer Großstadtkinder und ihrer politischen Bildung, die jedoch niemals abgehobene, seminaristische Schulungsarbeit sein soll, sondern immer lebendige, tätige Erfahrung. Die Zeltlager sollen mindestens vier Wochen dauern, Zeltlagerhelfer sollen mindestens dreimonatige Gruppenerfahrung haben und bereits in einem Probezeltlager auf ihre Eignung überprüft worden sein. Ein anschauliches Bild von der Gruppenpädagogik der Kinderfreunde entwirft ein Bericht über die *Kinderrepublik Solidarität*, die Anfang der Dreißiger Jahre mit mehr als 800 deutschen und französischen Kindern und 100 Helfern in Frankreich durchgeführt worden ist. Der Bericht stammt von Kurt Löwenstein selbst, der zusammen mit dem »Genossen Quadt« dieses Zeltlager geleitet hat und zeigt die Liebe zum organisatorischen Detail, das immer in Beziehung zum Gesamtziel der internationalen Kinderrepublik gesetzt wurde: »Einen Beitrag zur internationalen Solidarität zu leisten und von internationalen Resolutionen zu konkreten internationalen Aktivitäten zu kommen«[163].

Mehr noch als für sozialistische Erzieher war für bürgerliche Reformpädagogen die *Schule* der zentrale Ort sozialpädagogischer Reformen. Sozialistische Bildungspolitiker konzentrierten sich dabei auf drei Global-Forderungen an die *äußere* Schulreform: Die Schule solle eine Einheitsschule werden, sie solle frei vom Einfluß der Kirchen und Religionsgemeinschaften sein und ihr Unterricht wie auch die Ausbildung ihrer Lehrer solle auf wissenschaftlicher Grundlage stattfinden. Bürgerliche Bildungsreformer konzentrierten sich demgegenüber mehr auf Forderungen der *inneren Schulreform:* Die Schule solle eine Arbeitsschule werden und keine Lernschule, das Verhältnis zwischen Lehrern und Schülern solle sich partnerschaftlich entwickeln und nicht autoritär, und die Schüler sollten Gelegenheit haben, ihre Schulklasse als kameradschaftliche Gruppe Gleichaltriger zu erleben. Diese drei

Hauptpunkte der inneren Schulreform beziehen sich unmittelbar und eng auf die Erfahrungen der bürgerlichen Jugendbewegung mit der Gruppe als Selbsterziehungsmittel. Einer der Wortführer dieser inneren Schulreform war *Edmund Neuendorff,* vor dem ersten Weltkrieg Bundesleiter des Wandervogel e. V. und seit 1921 Direktor der Oberrealschule zu Mülheim (Ruhr), später Direktor der Reichssportschule, ein reformfreudiger Schulmann, der unermüdlich für Wandern, Turnen und Leibeserziehung als Unterrichtsprinzip und nicht als isoliertes Unterrichtsfach eintrat. Neuendorff ist kein großer bürgerlicher Reformpädagoge, wie Gustav Wyneken und Paul Geheeb (Landschulheime), Berthold Otto (Gesamtunterricht und Wohnstubenprinzip des Klassenzimmers), Peter Petersen (Jena-Plan-Schule) oder Rudolf Steiner (Waldorfschule), aber an seinem Konzept von Schule und Unterricht läßt sich *en detail* zeigen, wie er seine Erfahrungen als Wandervogel in die Schule zu übertragen versuchte.

Die Schule müsse wieder, so seine Hauptforderung, *Arbeitsgemeinschaft* und *Lebensgemeinschaft* werden. Arbeitsgemeinschaft, das sollte heißen: Die Übermacht der toten Stoffe in der von Büchern (Buchschule) und abfragbarem Wissen (Lernschule) geprägten alten Schule müsse gebrochen werden. Die Kluft zwischen dem Lernen und dem Anwenden müsse überwunden werden, es müsse gelernt werden, an konkreten Projekten zu arbeiten. Von daher läßt sich auch die nahe Verwandschaft zwischen den deutschen Schulreformern und dem US-Reformpädagogen John Dewey verstehen, den wir im Bekanntenkreis von Jane Addams in Chicago kennengelernt haben. Da aber die Projekte der Arbeitsschule zeitaufwendig sind, müsse die neue Schule von der Stoffüberfülle und der Fächerfülle befreit werden. Exemplarisches, experimentelles, selbstorganisiertes Lernen der Schüler in Arbeitsgemeinschaften (Gruppenunterricht) benötige auch nicht das ewige Zensieren durch die Lehrer. »Wir werden auf diese Weise viel eher dahin kommen, den jugendlichen Menschen als Ganzes zu werten, nicht den Kopf, der aus einer Summe von Fächerwissen besteht«[164]. Durch die Arbeitsschule könne auch das Fachlehrersystem vereinfacht werden. Nicht mehr fünf, sechs oder noch mehr Fachlehrer sollen unterrichten, sondern der Leiter einer Arbeitsgemeinschaft solle Fächerkomplexe in einer Hand vertreten, etwa Deutsch, eine Fremdsprache, Geschichte, Landeskunde und Religion. Die Fächer, die den Schülern nur geistige Tätigkeiten abfordern, sollen durch Fächer ausbalanciert werden, die handwerkliche, körperliche, musische Tätigkeiten üben. Wo das aus räumlichen Gründen nicht möglich sei, sollten Stadtschulen einen Teil ihrer Unterrichtstätigkeit aufs Land in Landheime verlegen.

Dadurch, daß sich die Schulklasse zur Arbeitsgemeinschaft entwikkelt, wird es nach Meinung von Neuendorff leichter werden, daß Schüler die Klasse als Lebensgemeinschaft erleben. Sie sitzen hier nicht nur ihre Stunden ab, sie arbeiten produktiv in Gruppen eigener Wahl an Gegenständen und Themen eigenen Interesses. Dazu muß die Vormittagsschule zur Ganztagsschule werden. »Die Nachmittage bleiben frei für die stark zu beschränkenden häuslichen Wiederholungen, für selbständiges, geistiges Schaffen, für Turnen, Spiel und Sport, für Handarbeiten aller Art, für das Schulleben«[165]. Damit dies alles geschehen könne, müsse der Lehrer seine soziale Rolle in der Schule radikal ändern. »Er steigt von der olympischen Höhe des Katheders herab, seine Amtswürde fällt von ihm, seine Titel machen ihn nicht mehr unnahbar. In der Schularbeit wie im Schulleben treten die Jugendlichen neben ihn, werden seine Mitarbeiter, taten und raten selbständig mit ihm. Sie werden, wenn es ihnen um der inneren Wahrhaftigkeit willen notwendig erscheint, auch gelegentlich widersprechen, anklagen, trotzen. Sie sollen es in Gottes Namen tun, und der Lehrer muß es zu ertragen lernen. Er soll immer bedenken, daß wir ein starkes, trotziges, auf Tat gestelltes Geschlecht brauchen«[166].

Und dann kommt die Kehrseite dieser aus bürgerlicher Jugendbewegung gespeisten Reform-Idylle: der Lehrer bleibt Respektperson und Autorität um *seiner inneren Werte willen.* »Um ihretwillen wird ihn die Jugend gern als Führer anerkennen und wird ihm frei und freudig folgen. Die Jugend sehnt sich nach Führern, sie hat das Bedürfnis ehrfürchtig zu sein. Das ist gut. Denn das neue Geschlecht soll nicht nur zur Tat, sondern auch zur Ehrfurcht erzogen werden, weil die Ehrfurcht die Brücke von der Tat zum Opfer ist«[167]. Absichtserklärungen wie diese sind vieldeutig. Endgültig einschätzen wird man sie erst können, wenn man die Praxis kennt, die hinter solchen allgemeinen Erklärungen steckt. Aber Vorsicht scheint mir geraten und ein waches kritisches Mißtrauen gegenüber einer nationalistischen, ja faschistischen Praxis, die sich in der Vergangenheit nur allzu leicht auf solche reformpädagogischen Pläne und Absichtserklärungen berufen hat.

Aber wie immer man diese Bewegungen heute einschätzen mag, sie hatten eine *didaktische Wirkung.* Und wer heute über Gruppenpädagogik als eine Methode der sozialen Arbeit redet, sie praktiziert oder sie lehrt, der sollte wissen, daß ihre europäischen Wurzeln zurückreichen zum Steglitzer Ratskeller und zum Berliner Grunewald.

7
Republik von Weimar: Reformen der Sozialen Arbeit

Mit Alice Salomon, Edmund Neuendorff und Kurt Löwenstein haben wir die Zeit des Kaiserreiches verlassen und sind in die erste deutsche Republik eingetreten, die nach dem Tagungsort der verfassungsgebenden Nationalversammlung (1919) *Weimarer Republik* genannt wird. Im Generationengedächtnis wie in der Geschichtsschreibung hat die Weimarer Republik keinen guten Ruf. Für Konservative sind ihre Repräsentanten mit dem Odium belastet, ein schnelles Kriegsende bewirkt und die Monarchie liquidiert zu haben (»Dolchstoßlegende«), für Linke haben die Republikaner nicht entschieden genug die alten Eliten in Militär, Justiz, Erziehung und Beamtenschaft ausgewechselt[168], nicht konsequent genug wirtschaftliche und soziale Reformen durchgeführt, nicht entschlossen genug die seit 1923 latent vorhandene Gefahr einer nationalsozialistischen Machtergreifung erkannt und verhindert. Die erste deutsche Republik war eine »ungeliebte Republik«. Sie wurde von Rechts diffamiert, von Links kritisiert und von einer durch wirtschaftliche Dauerkrisen geschwächten Mitte mühsam am politischen Leben erhalten. Erst die nachträgliche Betrachtung macht deutlicher, daß mit der Flucht der kaiserlichen Familie im November 1918 nicht nur die Monarchie abgedankt hatte, sondern daß ein bürgerliches Zeitalter zu Ende gegangen war, noch ehe es recht begonnen hatte. Aber da in Deutschland Revolutionen bevorzugt in der Kunst stattzufinden pflegen, manifestierte sich das Bewußtsein vom Anbruch einer neuen Zeit zuerst in Theater und Kabarett, in Gemäldegalerien und Konzertsälen, in Büchern, Zeitungen und Zeitschriften, in Architektenbüros und Stummfilm-Ateliers. Sie trugen Berlin den Ruf ein, »Experimentierfeld der Moderne« und »Welthauptstadt« des Neuen geworden zu sein. Die Erinnerung an den Glanz der vielfältigen, produktiven und provozierenden Experimente dieser Zeit bescherte ihr das verführerische Etikett von den »goldenen zwanziger Jahren« – die es für die meisten Berliner niemals gegeben hat. Denn der ersten deutschen Republik blieben, eingezwängt in Inflation (1923) und Weltwirtschaftskrise (1929) gerade fünf kurze Jahre, um sich ökonomisch von den Folgen des Weltkrieges und des Versailler Friedensvertrages zu erholen und soziale Reformen nicht nur parlamentarisch zu beschließen, sondern auch zu finanzieren und gegen den erbitterten Widerstand der Reaktion durchzusetzen.

Die Verfassung des Deutschen Reiches *(Weimarer Verfassung)* hatte eine Reihe vorwärtsweisender Grundsätze formuliert: gleiches freies und geheimes Wahlrecht für alle Männer *und* Frauen, Gleichstellung von Frauen im Öffentlichen Dienst, Gleichstellung unehelicher Kinder, Meinungsfreiheit und Abschaffung der Zensur, Versammlungsfreiheit und Freiheit von Kunst, Wissenschaft und Lehre, staatliche Aufsicht über das Schulwesen, gemeinsame achtjährige Volksschule mit Unterrichts- und Lehrmittelfreiheit, Enteignung gegen Entschädigung, Unterhalt für alle, denen angemessene Arbeitsmöglichkeiten nicht nachgewiesen werden können, Stärkung der Rechtsstellung der Gewerkschaften. Einige dieser Verfassungsgrundsätze hatten direkte Konsequenzen für eine Neuorientierung der Sozialen Arbeit, erforderten neue Gesetzesgrundlagen und hatten einschneidende finanzielle Konsequenzen, an denen häufig ihre entschiedene Durchführung scheiterte.

Die Weimarer Republik hat eine Reihe von bedeutsamen Reformen hervorgebracht, welche die Soziale Arbeit geprägt und verändert haben. Im Hinblick auf die Methodengeschichte der Sozialarbeit greife ich drei dieser Reformen als exemplarisch heraus:

- die Einführung der Familienfürsorge,
- die Schaffung des selbständigen Jugendamtes,
- die Entwicklung einer fürsorgerischen Methodenlehre.

Siddy Wronsky (1883-1947) entwickelte Grundlagen vertiefender Einzelfallhilfe (Foto 1947).

Dr. Walter Friedländer (1891-1984) war der erste Leiter des Jugendamtes Berlin-Prenzlauer Berg (Foto um 1981).

Familienfürsorge

Anspruchsvolle Armenpflegerinnen hatten schon im Kaiserreich die Zersplitterung ihrer Tätigkeit kritisiert, die an den unterschiedlichen Bestimmungen und Ansprüchen von Versorgungsrecht, Versicherungsrecht und Armenpflege-Verordnungen orientiert war. Zu den entschiedensten Kritikerinnen gehörte Marie Baum. Sie stellte 1929 fest:

»In der gleichen Gemeinde können ... selbst heute noch nebeneinander wirken: im Auftrage der Stadt Fürsorgerinnen und Pflegerinnen der verschiedenen Ämter und Amtsabteilungen – Jugend-, Wohlfahrts-, Gesundheits-, Pflegeamt, Schule, Fürsorgeabteilung für Kriegsbeschädigte und Kriegshinterbliebene –; im Auftrage der Polizei die Polizei-Fürsorgerinnen; im Auftrage sozialhygienischer Fachverbände Tuberkulose- und Säuglings-Fürsorgerinnen; daneben die von der kirchlichen Gemeinde angestellten Gemeindeschwestern oder ehrenamtliche Organe caritativer Vereine. Vor dem Jahre 1924 war jede örtliche oder gar über eine Gemeinde hinausgreifende Zusammenfassung dieser verschiedenen Organisationen und der von ihnen beschäftigten Hilfskräfte eine Tat, die in der Regel nur bei Einsatz einer starken Persönlichkeit gelang«[169].

»So konnte es geschehen daß Familien, in denen gesundheitliches, wirtschaftliches und erzieherisches Elend sich häufte, die armseligen Fetzen ihres bedrohten Schicksals immer wieder vor fremden Augen ausbreiten mußten. Daß Leute mit weniger Ehrgefühl die Sachlage dazu ausnutzen, von verschiedenen Seiten, möglichst ohne Wissen der einen von der anderen, Unterstützungen zu empfangen, war die eine üble Folge dieses Zustandes; die zweite, wesentlich schlimmere war, daß von seiten der Fürsorge sich niemand für das Ganze verantwortlich fühlte«[170].

Dr. Marie Baum (1874-1964)
entwickelte die Familienfürsorge.

Marie Baum (1874 in Danzig geboren, 1964 in Heidelberg gestorben)[171], gehörte zu jener ersten Generation von akademisch ausgebildeten Frauen, denen die Sozialarbeit der Weimarer Republik entscheidende Impulse verdankt. Sie hatte in Zürich ihr Abitur nachgeholt und Mathematik und Chemie studiert. Sie war zum Dr. rer. nat. promoviert worden und hatte in der Forschungs- und Patentabteilung der AGFA in Berlin-Treptow gearbeitet. Als Nachfolgerin von Dr. Else von Richthofen war sie Betriebsinspektorin in Baden geworden und hatte dort die Probleme von Heimarbeiterinnen und ihren Kindern kennengelernt. Im Herbst 1907 war sie Geschäftsführerin des Vereins für Säuglingsfürsorge im Regierungsbezirk Düsseldorf geworden und machte sich über die Arbeitsbedingungen von Frauen und Müttern in der Kleineisenindustrie des Bergischen Landes, der linksrheinischen Textilindustrie und der chemischen Industrie von Elberfeld und Leverkusen sachkundig. Während des 1. Weltkrieges arbeitete sie wie Alice Salomon im Frauenhilfsdienst und entwickelte dort das Konzept einer integrierten Familienfürsorge. Denn wenn den Frauen schon die Arbeit in der Rüstungsindustrie zugemutet werden würde, so sagte sie, dann sollten die Frauen wenigstens selbst entscheiden, in welcher Schicht sie arbeiten wollten, dann sollten sie sich für einen halben Arbeitsplatz entscheiden können, und dann sollten ihnen Kinderkrippen, Kinderhorte und Kinderheime als Entlastung zur Verfügung stehen. Als Anregung für dieses Konzept einer integrierten Familienfürsorge dienten ihr die Vorarbeiten von Wohnungsinspektorinnen des Kreises Worms, des Vereins für Säuglingsfürsorge, deren Geschäftsführerin sie gewesen war und der Schulkinderfürsorge des Charlottenburger Jugendheims von Anna von Gierke, mit der sie ebenso befreundet war wie mit Gertrud Bäumer, Riccarda Huch und Käthe Kollwitz. In ihrem Buch »Familienfürsorge« legte sie 1927 das geschlossene Konzept einer Einheitsfürsorge vor, in der »alle Zweige der Wohlfahrtspflege ausnahmslos in einer Hand liegen« und in der die spezialistisch bearbeiteten Zweige der Wirtschafts-, Gesundheits- und Erziehungs-Fürsorge »zur Vermeidung von Überschneidungen und Doppelbetreuungen, vor allem aber im Interesse der in Fürsorge stehenden Familie selbst so zusammengefaßt werden, daß diese sich nur an *eine* Stelle zu wenden braucht und die nach *ein*heitlichem Plan vorbereitete Hilfe von *einer* Seite an sie herangetragen wird«[172].

Warum machte es offensichtlich so große Schwierigkeiten, das Prinzip der Familienfürsorge als Einheitsfürsorge durchzusetzen? Weil es zu einem anderen Prinzip der traditionellen Wohlfahrtspflege im Widerspruch stand: der Gruppenfürsorge. Durch die Bismarcksche Sozialgesetzgebung war in den neunziger Jahren des 19. Jahrhunderts eine Drei-Klassen-Fürsorge geschaffen worden, welche die Ungleich-Behandlung bedürftiger Familien erzwang. Das Sozialversicherungsrecht gebot Arbeitern und Angestellten, sich und ihre Familien gegen Krankheit und Invalidität, für das Alter und (ab 1927) gegen Arbeitslosigkeit zu versichern. Diese *Versicherung* war eine kollektive gesetzliche *Vor-Sorge.* Darüber hinaus garantierte der Staat all denen durch Versorgung ein Auskommen, die in der Folge eines Dienstes für die Allgemeinheit unterstützungsbedürftig geworden waren: Beamte, Kriegsopfer und deren Angehörige und Hinterbliebene. *Versorgung* war staatliche *Nach-Sorge.* Übrig blieben in Not geratene Familien, die keine Versicherungs- oder Versorgungs-Ansprüche hatten und sich aus eigenen Kräften nicht am Leben halten konnten. Für sie war die kommunale *Armenpflege* zuständig. Sie prüfte nach strengen Maßstäben jeden *Einzelfall* und *gewährte* materielle Hilfen für eine eng begrenzte Dauer unter diskriminierenden Umständen. In der Regel verloren Familienväter das Wahlrecht, solange sie Armenpflege in Anspruch nahmen. Politisch bewußte Arbeiter und Angestellte verboten aus diesem Grunde häufig ihren Frauen, sich an die Armenpflege zu wenden. Die Unterstützung wurde gemeindeöffentlich gemacht, sie sollte zurückgezahlt werden, und der Nachlaß von Armenhilfe-Empfängern fiel der Gemeinde[173] zu.

Um zu verhindern, daß die Gemeindekassen durch die Ausgaben der Armenpflege »über Gebühr« (ein vager Begriff!) belastet würden und daß die Bereitschaft der Notleidenden, sich auf Dauer *selbst zu helfen*, erlahmen könne, war in der Mitte des 19. Jahrhunderts das Verwaltungsprinzip der Trennung von Innen- und Außen-Dienst eingeführt worden. Der Außen-Dienst sollte in den Wohnungen der Antragsteller ermitteln, prüfen und empfehlen, der Innen-Dienst sollte aufgrund der Ermittlungsergebnisse des Außen-Dienstes (und häufig *gegen* sie) entscheiden. Auch als die Hausbesuche des Außen-Dienstes nicht mehr durch ehrenamtliche Damen, sondern auch ausgebildete und hauptberuflich tätige Frauen durchgeführt wurden, hielten die Stadtväter an der

Trennung von Außen- und Innen-Dienst fest, weil sie weiter davon ausgingen, Frauen seien für die *Entscheidung* über materielle Hilfeleistungen zu gutgläubig, zu gutmütig und zu gutwillig – und sie könnten vor allem nicht »nein« sagen[174]. Dieses Vorurteil wurde durch die Argumentation der Frauen-Bewegung bekräftigt, Frauen seien gerade wegen ihrer »angeborenen« Sensibilität und Empathie im Umgang mit Schwachen und Hilflosen für die Wohlfahrtspflege besonders geeignet.

Im 1. Weltkrieg traten solcherlei Bedenklichkeiten in den Hintergrund. Einmal erzwang der Kriegsdienst der Männer verstärkte Berufstätigkeit von Frauen. Zum anderen tauchten infolge der Abwesenheit vieler Familienväter massive Betreuungsprobleme in Familien auf, die unter »normalen Umständen« niemals in Not geraten wären.

»Für die Familien der Kriegsteilnehmer waren aufgrund eines Gesetzes aus dem Jahre 1888 Geldunterstützungen vorgesehen, die für die Lebenshaltung im Industriestaat nicht ausreichend waren. Es wurden daher durch den ›Nationalen Frauendienst‹ Bezirksfürsorgestellen geschaffen, die mit vorwiegend kommunalen Mitteln die Geldfürsorge ergänzten durch Mietbeihilfen, Lebensmittel, Arbeitsbeschaffung und Jugendfürsorge in dem Maße und der Form, wie es der einzelne Fall erforderte«[175]. Es war folgerichtig, daß Marie Baum auf ihre Erfahrungen im »Nationalen Frauendienst« zurückgriff, als sie das Prinzip der Familienfürsorge in einer einheitlichen Hand formulierte. Sie wurde in ihren Forderungen von vielen Kolleginnen unterstützt. So schrieb Dr. Hanna Hellinger aufgrund von positiven Erfahrungen in der Deutschen Zentrale für Jugendfürsorge in Berlin: *»Grundsätzlich ist eine fast restlose Durchführung der Sachbearbeitung ... in einer Hand mit Innen- und Außendienst bei der Bearbeitung des Einzelfalles nicht nur möglich, sondern die beste Lösung ... Vom organisatorischen Standpunkt aus gesehen ist die Vereinigung von Außen- und Innendienst die sparsamste«*[176]. *Sie verwies dabei auch auf die Praxis fortschrittlicher Jugendämter in Halle, Nürnberg und Berlin-Schöneberg, wo die Fürsorge »die Familien mit Kindern auch in wirtschaftlicher Hinsicht beim Jugendamt betreut, somit konsequent die wirtschaftlichen Momente den erzieherischen unterordnet«*[177].

Die Weimarer Verfassung hatte die prinzipielle Möglichkeit eröffnet, die alte Armenpflege abzuschaffen und durch eine nichtdiskriminierende Wohlfahrtspflege zu ersetzen. Denn: »Jedem Deutschen soll die Möglichkeit gegeben werden, durch wirtschaftliche Arbeit seinen Unterhalt zu erwerben. Soweit ihm angemessene Arbeitsgelegenheit nicht nachgewiesen werden kann, wird für seinen notwendigen Unterhalt gesorgt. Das Nähere wird durch besondere Reichsgesetze bestimmt« (Weimarer Verfassung, Artikel 163). Die reichsgesetzliche Regelung geschah durch die Fürsorgepflichtverordnung vom 13. Februar 1924 und die Reichsgrundsätze über Voraussetzung, Art und Maß der öffentlichen Fürsorge vom 4. Dezember 1924. Danach soll »solange eine Familie natürlicherweise zusammengehört und daher als Einheit anzusehen ist, ... das Band, das die Familie zusammenhält, nicht aus verwaltungstechnischen Gründen zerschnitten werden«[178]. Die Fürsorgepflichtverordnung wies alle öffentlich-rechtlichen Fürsorgeaufgaben Landesfürsorgeverbänden und Bezirksfürsorgeverbänden zu, überließ jedoch ihren Aufbau und ihre Arbeitsverfahren den Ländern des Reiches. Einige Länder schufen die einheitliche Familienfürsorge und ordneten sie dem Jugendamt zu, andere taten es nicht. Auch im Kolleginnenkreis der neuen Berufsgruppe von Wohlfahrtspflegerinnen war die Reform umstritten.

Berlin und Nürnberg gehörten zu den Städten, die das Prinzip einer einheitlichen Familienfürsorge einzuführen versuchten. Die Fürsorgerin Hedwig Stieve, die in beiden Städten als Spezialfürsorgerin (Pflegekinderwesen und Vormundschaft) gearbeitet hatte, mißtraute der Reform und schrieb in ihrem Tagebuch aus dem Jahre 1924:

6. Januar.

Am 10. Januar soll eine Sitzung im Rathaus stattfinden, wo unter Beisein der gesamten Spitzen und Sozialbeamtinnen die Familienfürsorge endgültig aus der Taufe gehoben wird. Wie schön wäre es, wenn die neue Ordnung zu einer wirklichen Auferstehung der Wohlfahrtspflege führen könnte.

11. Januar.

Die Sitzung war. Ich will versuchen historisch zu berichten. Da der Stadtrat schon viele Wochen wegen Nervenerschöpfung beurlaubt ist, führte sein Vertreter, Dr. R., ein etwas unansehnlicher, doch sympathischer Mann, den Vorsitz; um ihn, am dunklen Tisch, die Spitzen der zuständigen Ämter, in weiterem Kreis die Zahl der Fürsorgerinnen.

Wenn ich diese vielen unerfüllten Frauengestalten betrachte, dann überschleicht mich immer eine leise Trostlosigkeit. Diese blassen, erschöpften Gesichter, die bei den einen vor Überanstrengung fast verzerrt, bei den andern stumpf erscheinen, dazu die unfrohen Körper — der Gedanke an verkümmerte Tiere stieg in mir auf, denen der Instinkt für ihre natürliche Freiheit und Schönheit abhanden gekommen ist.

Die Einleitung brachte Bekanntes — die Verteilung der Bezirke, an Hand einer großen, bunten Karte, die die Längswand beherrschte — und so schrieb ich, etwas in den Hintergrund gedrückt, einen Brief. Ich wollte mich ablenken, denn der dumpfe Saal, die eintönige Stimme des Vortragenden, die geduldigen Mädchen — das alles reizte mich.

Aber dann war der Brief zu Ende und ich war gezwungen, dem Gang der Dinge zu folgen. Die Herren vom Jugendamt nahmen das Wort und brachten mancherlei Für und Wider vor. Es war davon die Rede, daß die Familienfürsorgerin gleichsam mehrere tadellos arbeitende Gehirne in einem Kopf vereinen müsse und man gefiel sich in diesem Bild. Mir erregte es Mitleid.

Endlich sollte das Wesentliche gebracht werden. Unsere Leiterin las, nach kurzen, einführenden Worten, die der neuen Schöpfung huldigten, das Programm der Familienfürsorge vor. Danach sollte unser Aufgabenkreis Folgendes umfassen: Säuglingsfürsorge und Mutterberatung; Schulpflege, Jugendfürsorge, Jugendgerichtshilfe; Kriegshinterbliebenenfürsorge; Armenpflege; Kleinrentnerfürsorge und Altershilfe; Außendienst für die Lungen- und Krüppelfürsorge; Betreuung der Mündel der Berufsvormundschaft; Aufsicht über die Kostkinder; Ermittlungsdienst für die Adoptionszentrale; Fühlungnahme mit allen zuständigen Ämtern; vorbereitende Berufsberatung; Teilnahme an den Sitzungen der Bezirks- und der Wohlfahrtskommissionen; Veranstaltung von Mütterabenden; Beaufsichtigung und Anregung von Horten und Kindergärten; Schulung von ehrenamtlichen Hilfskräften; Einrichtung von Kinderbüchereien — ich weiß nicht, ob dies schon alles ist. Anfangs mußte ich lächeln, dann stieg ein verzweifelter Zorn in mir auf. Die kühle, gefällige Stimme, die diese Gebiete aufzählte, schien nicht zu ahnen, welchen Inhalt jedes von ihnen umschloß. Was für eine Schwäche unseres Volksganzen drückt sich in dieser Durchsetzung des Lebens mit Fürsorge aus! Und obendrein ist dieses neue Gebilde ja eine mechanische, organisationsbesessene Theorie, die sich an beiden Hauptfaktoren, den Ausübenden und den Betroffenen, den Fürsorgerinnen und den Befürsorgten, gleichermaßen versündigt.

Eine jähe Angst um die gute Sache befiel mich; beinah mir unbewußt, meldete ich mich zum Wort. Ich weiß nicht genau, was ich sagte. Ich sagte, daß wir uns auf diese Riesenaufgabe nicht verpflichten könnten. Wenn wir sie ernst nehmen wollten — und darauf allein käme es doch schließlich an — so ginge sie einfach über die Kraft. Wir hätten es ja nicht mit toten Dingen, nicht mit gefügigen Akten zu tun, sondern mit lebendigen Menschen, denen wir täglich aus einem nie versiegenden Quell von Wärme, Verstehen und Kraft, zu helfen suchen müßten.

Dazu müßten wir selbst vor allem volle, frische Menschen, nicht aber überhetzte, abgespannte, siebengehirnige Beamtinnen sein. Warum wollte man das neue Werk von vornherein auf einen unhaltbaren Grund stellen, der Massenerledigung und der Halbheit Vorschub leisten und uns dazu zwingen, entweder unser Amt nicht zu erfüllen oder uns selbst zu zerstören?

Eine beklommene Stille folgte meinen Worten. Dann wurden Entgegnungen laut. Die gute, tapfere Schwester Maria rief, wir wollten uns nicht irre machen lassen, man müsse nur vertrauen und dann würde es schon gehen. Es klang wie eine kleine, fröhliche Fanfare, die sich an der Schlacht freut, ohne danach zu fragen, worum sie geführt wird.

Der Vorsitzende griff ihre Worte erleichtert auf, dankte ihr und äußerte sein Bedauern über die lautgewordene Mutlosigkeit.

Nur eine Stimme erhob sich noch als Warnung: Gertrud M., die zum ersten April gekündigt hat und seit ein paar Monaten im Osten Familienfürsorge treibt: „Ich habe es erprobt und ich kann sagen, es läßt sich nicht schaffen." Man ging über dieses unliebsame Zeugnis rasch hinweg und beeilte sich, die Sitzung aufzuheben.

Hedwig Stieve ist damals wie heute wegen ihrer skeptischen Haltung zur reformatorischen Einführung der einheitlichen Familienfürsorge wiederholt und massiv angegriffen worden. Aber abgesehen davon, daß die Autorin in einem, ein Jahr nach ihrem Tagebuch gemeinsam mit Dr. Margarethe Dyck geschriebenen Einführungstext für angehende Wohlfahrtspflegerinnen wesentlich positiver über die Tätigkeit der Familienfürsorgerin berichtet hat[180], bedeutete die neue Allzuständigkeit der Familienfürsorgerin, die für einen geographisch definierten Fürsorgebezirk verantwortlich war, angesichts der Massennot der Nachkriegs- und Inflationszeit und des Personalabbaus der Kommunen eine unvorstellbare zusätzliche Belastung.

Diese Tatsache dokumentiert eindrucksvoll Dr. Martha Heynacher mit ihrer Erhebung über »Die Berufslage der Fürsorgerinnen unter Verarbeitung einer vom Preußischen Ministerium für Volkswohlfahrt vorgenommenen statistischen Erhebung«[181] und die Ergänzung dieser Untersuchung aus Bayern[182]. Susanne Zeller hat 1987 die alten Untersuchungen und Dokumente zu einer materialreichen Darstellung der Arbeitsmarkt- und Arbeitplatz-Situation von »Frauen im Wohlfahrtswesen der zwanziger Jahre« zusammengefaßt[183]. Sie bestätigt mit objektiven Daten den subjektiven Eindruck von Hedwig Stieve aus dem Jahre 1925. Dennoch war die Einführung der Familienfürsorge eine notwendige Reform innerhalb des Systems der sich von der alten Armenpflege emanzipierenden Wohlfahrtspflege, wenn sie auch gleichzeitig angesichts von Massenelend und Personalabbau der Kommunen zunächst zum Scheitern verurteilt war. Methodisch gesprochen war ihre Einführung von Bedeutung, weil

»bei der Durchführung der Fürsorge nicht eine Einzelnot, nicht Schicksal oder Schuld des Individuums, sondern grundsätzlich die Gesamtlage der Familie zum Ausgangspunkt der Prüfung und zur Aufstellung des Heilplans gemacht wird (Baum, Familienfürsorge 1927, 34). Gegenüber der in den letzten Jahrzehnten aufgekommenen Arbeitsweise, den Einzelfall in der Fürsorge von dem Notstand aus analytisch zu betrachten und therapeutisch zu behandeln, der im Augenblick hervortritt, will die familienfürsorgerische Methode den hilfsbedürftigen Menschen nicht nur in seiner Gesamtpersönlichkeit beurteilen und betreuen, sondern zugleich seine persönliche Lage im Zusammenhang mit der Familie betrachten, deren Mitglied er ist. Im Grund genommen handelt es sich dabei nicht um eine neue Methode, sondern eher um ein Zurückkehren zu der früher in der Fürsorge geübten Arbeitsweise, die nur durch die fortschreitende Differenzierung der Fürsorge nach einzelnen Zweigen gelitten hat. Praktisch bedeutsam ist, daß jede einzelne Fürsorgemaßnahme nicht isoliert auf einen einzelnen Hilfsbedürftigen abzustellen, sondern in organischer Verknüpfung mit der Familie, der der Bedürftige angehört, durchzuführen ist«[184].

Jugendamt

Welche Organisationsform konnte der von Wilhelm Polligkeit und anderen geforderten »organischen Verknüpfung aller Fürsorgemaßnahmen mit der Familie der Bedürftigen« am ehesten entsprechen? Die Hoffnungen der Reformer richteten sich auf ein seit 1910 fachöffentlich gefordertes »selbständiges Jugendamt«, in dem zumindest alle Einrichtungen und Maßnahmen der *Jugendfürsorge* »unter Einbeziehung der Berufsberatung, Fürsorgeerziehung und Jugendgerichtshilfe« unter dem Primat der »Erziehung« – und nicht dem der »minimalen materiellen Versorgung« zusammengefaßt werden sollten[185]. Einzelne Städte hatten schon vor dem 1. Weltkrieg ein solches Jugendamt geschaffen – nun sollte es reichseinheitlich eingeführt werden, verschiedene Artikel der Weimarer Verfassung sprachen Reichstag und Reichsregierung die dafür notwendige gesetzgeberische Kompetenz zu. Am 20. November 1920 richteten 33 Frauen aus allen Fraktionen des Reichstages eine Interpellation an die Reichsregierung, welche in die Frage mündete: »Ist die Reichsregierung bereit, dem dringenden Verlangen aller Frauen in diesem hohen Hause nachzukommen und ein Reichsjugendwohlfahrtsgesetz noch in dieser Session dem Reichstag vorzulegen?«[186]. Die Interpellation setzte die Gesetzgebungs-Maschine in Gang, und am 13. und 14. Juni 1922 fand die 2. Lesung des »Reichsjugendwohlfahrtsgesetzes« im Berliner Reichstag statt.

Das Gesetz war ein Kompromiß, der auf grundsätzliche Einwände von Rechts und Links Rücksicht zu nehmen suchte. Konservative Sprecher wehrten sich gegen den Erziehungsanspruch der öffentlichen Hand, der mit der Einrichtung von kommunalen Jugendämtern verbunden sei. Sie machten geltend, ein Kind könne am besten von der Person erzogen werden, die es geboren habe. Öffentliche Erziehung könne diese natürlichste und heiligste Liebe nicht ersetzen. Kein Können von Berufsarbeitern könne Ersatz sein für die opferwillige Gesinnung derer, die getrieben durch die Liebe sich dieser Arbeit geweiht hätten. Kommunale Jugendfürsorge gefährde das kirchliche Monopol weltanschaulicher Erziehung und öffne kommunistischer Indoktrinierung Tür und Tor. Außerdem sei das Gesetz viel zu teuer. Bayern zum Beispiel sei viel zu arm, um für seine Folgekosten aufzukommen[187]. Für die Unabhängige Sozialdemokratische Partei (USPD) formulierte Dr. Kurt Löwenstein Einwände, die darauf hinausliefen, das Gesetz gehe nicht weit genug und sei noch zu stark an dem sentimentalen Rückgriff auf eine Familienerziehung orientiert, welche die durchschnittliche Proletarierfamilie aus wirtschaftlichen Gründen gar nicht leisten könne. Die Kommunistische Partei Deutschlands (KPD) lehnte das Gesetz ab und stimmte auch in der Schlußabstimmung dagegen[188]. Es wurde schließlich von der Mehrheit der Abgeordneten – nicht einstimmig, wie immer wieder zu lesen ist – verabschiedet und sollte am 14. Februar 1924 in Kraft treten. Wegen der inflationsbedingten Wirtschaftslage der öffentlichen Kassen wurde es in wichtigen Einzelteilen allerdings gleichzeitig durch Verordnungen und Ausführungsanweisungen wieder eingeschränkt: Die Aufgaben des Jugendamtes konnten von den Ländern auch anderen Ämtern übertragen werden, die vorbeugende Erziehungstätigkeit des Jugendamtes (§ 4 RJWG) wurde von einer Pflichtaufgabe zu einer Kann-Aufgabe zurückgestuft, weder das vorgesehene Reichsjugendamt noch der Reichsbeirat für Jugendwohlfahrt beim Reichsministerium des Innern wurden errichtet[189].

Trotz dieser gravierenden Kompromisse und Einschränkungen richteten sich die Hoffnungen von Reformpädagogen weiterhin darauf, daß es in einem ersten Schritt gelingen werde, wenigstens alle materiellen und sozialen Hilfen für *Familien mit minderjährigen Kindern* unter das Primat der »Erziehung« zu stellen, in »Jugendämtern« zu vereinigen und durch »Familienfürsorgerinnen« sachkundig und professionell bearbeiten zu lassen. Zu den Kommunen, die diesen Weg beschritten, gehörte die Stadt Halle an der Saale[190]. Immerhin zählte die deutsche Reichsstatistik 1928 bereits 1251 Jugendämter, von denen 31 Prozent als »selbständige Jugendämter« ausgewiesen waren[191]. Unter diesen Jugendämtern spielte das Jugendamt in dem Berliner Arbeiterbezirk Prenzlauer Berg eine hervorragende Rolle. Der Rechtsanwalt, Jugendrichter und »entschiedene Schulreformer« Dr. Walter Friedländer hatte es 1921 übernommen und mit Hilfe qualifizierter Fachkräfte aus Jugendbewegung, Frauenbewegung, psychoanalytischer Bewegung und Arbeiterwohlfahrt zu einer Art Muster-Jugendamt ausgebaut, in dem sich alle progressiven Bestrebungen der 20er Jahre widerspiegelten.

»Die Stadtverwaltung hatte die alte Beamtenschaft der kaiserlichen Epoche vor der Revolution übernommen, um einen geordneten Übergang zu suchen. Die neu gebildeten Stadtbezirke als selbständige Verwaltungseinheiten mußten diese Kräfte behalten, und so mußte ich zunächst mit einem Stab von Beamten und Angestellten arbeiten, die in keiner Weise auf eine neue demokratische Verwaltung eingestellt waren. Die Mehrzahl der Amtshandlungen wurden in bürokratischer Weise vorgenommen. Es war notwendig, sie mit einem neuen Geist des Dienstes am Volke und nicht nur für die herrschende Elite zu erfüllen. Fürsorgerische Kräfte waren meist ungeschult und in ungenügender Zahl vorhanden. Ich mußte darauf dringen, daß nun Personen mit sozialer Ausbildung und sozialer Gesinnung eingestellt wurden. Ich führte eine einheitliche Familienfürsorge ein, wobei ich dem Modell der Städte Guben und Elberfeld folgte, und gab ihr die zentrale Aufgabe im Bereiche des Jugendamts. Die Erkenntnis sozialpädagogischer Grundsätze war damals noch wenig vorhanden und mußte erst langsam verbreitet werden. Bei dieser Aufgabe waren mir von wertvoller Hilfe Ella Kay (die von mir in einem Fortbildungskurs unter der Leitung der Hochschule für Politik und der Arbeiterwohlfahrt geschult worden war und später nach 1945 Senator für Jugendhilfe in Berlin geworden ist), Walburga Geiger, Erna Maraun, Gertrud Pincus (die aus Wien wichtige pädagogische Einsichten mitbrachte), Hans Nathansohn (Schüler der Heidelberger psychologischen Schule), Ruth Hahn, Alice Hensel (die in Zusammenhang mit den Ärzten des zum Amt gehörenden Hufeland Hospitals ein Tagesheim für besonders schwierige Kinder und Jugendliche einrichtete), Lucy Falkenberg, Marid Riwe und Lotte Feibel. Eine Kommission mit beratenden Funktionen war als »Jugendwohlfahrtsausschuß« des Jugendamts einberufen worden, der neben einigen Stadt- und Bezirksverordneten auch die bekannte Malerin Käthe Kollwitz und ihr Mann, Dr. Karl Kollwitz als ärztlicher Berater angehörten ...«[192].

Frauen und Männer, die in den Jahren des Aufbaus selbständiger Jugendämter von der neuen ganzheitlichen Arbeitsweise dieser Ämter fasziniert waren, kamen vor allem aus Jugendbewegung und Arbeiterbewegung. Als Sozialisten sahen sie in der »Jugendnot« der Nachkriegsjahre Folgeerscheinungen kapitalistischer Klassengesellschaft und imperialistischer Welteroberungspläne und wollten die sozialpädagogischen Ansätze des Jugendamtes zur besonderen und massiven Unterstützung des Rechtes der jungen Generation auf politische Bildung und soziale Tüchtigkeit benutzen. Als Jugendbewegte wollten sie einen Teil der »Schuld«, die sie als privilegierte Bürgerkinder auf sich geladen zu haben glaubten, durch massive Zuwendung zu Kindern und Jugendlichen der unteren sozialen Schichten abarbeiten und sie an den positiven Erfahrungen jugendlicher Selbsterziehung in Gruppen von Gleichaltrigen teilnehmen lassen, die sie selber als berührend und bewegend erfahren hatten.

Nach dem Ende des 1. Weltkrieges wurde eine Gruppe von Studenten und Soldaten, die in Berlin ihr Studium wiederaufnahmen, von der *Sozialen Arbeitsgemeinschaft Berlin Ost* des Pfarrers Friedrich Siegmund-Schultze[193] angezogen, der in Berlin ein deutsches Nachbarschaftsheim gegründet hatte. Andere schlossen sich Dr. Carl Mennicke an, der jugendbewegte Erziehungsarbeit mit vernachlässigten Arbeiterjugendlichen betrieb. Jugendbewegte Universitätspädagogen interessierten sich für die Reform der Heimerziehung und des Vormundschaftswesens, für Reformen der Jugendgerichtsbarkeit und des Jugendstrafvollzugs. Einige von ihnen schlossen sich 1925 in der *Gilde Soziale Arbeit* zusammen.

»Die Gilde ›Soziale Arbeit‹ ist der Zusammenschluß der Männer und Frauen, die aus der Jugendbewegung stammen oder ihr im Geiste nahestehen und ehrenamtlich oder beruflich in der sozialen Arbeit tätig sind. – Die Gilde will die Kräfte der Jugendbewegung in der sozialen Arbeit einsetzen und in ihr entwickeln... Über den Kreis ihrer Mitglieder hinaus will die Gilde auch Einfluß auf die Gestaltung und Entwicklung der sozialen Arbeit gewinnen« (aus dem Impressum des Rundbriefs der Gilde ab 1926)[194].

Der Gilde gehörten Hochschullehrer wie Curt Bondy, Herman Nohl und Werner Krukenberg an, Leiter von Jugendgefängnissen wie Wilhelm Mollenhauer, Jugendfürsorger wie Gustav Buchhierl, Erich Hirsch, Dr. Paul Hoffmann und Sozialpolitiker wie Dr. Hans Achinger. Auch Frauen arbeiteten in der Gilde mit[195], aber der Grundton der Gilde war wohl dominant männlich-jugendbewegt. Anfang der 30er

Jahre kam es zur Fraktionierung zwischen einer eher national-liberalen und einer eher sozialistischen Gruppe innerhalb der Gilde. Auslösend war die je unterschiedliche Stellung zur Einführung eines freiwilligen Arbeitsdienstes (FAD) zur Milderung der bedrohlichen Arbeitslosigkeit Jugendlicher in der Weltwirtschaftskrise. Die Mehrheit der Gilde-Mitglieder lehnte eindeutige sozialpolitische Stellungnahmen ab,

»weil es dem Wesen der Gilde nicht entspricht ... Es mag etwas pathetisch klingen, bezeichnet aber die Gilde doch richtig: wenn von ihr als von einem ›heimlichen Orden‹ gesprochen wurde. Die Gilde muß unser Stützpunkt bleiben, und ihr Wert wird steigen, wenn es immer mehr gelingt, Menschen gleicher Haltung, aber der verschiedensten Richtungen und der verschiedensten sozialen Arbeitsgebiete in ihr zu vereinigen ... Wir bilden uns gewiß nicht ein, daß nur Menschen der Jugendbewegung diese Haltung haben könnten, wenn wir auch meinen, daß das so oft belächelte Erlebnis der Jugendbewegung eine solche Haltung besonders leicht ermöglicht«[196].

Es ist bisher noch nicht gelungen, Jugendämter zu dem zu machen, was einige ihrer reformpädagogischen Promotoren sich versprachen, nämlich diese Einrichtung zu einer dritten gesellschaftlichen Erziehungsmacht neben Familie und Schule auszubauen[197]. Das Reichsjugendwohlfahrtsgesetz wurde ein Jugendamtsgesetz mit überwiegenden Kontroll- und Schutz-Funktionen in krisenhaften familiären Erziehungs-Situationen. Es gewährte erzieherische Nothilfe als doppelter Ausfallbürge – wenn Familien ihre Erziehungsfunktionen gegenüber Kindern und Jugendlichen nicht wahrnahmen und wenn gleichzeitig die großen Wohlfahrtsverbände nicht in der Lage waren, die entstandene Erziehungslücke zu füllen. Für die Methodengeschichte war die Erfindung des Jugendamtes von eher indirekter Bedeutung, weil sie geholfen hat, die traditionellen Vorstellungen von Erziehung als einem Interaktionsprozeß zwischen zwei Personen in einen größeren Zusammenhang zu stellen und das Arrangement von *Umständen*, die zu einer gelingenden Erziehung gehören, in den Mittelpunkt sozialpädagogischer Tätigkeit zu rücken.

Fürsorgerische Methodenlehre

Die alte Armenpflege hatte ein schlichtes, aber wirksames Instrumentarium entwickelt, um die Hilfsbedürftigkeit der an sie herangetragenen Notfälle zu prüfen: Armenhaus-Test, Hausbesuch, minimale Sachleistungen im Einzelfall unter diskriminierenden Umständen und Verweis auf eventuelle, zusätzliche Quellen privater Mildtätigkeit. Mit der Einführung gesetzlicher Sozialversicherungen kam die notwendige Kenntnis relevanter Gesetze und Rechtsverordnungen hinzu. Bis zum 1. Weltkrieg lag die Prüfung der Anspruchsberechtigung von Hilfebedürftigen überwiegend in den Händen von Männern, weil man Frauen nicht die Standhaftigkeit und Prinzipienfestigkeit zutraute, notfalls materielle und menschliche Hilfe zu verweigern. Mary Richmond hatte in den USA zum ersten Mal den Versuch unternommen, Bedürftigkeits-Prüfungs-Vereine *(Charity Organization Societies)* zu gründen und bisher ehrenamtlich tätige Frauen zu schulen, soziale *Einzelfall-Diagnosen* zu stellen und dadurch privaten Spendern die Sicherheit zu geben, daß ihr Geld in den von den COS überprüften Fällen für einen guten, weil sorgfältig überprüften Zweck ausgegeben werden würde (siehe Kapitel 4). Alice Salomon hatte sich von Mary Richmond und ihrem, 1917 erschienenen Buch »Social Diagnosis« anregen lassen und ein für deutsche Verhältnisse modifiziertes Lehrbuch »Soziale Diagnose« geschrieben, das 1926 veröffentlicht worden war (siehe Kapitel 5). Ihr Versuch wurde zwar in der Fachöffentlichkeit begrüßt, aber das Buch hatte offensichtlich keine deutliche praktische Bedeutung, zumal sich Alice Salomon 1927 aus der praktischen Lehrtätigkeit zurückzog und sich dem Aufbau der Sozialen Frauen-Akademie widmete.

Alice Salomon war nicht die einzige Sozialpädagogin, die sich um die Rezeption amerikanischer Erfahrungen und Lehrmeinungen gekümmert hatte. Ein Jahr nach dem Erscheinen der *Sozialen Diagnose* veröffentlichte Dr. Hans Scherpner eine Schrift, in der er – gründlicher als Salomon es tun mochte – mit ausführlichen Quellenverweisen auf die nordamerikanische Entwicklung von *social case work* einging. Er betonte dabei die Notwendigkeit der Entwicklung einzelfall-bezogener fürsorgerischer Methoden und warnte vor einer schlichten Nachahmung dieses Ansatzes, bei dem die strukturellen Unterschiede zwischen dem amerikanischen und dem deutschen Gesellschaftssystems unter den Tisch fallen würden:

»Das einzige Mittel, den Vorrang der fürsorgerischen Ziele allmählich wieder durchzusetzen, ist die Ausbildung individualisierender Methoden. Es liegt in der Natur der Sache, daß das bei uns – ebenso wie in Amerika – nur in langjähriger zäher praktischer Kleinarbeit geschehen kann. Ein Versuch, ihre Ergebnisse vorwegzunehmen oder vorauszubestimmen und jetzt bereits eine Methodik der Fürsorge zu entwickeln, ist von vornherein unmöglich. Individualisierende Methoden können nur in intensiver Arbeit am Einzelfall gewonnen, und ihre Zusammenarbeit zu

allgemeinen ›Regeln‹ kann erst dann vollzogen werden, wenn genügend empirisches Material vorliegt, aus dem typische fürsorgerische Situationen und ihnen entsprechende typische Behandlungsformen abgeleitet werden können ... Jeder weitere Fortschritt hängt daher im Augenblick allein davon ab, wieweit es in der Praxis gelingt, die Richtung auf die individualisierende Behandlung energischer einzuhalten und allmählich die Methoden zu differenzieren. Dabei wird man zweifellos durch die Vergleichung der eigenen Arbeit mit der entwickelteren amerikanischen *(Hervorhebung im Original, d. V.) gerade dann, wenn man ihre grundsätzliche Verschiedenartigkeit beachtet und deshalb bewußt auf ihre Nachahmung verzichtet, viel lernen können. Durch die Gegenüberstellung mit dem Fremden treten nicht nur die charakteristischen Züge der deutschen Fürsorge deutlicher hervor, man kann auch durch die Beobachtung, wie in Amerika die allgemeinen Einstellungen die praktische Arbeit bis in ihre feinsten Verzweigungen hinein bestimmen, den Blick für die Ansätze zu fruchtbarer Entfaltung der Methoden und für die möglichen Fehlerquellen schärfen, die unsern Grundanschauungen gegeben sind«*[198].

Im Erscheinungsjahr der *Sozialen Diagnose* veröffentlichte Alice Salomon zusammen mit der Geschäftsführerin des Archivs für Wohlfahrtspflege, Siddy Wronsky und unter Mitarbeit von Eberhard Giese eine Fallsammlung aus der Arbeit von Familienfürsorgerinnen, Kreisfürsorgern und Jugendfürsorgern[199]. Unter dem anspruchsvollen Titel »Soziale Therapie« enthielten die 129 Seiten des Lehrbuches 14 Fälle aus Stadt und Land in der Nachkriegs- und Inflationszeit. Die Bearbeitungsweise dieser Fälle ist durchgängig enttäuschend und bleibt nahezu wirkungslos. Die Fälle enthalten Berichte von einer Kette von Hausbesuchen mit anschließenden Zuwendungen an Geld und Naturalien, sie spiegeln die Not und das Elend der Nachkriegsjahre und des Währungsverfalls in bedrückenden Einzelheiten wider, und sie zeigen die ganze armselige Hilflosigkeit einer Wohlfahrtspflege, die gegenüber von Massenarbeitslosigkeit, Massenwohnungsnot und Massenkrankheiten sprachlos und handlungslos blieb[200].

Die ausgewählten Fälle seien durchaus typisch für einen erschreckend großen Teil der augenblicklichen Fürsorgearbeit, schrieb damals die *Deutsche Zeitschrift für Wohlfahrtspflege* in einer Rezension des Buches. »Erklärungen, Entschuldigungen für diesen Zustand sind selbstverständlich naheliegend genug. – Mehr als ein Jahrzehnt der Massennot und der gesetzlich und psychologisch verankerten Überorganisation der Hilfsstellen entschuldigen viel, aber nicht alles. – Es bleibt mit Bitterkeit festzustellen, daß eine Fürsorgearbeit, wie sie sich in grausamer Nacktheit in den vorliegenden Berichten entblößt, der *Klarheit des Zieles, jeder Zielstrebigkeit* mangelt« (Hervorhebung im Original, d. V.)[201]. Die Autorin dieser Rezension war Dr. Hertha Kraus aus Köln, der wir im 2. Band meiner Methodengeschichte im Zusammenhang mit der Wiedereinführung von Einzelfallhilfe und Gemeinwesenarbeit nach dem Ende des 2. Weltkrieges mehrfach wiederbegegnen werden.

Nachdem Alice Salomon nicht weiter an der Differenzierung ihres sozialpädagogischen Methoden-Ansatzes (»Die Kunst des Lebens lehren«) arbeiten mochte, wandte sich Siddy Wronsky in den Jahren zwischen 1927 und 1933 verstärkt der Formulierung von »Methoden der Fürsorge« zu. Systematisch hatte sie Lebensläufe von Klienten der Wohlfahrtspflege und Fürsorgeakten aus der Zeit zwischen 1890 und 1928 gesammelt und als Beiträge zu einer »Sozialen Kasuistik« fortlaufend in der von ihr mitherausgegebenen *Deutschen Zeitschrift für Wohlfahrtspflege* – zuerst 1927, dann verstärkt zwischen 1930 und 1932 – veröffentlicht. Im Sommer 1929 zog sie eine Zwischenbilanz und veröffentlichte deren Ergebnisse als »Methoden der Fürsorge« in der Deutschen Zeitschrift für Wohlfahrtspflege und als Buch[202]. Darin führte sie aus: Die alte Armenpflege habe sich auf die oberflächliche Feststellung von *Würdigkeit* und *Bedürftigkeit* des Hilfesuchenden beschränkt. Die Würdigkeit sei am Verhalten des Hilfsbedürftigen gegenüber den Tugenden *Arbeitsamkeit, Familiensinn* und *Wirtschaftlichkeit* gemessen worden.

»Das Fehlen des Energiewillens bei dem Hilfsbedürftigen wurde als Tatsache angenommen und als seine Schuld gewertet, als deren Folge Beschränkung in Maß und Art der Fürsorge häufig als zweckmäßig anerkannt wurde... Die Feststellung der Bedürftigkeit *wurde unter Zugrundelegung der allgemein üblichen Lebensgewohnheiten in bezug auf Ernährung, Wohnweise, Bekleidung, Erziehung getroffen, wobei ein Minimum des Lebensbedarfs angenommen wurde, das unter den tatsächlichen Durchschnittsziffern der Lebenshaltung der Bevölkerung zurückblieb; eine gewisse Differenzierung innerhalb der verschiedenen Schichten der Bevölkerung wurde dabei vorausgesetzt...*[203] *Erst allmählich mit den stärkeren Auswirkungen der Industrialisierung wuchs das Verständnis für die Zusammenhänge der neuen Lebensweise in Arbeitsstätte und Heim mit den neuen Nöten, die in der immer stärker hervortretenden Unterbefriedigung des Bedarfs an Luft, Nahrung, Bewegung, Familienleben, Arbeitsrhythmus, Ruhe, geistigen Erlebens zutage traten. Man begann zu erkennen, daß nicht die einzelne Gabe an den zufällig darum Bittenden als die zweckmäßige Hilfeleistung gelten konnte, sondern daß*

eine Einwirkung auf die Lebensverhältnisse auf Grund sorgfältiger Forschungen *notwendig sei, um Lebens- und Gedeihensmöglichkeiten unter den neuen Verhältnissen für weite Kreise überhaupt erst zu schaffen«*[204].

Die neue Erkenntnis, daß es nicht Energiemängel waren, welche Menschen zu Hilfesuchenden machten und daß solche Energiemängel, wo sie auftraten, nicht auf unverbesserlicher, asozialer Anlage beruhten, sondern auf Hemmungen menschlicher Lebenstätigkeit durch hemmende Bindungen an Menschen, Dinge und Ideen[205], sei durch neuere Forschungen auf dem Gebiet von Medizin, Psychologie und Soziologie befördert worden. Diese Forschungen erlauben die Entwicklung der Methode der alten Armenpflege als Augenblickshilfe zu einem »sozialen Heilprozeß«, der »ernste fachliche Arbeit unter sorgfältiger Berücksichtigung der verschiedenen medizinischen, psychologischen und soziologischen Forschungsergebnisse im Einzelfall (verlangt); er setzt eine begründete *Diagnose*, eine vorsichtig aufgestellte *Prognose*, eine verantwortliche durchgeführte *Therapie* (alle Hervorhebungen im Original, d. V.) voraus«[206].

Die Diagnose hat Siddy Wronsky am weitestgehenden elaboriert. Sie unterscheidet zwischen *sozialer Anamnese, Persönlichkeitserforschung,* Erforschung der *Verknüpfung* der Persönlichkeit des Hilfesuchenden *mit anderen Lebenslementen* und Untersuchung der *Zusammensetzung der Lebenskräfte* der Persönlichkeit. Ich verfolge diese sozialpsychologischen Gedankengänge nicht im einzelnen, weil sie größtenteils der Rezeption zeitbedingter sozialpsychologischer und individualpsychologischer Lehrmeinungen geschuldet sind, die von William Stern über Anklänge an Friedrich Nietzsche bis zu Alfred Adler reichen. Wichtig und überzeitlich relevant erscheint mir hingegen ihr Hinweis, beim Herausarbeiten der Eigengesetzlichkeit des Einzelfalles gehe es im wesentlichen darum,

»herauszuarbeiten, wie weit die Entwicklung des einzelnen Menschen gegenüber der Entwicklung seiner Umwelt im ganzen oder in einzelnen Anlagen stehengeblieben ist, während die Gesellschaft den Zeitverhältnissen entsprechend sich entwickelt hat, oder wie weit die Anlagen des einzelnen die Entwicklung der Gesellschaft seiner Zeit bereits überschritten haben. Es muß also festgestellt werden, wie weit der Lebensrhythmus einer einzelnen Persönlichkeit auf die Umwelt übertragen werden kann und in welcher Weise sie reagiert«[207].

Im Vergleich mit Anamnese und Diagnose nehmen sich die Handreichungen Siddy Wronskys zur *sozialen Prognose* und zur *sozialen Therapie* lapidar aus und bleiben hinter der sozialpädagogischen Perspektive Alice Salomons zurück. Siddy Wronsky geht es bei der sozialen Behandlung durch Einzelfallhilfe im wesentlichen um die *Bekämpfung der vorhandenen Energiemängel* und die *Beeinflussung der sozialen Widerstände der Umwelt.* »Als Voraussetzung für eine erfolgreiche Behandlung gilt es, den Hilfsbedürftigen selbst zu einer Erkenntnis seines Zustandes und seiner Energiemängel sowie der Ursachen für diese Mängel zu bringen ... Diese Entwicklung kann erfolgen durch Übung der Kräfte oder durch Umschaltung der Kräfte auf ein anderes wirksames Gebiet«[208].

Siddy Wronsky bahnte mit der *Zentrale für private Fürsorge* (ZfPF) und der *Allgemeinen ärztlichen Gesellschaft für Psychotherapie* eine mehrjährige Zusammenarbeit an, um eine Art Erfolgskontrolle über die positive oder negative Entwicklung von Klienten der Einzelfallhilfe in die Wege zu leiten. Anhand von 128 Fällen der ZfPF sollten insgesamt 24 ärztliche Therapeuten, die zur kostenlosen Mitarbeit gewonnen worden waren,

»anhand des Aktenmaterials und aufgrund eigener Rücksprachen mit den Befürsorgten feststellen, ob und inwieweit die aufgrund der Diagnose durchgeführte Behandlung erfolgreich gewesen ist. Ferner sollten in allen denjenigen Fällen, in denen es während der fürsorgerischen Bearbeitung zu irgendwelchen Komplikationen gekommen war, die von den Psychotherapeuten gestellten Diagnosen bezüglich der etwa neu zutage getretenen Facta ergänzt bzw. revidiert werden«[209].

Rolf C. Reiner kam bei der Analyse des anfallenden Materials zu dem Ergebnis, daß 30 Prozent der bearbeiteten Fälle erfolgreich abgeschlossen werden konnten oder eine deutliche Besserung zeigten, 50 Prozent der Fälle zeigten nur geringfügige Besserung oder einen unveränderten Zustand, 20 Prozent der Fälle waren ohne Befund[210]. Ein Vergleich zwischen dem physisch-seelisch-sozialen Eingangs-Status der Klienten und ihrer weiteren Entwicklung während der Zeit der fürsorgerischen Betreuung schien zu zeigen, daß Klienten mit vergleichsweise günstigem Eingangs-Status größere Chancen hatten, sich im Verlaufe der Betreuung positiv zu entwickeln als Klienten mit einem von vornherein ungünstigen Status[211].

Prof. Dr. Arthur Kronfeld, ein anderer Kooperand der Evaluations-Studie von Siddy Wronsky, glaubte bei den eher negativ verlaufenden Fällen »Züge eines schwachen oder labilen Persönlichkeitsgefühls« zu erkennen,

»eine Bereitschaft, entmutigt zu werden, auf welchem Gebiete es immer sei. Die psychischen Unterbauten dieses labilen Persönlichkeitsgefühls sind fast immer lebensgeschichtlich entstanden; und somit sind sie der Psychotherapie[212] *zugänglich. Die Schwierigkeit der Behandlung liegt darin, daß die soziale Not nicht selten als eine Bestätigung dafür empfunden wird, daß diese Entmutigung ihr gutes klares Recht habe. Das labile Persönlichkeitsgefühl führt zu Umwegs- oder Auswegsreaktionen wie z. B. zu jugendlicher Antisozialität, Renommisterei und Hochstapelei. Es führt ferner zu schiefer oder abwegiger Erledigung der sexuellen Aufgaben und der ehelichen Bindung. Es führt zu mangelndem Selbstvertrauen in Arbeit und Beruf. Es führt zu einer Reihe von Sicherungs- und Fluchtmaßnahmen gegenüber den Lebensschwierigkeiten; und sehr häufig führen erst diese Reaktionen die Notlage herbei, die sonst ausgeblieben wäre ... In diesen Teufelskreis greift die Psychotherapie ein und ist bei ihrem Wirken erfolgreich, wenn die Fürsorge nicht nur objektiv an der Änderung des sozialen Zustandes ihren Anteil nimmt, sondern zugleich dem Hilfesuchenden das Bewußtsein erweckt, daß er nicht verloren und allein ist, sondern den Mut zu einer neuen Existenzform von der Befürsorgung her empfangen kann. Auf diesem Gebiet liegen die schönsten praktischen Erfolge der bisherigen Zusammenarbeit von Fürsorge und Psychotherapie«*[213].

Ein Ergebnis der vertieften Zusammenarbeit zwischen Sozialarbeiterinnen und Ärzten war das Buch von Siddy Wronsky und Arthur Kronfeld unter Mitwirkung von Rolf Reiner, »Sozialtherapie und Psychotherapie in den Methoden der Fürsorge« (1932). Unter der Kapitelüberschrift »Methoden der Fürsorge« orientierten sich die Autoren an dem methodischen Vorgehen des nordamerikanischen *case work:* auf die Untersuchung der Fallgeschichte folgte eine Zusammenfassung des »Wesens der Notlage« (Diagnose) und die Formulierung eines Behandlungsplans (Therapie), dessen Umsetzung in praktische Hilfemaßnahmen schrittweise und schließlich abschließend eingeschätzt werden muß:

»Persönlichkeit und Umwelt sind die Materie, an der die vorhandenen Kräfte zur Überwindung der Notlage festgestellt werden müssen, die Schwächen, die die Notlage herbeigeführt haben und deren Überwindung hemmen. An den Ergebnissen dieser Feststellung hat die Behandlung des Falles sich zu orientieren. Aufgrund solcher Untersuchungen muß der Fürsorger die Erkenntnisse für die Behandlung des Falles finden. Er muß das Wesen der Notlage feststellen können, er muß vermögen, daraus die einzelnen Symptome des Notstandes zu ersehen und auch das Stadium der

Entwicklung des Notstandes festzustellen und er muß eine Sichtung der Zusammenhänge der einzelnen Lebenserscheinungen vornehmen. Die Untersuchung muß aufgrund dieser Feststellungen eine Klarheit darüber erbringen können, welche aufbauenden Stoffe und welche schaffenden Kräfte in dem zu behandelnden Individuum zu finden sind, um seine Eingliederung in die Gesellschaft zu ermöglichen, und in welcher Weise seine Umwelt die Erreichung dieses Zieles fördern kann. Er muß aber auch die zerstörenden Stoffe festzustellen vermögen und ihre Einflüsse auf die Gestaltung der Notlage und die Behandlung des Falles werten«[214].

Das Buch von Siddy Wronsky und Arthur Kronfeld erschien in einer wirtschaftlichen, politischen und sozialen Situation, in welcher ein Rückgriff auf die lebenskrisen-bewältigenden Kräfte *des einzelnen* abgehoben, ja weltfremd erscheinen mußte. In den Reichstagswahlen der Jahre 1930 und 1932 hatten die Nationalsozialisten nicht zu übersehende Erfolge errungen. Sie versprachen den Massen der Arbeitslosen und dem durch die Weltwirtschaftskrise verunsicherten Bürgertum neue und radikale Lösungen der »sozialen Frage«. »Es gehen bedeutsame Wandlungen im Volkskörper vor sich«, hieß es in einem nachdenklich machenden Grundsatzartikel eines vom Nationalsozialismus beeinflußten Intellektuellen im August 1932. Die Jugend sage »der alten Führerschicht die Gefolgschaft auf, weil sie nicht in Hoffnungslosigkeit versinken will. Sie sucht nach neuen Bindungen und ordnet sich solchen willig unter; sie sieht in der Überwindung des Klassen- und Parteigeistes das Ziel ihres bündischen Strebens und die Grundlage für neuen Staatsaufbau, der ihrem Lebenswillen zum Durchbruch verhilft. Sie reiht sich in die Glieder des freiwilligen Arbeitsdienstes ein, um der seelisch zermürbenden Atmosphäre des ›Stempelns‹ zu entgehen«[215]. Der Autor, Dr. Otto Schirmel, publizierte in der Zeitschrift der Deutschen Liga der freien Wohlfahrtspflege eine kritische Würdigung des Methodenbuches von Wronsky/Kronfeld. Er bescheinigte dem Buch, es stelle »einen Höhepunkt rationalistischer Deutung und Gestaltung der Wohlfahrtspflege dar. Es ist erfüllt von dem Glauben an psychologische Gesetze, die durch eindringliche Forschung sichtbar gemacht werden können und Ansatzpunkte sozialer Hilfe darstellen sollen ... Eine Weltanschauung liegt hier zugrunde, die in sich durchaus ein geschlossenes Ganzes ist. Ihr kann nur die andere entgegengestellt werden, welche im Menschenleben Mächte wirksam sieht, die aus irrationalen Bezirken kommen und als Fügung, Schicksal, Wille Gottes der menschlichen Ratio und ihrer Aktivität Grenzen setzen und oft elementar eingreifen. In dieser Welt- und Lebensanschauung ist der Begriff des Schicksals von einer ganz anderen Vitalität als bei Wronsky/Kronfeld, wo er nur die Unbekannte darstellt, die es zu finden gilt, um alles Geschehen rational zu durchleuchten«[216]. Ein weiteres, charakteristisches Moment des Methodenbuches von Wronsky und Kronfeld sei die starke Betonung des Gedankens von Milieu, Umwelt und Vorbeugung. Diese Betonung sei die Folge einer liberalen Psychologie,

»die an den persönlichen und gesellschaftlichen Fortschritt wie an ein Dogma glaubt. Diese Auffassung erwächst aber gerade in der Gegenwart von seiten der Erblehre und der Eugenik ernste Gegnerschaft ... In diesem Zusammenhang sei erwähnt, daß auch die Begründung für die Entstehung einer Schicht von Hilfsbedürftigen in der Gesellschaft wohl zu sehr die wirtschaftlichen gegenüber den so wichtigen erbbiologischen Faktoren berücksichtigt. In der Erbwissenschaft scheinen für die Zukunft wichtige Antriebe zu einer Wandlung des Menschenbildes der Fürsorge zu liegen ... Das Leben, d. h. in diesem Falle die Fürsorgepraxis, schreitet unerbittlich über alle zu weit ausladenden Theorien hinweg und macht vieles von dem rückgängig, was lange Zeit als Fortschritt gepriesen worden ist ... Das Buch (von Wronsky und Kronfeld) ist in seiner Art und als Leistung groß; aber es ist das Bekenntnis eines Glaubens, den viele nicht haben und für falsch halten, und dessen Blütegipfel allem Anschein nach gestern war und nicht heute ist oder morgen sein wird«[217].

Womit der Autor wenigstens für die kommenden zwölf Jahre recht erhalten sollte.

8
Von der Wirtschaftskrise ins 3. Reich: Eine Tradition wird liquidiert

Die fünf Jahre relativen wirtschaftlichen Aufschwungs der ersten deutschen Republik endeten am 29. Oktober 1929 mit einem Paukenschlag. An diesem Tage rutschten die meisten US-Industrieaktien nach einer Phase hektischer Kurssteigerungen in den Keller und rissen andere Wertpapiere mit. Die Aktienbesitzer reagierten mit Panik-Verkäufen, und die Inhaber kleiner Vermögen versuchten, durch das Auflösen ihrer Konten zu retten, was zu retten war. Diese Kettenreaktionen lösten eine Weltwirtschaftskrise aus, nach Meinung aller Experten die schwerste und dauerhafteste Krise der letzten hundert Jahre. Sie wirkte sich mit einer gewissen Verzögerung auch auf die meisten europäischen Geldmärkte aus und führte in Deutschland zu einer Massenarbeitslosigkeit von mehr als 7 Millionen Arbeitslosen oder nahezu 30 Prozent der arbeitenden Bevölkerung. Schwerwiegende Einschränkung der Massenkaufkraft, Sinken der Industrieproduktion, Schließen von Produktionsstätten, Verarmung kleiner Wertpapierbesitzer und Privat-Rentner waren die Folge. 12 Jahre nach dem verlorenen 1. Weltkrieg versank Deutschland erneut in Elend und Armut.

Die Mehrheit nordamerikanischer Wähler sprach in der Weltwirtschaftskrise den Demokraten und ihrem Präsidentschaftskandidaten Franklin D. Roosevelt das Vertrauen aus und befürwortete tiefgreifende wirtschaftliche und soziale Reformen. Der von den Demokraten beherrschte Kongreß verabschiedete zwischen März und Juni 1933 eine Reihe sozialstaatlicher Gesetze, die für die USA revolutionär anmuteten. Der *National Industrial Recovery Act* (NRA) legte gesetzlich maximale Arbeitszeiten und Minimallöhne fest, stärkte die Stellung der Gewerkschaften als Tarifpartner, verbot Kinderarbeit und ermöglichte die Regierungskontrolle von Wirtschaftsunternehmen[218]. Der *Agricultural Adjustment Act* (AAA) war ein Grüner Plan für die notleidende Landwirtschaft und sollte die Farmer für die Einschränkung ihrer agrarischen Überproduktion entschädigen. Das *Federal Emergeny Relief Program* stellte 1935 eine Summe von 500 Mio $ für Arbeitslose zur Verfügung und finanzierte öffentliche Arbeitsbeschaffungsmaßnahmen wie Stauseen und Wasserwerke *(Tennessee Valley Authority)* und eine großangelegte Registrierung und Konservierung amerikanischer Geschichts- und Kultur-Denkmäler *(Civil Work Administration* und *Civilian Conservation Corps)*. 1935 hatte die US-Bundesregierung 30 Mrd. $ Schulden gemacht, um diese Reformen durchführen und finanzieren zu können. Trotzdem wurde die Roosevelt-Regierung in den Wahlen der Jahre 1934 und 1936 durch eindrucksvolle Wahlsiege in ihrer Politik bestätigt.

Die deutsche Reichsregierung unter dem Zentrums-Politiker Heinrich Brüning mißtraute staatlichen Arbeitsbeschaffungsmaßnahmen und setzte auf die Selbstheilungskräfte des Marktes. Als sie im März 1930 keine parlamentarische Mehrheit mehr besaß, hielt sie sich über Notverordnungen nach Artikel 48 der Verfassung, wiederholte Parlamentsauflösungen und Neuwahlen über Wasser. Aber die Neuwahlen brachten der Zentrums-Koalition keine stabile Mehrheit, sondern vergrößerten nur die Stimmen-Anteile der Nationalsozialistischen Deutschen Arbeiterpartei (NSDAP), die zwischen 1928 und 1932 von einer Splitterpartei (2,6 Prozent der Stimmen) zur größten Wählerpartei der Republik (33,1 Prozent) angewachsen war. Mit ihren 196 Reichstagsabgeordneten hätte sie zwar immer noch nicht allein regieren können, aber das katholische Zentrum und die konservative Deutschnationale Volkspartei (DNVP) von Zeitungsverleger Alfred Hugenberg waren unter bestimmten Umständen zu einer Koalition mit den Nationalsozialisten bereit. Doch zunächst beauftragte der Reichspräsident Paul von Hindenburg den rechten Zentrums-Abgeordneten Franz von Papen mit der Bildung einer bürgerlichen Minderheitenregierung. Er, ebenso wie sein Nachfolger General von Schleicher, konnte nur mit Notverordnungen und Parlamentsauflösungen regieren, weil er in der bürgerlichen Mitte des Reichstages keine Mehrheiten fand. Auch der Führer der Nationalsozialistischen Deutschen Arbeiter-Partei, Adolf Hitler, hatte eine solche parlamentarische Mehrheit nicht[219]. Dennoch wurde er vom Reichspräsidenten am 30. 1. 1933 mit der Bildung einer »Regierung der nationalen Konzentration« beauftragt, der neben parteilosen Ministern der (ehemalige) Zentrums-Politiker Franz von Papen und der Führer der DNVP Alfred Hugenberg angehörten. Damit war eingetreten, was die Nationalsozialisten großsprecherisch, aber auch ihre Gegner entschuldigend und gleichermaßen falsch als „Machtergreifung“ bezeichneten. Die Nationalsozialisten hatten sich vielmehr durch die Hintertür in die Macht geschlichen.

Schon vor der »Machtergreifung« war das reformatorische Netz sozialer Sicherung in der Republik von Weimar zerrissen. Die gerade

121

Durch die Hintertür einer Minderheitsregierung an die Macht gekommen gaben sich die Nationalsozialisten zunächst betont traditionsbewußt und staatserhaltend. Eines ihrer ersten Plakate nach dem 30. Januar 1933 unterstrich die Kontinuität der Generationen und sozialen Schichten.

erst fünf Jahre alte Arbeitslosenversicherung kürzte ihre Leistungen auf 36 Wochen nach eingetretener Arbeitslosigkeit, danach gab es Krisenunterstützung oder Wohlfahrtsfürsorge nach strenger Bedürftigkeitsprüfung und mehrfach gekürzten Richtsätzen. Siddy Wronsky faßte die Lage im Frühjahr 1932 in einem Bericht für den Internationalen Kongreß für soziale Arbeit mit den folgenden Worten zusammen:

»Die sozialen Ideen des Fürsorgegesetzes haben in der Krisenzeit besonders durch die Notverordnungen aus den Jahren 1931/32[220] *starke Einschränkungen erlitten. Die Ausdehnung der Arbeitslosigkeit (z. Z. 5583000) hat dahin gewirkt, daß die Zahl der aus der Versicherung ausscheidenden Arbeitslosen sich ständig vermehrt hat, die von der öffentlichen Fürsorge mitversorgt werden muß, die aber eine Versorgung dieser Kreise nicht vorgesehen hatte.*

Die Herabsetzung der Renten in der Sozialversicherung, die nach der neuesten Notverordnung vom 14. 6. 1932 4–6 RM monatlich, für Unfallrentner 7½ bis 15% vorsieht, nimmt vielen Rentenempfängern aus der Sozialversicherung die Grundlage ihrer Existenz und läßt sie in vielen Fällen der öffentlichen Fürsorge anheimfallen. Die unerwarteten übergroßen Lasten der Gemeinden für die arbeitslosen Hilfsbedürftigen und den erweiterten Kreis der Sozialrentner haben zur Folge gehabt, daß alle Leistungen auf dem Gebiet der Fürsorge für die anderen Gruppen der Hilfsbedürftigen eingeschränkt wurden. Die Richtsätze, die ein Existenzminimum gewährleisten sollten, sind in den letzten Monaten laufend herabgesetzt worden und befinden sich häufig bereits unter der Grenze des notwendigen Lebensbedarfs. Die neueste Notverordnung vom 14. 6. 1932 sieht eine weitere Senkung, anscheinend um 15% vor. Durch diese große Belastung sind die Kommunen zur Zeit gezwungen, da ihnen andere ausreichende Einnahmequellen nicht zur Verfügung stehen, die Leistungen in der vorbeugenden und nachgehenden Fürsorge allmählich abzubauen und auf den Stand der früheren Armenpflege mit der Gewährung eines unzureichenden Lebensunterhalts zurückzukehren, der Volksgesundheit und Volkskraft außerordentlich beeinträchtigt. Die Entwicklung, die aufgrund der modernen deutschen Fürsorgegesetzgebung im Laufe von 8 Jahren unter schwierigen Umständen für die im Arbeitsprozeß stehende und für die heranwachsende Generation Schutz und Förderung bedeutet, ist durch die Einschränkung der letzten Zeit unterbrochen und im Verhältnis zu den gewachsenen Notständen um Jahrzehnte zurückgeschraubt worden... Die Methoden der Fürsorge in Deutschland sind individualisierender und aufbauender Art. Sie wollen der Eigenart des Hilfsbedürftigen gerecht werden und im Rahmen der Familienfürsorge den Gesamtkomplex der Familie erhalten und fördern.

Diese Methoden, die sich in den letzten Jahren besonders stark entwickelt und eine Umwandlung der deutschen Fürsorge in die Wege geleitet haben, sind zur Zeit unter den Krisenverhältnissen nur schwer durchführbar. Bei der Überlastung der Fürsorgerinnen durch die Auszahlung von Unterstützungen an einen ständig wachsenden Kreis Hilfsbedürftiger wird eine Vertiefung in die persönlichen Verhältnisse der Hilfsbedürftigen nur noch in geringem Umfang möglich, und es wird allmählich in der Wohlfahrtspflege das System der fürsorgerischen Behandlung zugunsten der Unterstützung eingeengt«[221].

Die Zustandsbeschreibung Siddy Wronskys ist in moderatem Ton gehalten. Bewußt habe ich auf andere, Empörung vermittelnde, zum Widerstand aufrufende Schilderungen verzichtet, wie sie in der *Arbeiterwohlfahrt* oder der *Roten Hilfe* im Sommer 1932 und im Winter 1932/33 erschienen sind. Allen gemeinsam ist eine Tendenz, wie sie der Schluß eines Artikels aus dem Februar 1933 ausdrückt, mit dem der »Alltag einer Fürsorgestelle« während der Winterhilfe 1932/33 beschrieben worden ist: »Stärkere Hilfe muß endlich kommen. Ein Dauerzustand darf das nicht bleiben«[222].

Woher soll stärkere Hilfe kommen? Die einen versprachen sich Erleichterung und Entlastung durch die Einführung von Wirtschaftlichkeits-Prinzipien und Konkurrenz in den Beziehungen zwischen kommunaler und privater Fürsorge: »So hoch die Leistungen der freien Wohlfahrtspflege in der früheren Zeit einzuschätzen sind, so klar muß man sich dessen bewußt bleiben, daß heute ein erheblicher Teil der Einrichtungen der freien Wohlfahrtspflege nur von den Mitteln der Kommunen und der Sozialversicherung lebt, und zwar in doppelter Beziehung: einmal durch die Bezahlung der in Anspruch genommenen Einzelleistungen und außerdem durch die Gewährung von Subventionen. Die Anwendung der privatwirtschaftlichen Selbstkostenkalkulation dürfte hier dazu führen, daß die Inanspruchnahme der Einrichtungen der freien Wohlfahrtspflege nur insoweit erfolgt, als die Kosten bei gleichen Leistungen den Wettbewerb mit den eigenen Einrichtungen sowie den privaten Erwerbsunternehmungen aushalten ...«[223].

Andere, die zu konservativ waren, um forsch auf das Pferd betriebswirtschaftlicher Effizienz-Steigerung zu setzen, sahen die wirtschaftliche Krise als Menetekel einer tiefergreifenden *Zeitenwende,* welche »das Ende der familienzersetzenden und das Geschlechterverhältnis individualistisch beherrschenden Willkür von Liberalismus und Sozialismus« signalisierte. Hand in Hand mit der Abwendung von Liberalismus, Sozialismus und parlamentarischer Demokratie gehe, so Pfarrer Johannes Steinweg vom Präsidium der Deutschen Liga der freien Wohlfahrtspflege im Herbst 1932,

»... die Abwendung von dem atomistischen, mechanistischen, konstruierenden Denken und die Hinwendung zu einem organischen Denken, d.h. zu einem Denken aus Lebenszusammenhängen heraus, die nicht in erster Linie gemacht oder beschlossen oder angeordnet werden können, sondern die aus seelischen Tiefen herauswachsen müssen. Ferner die Abwendung von Ideen und Programmen und der Ruf nach der Führerpersönlichkeit, von der weniger umfassende Ideen und wohlzusammengestellte Programme verlangt werden als seelische Kraft und instinkthafte Verbundenheit mit dem Volksleben in seiner Tiefe und eine seelische Führung mit dem in der heutigen rationalen Zeit sehr irrationalen Faktor der ›Masse‹. Durch das alles hindurch geht eine Strömung, in der eine weithin spürbare Abkehr erfolgt vom Rationalen zum Irrationalen, vom Statischen, Meß- und Zählbaren zum Dynamischen, das in erster Linie gefühlt werden muß, von der wasserklaren Durchsichtigkeit einer rationalen Denkweise zu den geheimnisvollen Wirklichkeiten seelischer Tiefe, die in erster Linie intuitiv erfaßt werden müssen. Schließlich die Abwendung von der reinen Diesseitigkeit zur Metaphysik und Transzendenz, vom Relativen zum Unbedingten, von der Skepsis zum Glauben und das Verlangen nach neuen Bindungen, nach wirklichen Autoritäten, die nicht durch einen parlamentarischen Beschluß bestellt werden, sondern als geistige Realitäten da sind, nach tragenden Zusammenhängen und nach einer seelischen und innerlichen, nicht nur zweckhaften und vernunftsmäßig begründeten Gemeinschaft«[224].

Es ist nicht einfach, diese konservative Kritik eines Vertreters kirchlich institutionalisierter Caritas an den Errungenschaften des Fürsorgewesens in der Republik von Weimar von der »voranschreitenden« Kritik eines mit den Nationalsozialisten sympathisierenden Intellektuellen der jüngeren Generation zu unterscheiden. Dr. Otto Schirmel, den wir schon als Kritiker des Methodenwerks von Siddy Wronsky und ihren psychoanalytisch orientierten Mitarbeitern kennengelernt haben[225], stellte in einem Grundsatz-Artikel in der *Freien Wohlfahrtspflege* aus dem Sommer 1932 zunächst fest, daß das Fürsorgewesen der Weimarer Republik durch das Bündnis von Sozialdemokratie, liberalem Bürgertum und dem »Zentrum als politischem Exponenten des Katholizismus« geprägt worden sei. Dann sprach auch er von »bedeutsamen Wandlungen im Volkskörper« und einer neuen Haltung der jungen Generation gegen die »zermürbende Atmosphäre des ›Stempelns‹«. Auch er kritisierte die Entwicklung zum total versorgten »risikofreien Menschen«.

Auch er nannte als Gegenreaktionen gegen den totalen Versorgungsstaat (den zu schaffen die Republik von Weimar mit ihren bescheidenen Sozialreformen weit entfernt war, d. V.) direkte Aktionen wie die Winterhilfe des Jahres 1931/32 und diagnostizierte »neue Fürsorgeträger«. Die eigentliche Fürsorge flüchtete sich vielfach in kleine Gruppen, die durch eine ›lebendigere Solidarität‹ zusammengehalten werden: Berufsstände, Parteien, Bünde, Nachbarschaften. Und auch die Organisationen der privaten Fürsorge haben erneut ihre Bedeutung für die Erfassung letzter Hilfsmöglichkeiten erwiesen«[226]. Aber dann machte Schirmels Argumentation einen qualitativen Sprung. Sich fatalerweise auf ein Zitat von Dr. Hans Achinger beziehend[227], der 1932 geschrieben hatte, die Republik wende bereits in der normalen Fürsorgeerziehung für den einzelnen Jugendlichen mehr auf als ein Familienvater im Erzgebirge verdiene und sie verwahre Epileptiker, Geisteskranke, Trinker, Asoziale aller Art in großen und teuren Anstalten[228], *stellte Schirmel »mit vollem Ernst die Frage, ... wie weit ihre Hilfe gehen darf, ohne die eindringlichste Aufgabe, Erhaltung des Volkes durch Kräftigung seiner erbgesunden Glieder in einer Zeit höchster biologischer Selbstgefährdung hintanzustellen ... Auch hier zeigt sich wieder, daß sich die liberale Menschenauffassung nicht gemeinschaftsfördernd, sondern gemeinschaftszerstörend auswirkt«*[229].

Nimmt man die drei Argumentationsstränge zusammen: die grämliche Abkehr von der »wasserklaren Durchsichtigkeit rationaler Denkweise«, die atemlose Hoffnung auf geheimnisvolle und der »Zweckhaftigkeit parlamentarischer Beschlüsse entzogene Irrationalitäten«, die im Gleichklang von »Führer« und »Masse« intuitiv erschaut werden können (Steinweg) und schließlich die wieder ganz rechenhaft gestellte Frage, ob es sich die Gemeinschaft angesichts der »Volksnot« und der damit verbundenen »biologischen Selbstgefährdung« leisten dürfe, für »Fürsorgezöglinge, Asoziale, Trinker, Epileptiker und Geisteskranke« mehr Geld auszugeben als für gesunde und leistungsfähige Teile des Volkskörpers (Schirmel), so hat man drei wichtige Ingredienzien nationalsozialistischer Sozialpolitik und Sozialarbeit beisammen, welche die nächsten 12 Jahre leitmotivisch bestimmt haben.

Nationalsozialistische Volkswohlfahrt (NSV)

Probleme der Wohlfahrtspflege im engeren Sinne spielten in der Phase der »Kampfzeit« der nationalsozialistischen Bewegung (1923–1933) keine Rolle. Die 25 Punkte des Parteiprogramms enthielten lediglich allgemeine politische, beschäftigungspolitische und sozialpolitische Forderungen:

- Staatsbürger kann nur sein, wer Volksgenosse ist. Volksgenosse kann nur sein, wer deutschen Blutes ist. Öffentliche Ämter können nur von Staatsbürgern wahrgenommen werden. Angehörige fremder Nationen sind im Bedarfsfalle auszuweisen, Einwanderungen sind zu verhindern;
- die Altersversorgung ist großzügig auszubauen;
- jedem fähigen und fleißigen Deutschen ist das Erreichen höherer Bildung und das Einrücken in führende Stellungen zu ermöglichen;
- *»der Staat hat für die Hebung der Volksgesundheit zu sorgen durch den Schutz der Mutter und des Kindes, durch Verbot der Jugendarbeit, durch Herbeiführung der körperlichen Ertüchtigung mittels gesetzlicher Festlegung einer Turn- und Sportpflicht, durch größte Unterstützung aller sich mit körperlicher Jugendausbildung beschäftigenden Vereine«*[230].

Die Nationalsozialistische Volkswohlfahrt wurde 1931 in Berlin-Wilmersdorf gegründet und im Frühsommer 1932 ins Vereinsregister von Berlin-Tempelhof eingetragen[231]. Bis zur Bestallung Adolf Hitlers als Reichskanzler diente sie dazu, Parteimitgliedern und Sympathisanten, die in der »Kampfzeit« in wirtschaftliche Schwierigkeiten oder zu körperlichem Schaden gekommen waren, materiell zu unterstützen. Dazu muß man wissen, daß eine wesentliche und wirksame Strategie nationalsozialistischer Propaganda in den letzten Jahren der Republik darin bestanden hatte, Sozialdemokraten und Kommunisten die Verfügungsgewalt über »die Straße« streitig zu machen. Den linken Parteien war es in langen und disziplinierten Auseinandersetzungen seit den Wahlrechtsdemonstrationen des Jahres 1910 gelungen, den preußischen Staat zu Tolerierung öffentlicher politischer Versammlungen und Umzüge zu zwingen[232]. Um SPD und KPD das Vorrecht auf der Straße abzunehmen, verwendeten die braunen Sturmabteilungen der NSDAP (SA) neben Massenaufmärschen rollende Einsätze auf offenen Lastwagen, von denen sie Flugblätter verteilten, Parolen riefen und Versammlungs- und Verkehrs-Lokale gegnerischer Parteien überfielen. Die

»… die Straße frei den Braunen Bataillonen!« Der Gauleiter von Berlin Joseph Goebbels setzte die Berliner SA gezielt ein, um das schwankende Bürgertum mit der Eroberung der Straße in Angst und Schrecken zu versetzen. »Blutzeugen der Bewegung« waren Teil dieser terroristischen Strategie. (Berlin, März 1933.)

Blessierten dieser Straßenschlachten waren die ersten »Klienten« der NSV. Weitergehende politische Bedeutung erlangte sie erst im April 1933, als Erich Hilgenfeld die Führung der NSV übernahm und Adolf Hitler dazu brachte, den Verein als für alle Fragen der Volkswohlfahrt und der Fürsorge zuständige Gliederung der NSDAP anzuerkennen und sie dem »Hauptamt für Volkswohlfahrt« in der Reichsleitung der NSDAP zuzuordnen[223]. Die Mitgliederzahlen der NSV stiegen von 112000 (1933) auf nahezu 11 Millionen im Jahre 1939 an. Zusammen mit dem Gewerkschaftsersatz *Deutsche Arbeitsfront* (DAF) und ihrem Freizeitwerk *Kraft durch Freude* (KDF) gehörte die NSV zu den größten Massenorganisationen der Nationalsozialisten.

Im Februar 1933 hatte der Reichspräsident die verfassungsmäßig garantierten bürgerlichen Freiheitsrechte außer Kraft gesetzt; im März hatte er jeden Angriff und jede Herabsetzung von NSDAP und Reichsregierung unter schwere Strafen gestellt *(Heimtückegesetz);* im gleichen Monat hatte er den Reichstag als gesetzgebendes Organ abgeschafft *(Ermächtigungsgesetz);* am 2. Mai waren die Gewerkschaften zerschlagen worden; im Juni 1933 folgte das Verbot der SPD und ihrer Organisationen, darunter auch der Arbeiterwohlfahrt; im Dezember 1933 wurden die Angehörigen der NSDAP und ihrer angeschlossenen Gliederungen in den Rang öffentlicher Bediensteter erhoben und einer besonderen Gerichtsbarkeit unterstellt. Im Zuge dieser, nun in der Tat so zu nennenden »Machtergreifung« erhielt die NSV die Leitfunktion für den gesamten Bereich der privaten Wohlfahrtspflege. Einerseits war sie »privater Wohlfahrtsverband«, so wie die weiter zugelassenen Verbände Caritas, Innere Mission und Deutsches Rotes Kreuz – der Deutsche Paritätische Wohlfahrtsverband löste sich »freiwillig« auf –, andererseits erhob sie den Anspruch, »alle Bestrebungen und Einrichtungen der deutschen Wohlfahrtspflege, insbesondere die Verbände der freien Wohlfahrtspflege, zusammenzufassen und nach nationalsozialistischen Zielsetzungen auszurichten«[234].

Vom Klassenkampf zum Rassenkampf

Wie sahen diese Zielsetzungen aus? Sie bestanden aus (in unserer heutigen Sprache) ideologischen, propagandistischen und sozialpolitischen Komponenten. Ein wesentlicher Bestandteil nationalsozialistischer Ideologie war rassistischer Natur. Damit ist gemeint, daß die Nationalsozialisten den gesellschaftlichen Wert von Personen an ihrer Zugehörigkeit zu einer bestimmten Rasse abhängig machten.

Rassereine arische Mütter wurden von den Nationalsozialisten als Hüterinnen des Hauses und des Lebens, der Familie und der Sippe hochgeschätzt. Das Hilfswerk Mutter und Kind war Teil der Nationalsozialistischen Volkswohlfahrt. Mitglieder der NS-Frauenschaft betreuten ehrenamtlich werdende und junge Mütter (Plakat 1936).

Dazu Helmut Richter (1986):

»Hitler geht davon aus, daß die Welt von verschiedenen Rassen bewohnt und von der ›nordischen‹ oder ›arischen‹ Rasse dominiert werde. Ihre Herrschaft sei allerdings durch das Judentum bedroht und könne nur durch einen Kampf auf Leben und Tod gesichert werden. Für diesen Kampf sei die arische Rasse jedoch zur Zeit nur bedingt gerüstet, da die meisten Völker gegenwärtig Mischrassen darstellten und auch die Arier mit minderwertigen Rassen gemischt seien. Deshalb bedürfe es noch eines Jahrhunderte währenden Züchtungsprozesses, um die Deutschen zu einem Herrenvolk zu erheben. Die Züchtung würde allerdings dadurch erleichtert, daß der nordische Rassekern, die Elite, in Deutschland relativ rein erhalten sei und nunmehr aus der Masse ausgelesen und zur beherrschenden Stellung emporgeführt werden müsse. Daher bestehe auch keine Notwendigkeit, das Auslesekriterium für diese Elite noch biologisch festzumachen. Es werde vielmehr grundsätzlich von der individuellen Stärke bestimmt: Der Stärkere ist der Höherwertige. Nach dem Verständnis dieses Sozialdarwinismus findet Geschichte also einzig als Fortschritt und Verfall innerhalb einer Rasse statt. Vor einem solchen ideologischen Hintergrund sind Schriften wie ›Mein Kampf‹ nur als Propagandaschriften für die Masse des Volkes, nicht aber für die Elite verfaßt worden. Es ging Hitler mit ihrer Verbreitung nicht eigentlich um die Durchsetzung kultureller Werte als Eigenwert, sondern um einen Machtzuwachs, denn Macht ist der ›Motor der Geschichte‹.

Für den Staat leitet sich aus dieser Lehre die Aufgabe ab, besonders den rassisch wertvollen Kern und seine Fruchtbarkeit zu entwickeln. Dabei sind zwei Wege vorgezeichnet worden:

1. *Ausschluß alles Fremdrassigen und der ›irgendwie ersichtlich krank und erblich Belasteten‹ aus dem ›Volkskörper‹ …*
2. *Verstärkte Sorge für die Kinder gesunder Eltern. Sie bilden das Material, aus dem die Elite ausgelesen und aufgezüchtet werden muß. Ziel dieser Aufzucht ist die Heranbildung von Soldaten für den großen Entscheidungskampf, während die Mädchen vor allem auf ihre zukünftige Rolle als Mutter vorzubereiten sind«*[235].

Es wäre verfehlt und würde uns als Nach-Geborene nationalsozialistischer Herrschaft zu rasch aus unserer Verantwortung entlassen, wenn wir solche Gedanken-Konstrukte als Manifestationen verbrecherischer oder ver-rückter Wirklichkeits-Wahrnehmung durch die Clique führender Nationalsozialisten beiseite schieben wollten. Rassistisches Gedankengut hat schon im 19. Jahrhundert und in der Republik von Weimar eine deutlich wahrnehmbare Rolle gespielt. Und nicht nur bei den Konservativen. Fragen der Bevölkerungspolitik und ihrer Steuerung, der negativen und positiven Eugenik und der Unfruchtbarmachung erbkranker Elternteile wurden in ständigen Rubriken sozialpädagogischer Fachzeitschriften schon lange vor der Etablierung nationalsozialistischer Herrschaft diskutiert. Selbst ein Sexualforscher wie Magnus Hirschfeld, dessen »Institut für Sexualwissenschaft« am 6. Mai 1933 von der SA verwüstet worden war, hielt die Eugenik für eine menschenfreundliche Erfindung, die »durch die Hervorbringung besserer und glücklicherer Menschen die Entstehung einer besseren und glücklicheren Menschheit (bezweckt)«[236]. Auch andere deutsche Gelehrte, »die lange vor dem Hitlerfaschismus wissenschaftlich und ethisch begründeten, warum bestimmte Menschen und Rassen Unkraut seien, minderwertig und lebensunwert, waren von hohen Idealen durchdrungen. Darum geht es: daß ein allgemeiner Zug in unserem Denken und Tun liegt, der auf Vernichtung hinausläuft«[237].

In der Frühphase nationalsozialistischer Herrschaft bestand noch kein unmittelbares Interesse an der Vernichtung rassisch minderwertigen Lebens. Die NSDAP ging vielmehr von einer klaren Arbeitsteilung aus. Sie behielt sich die ideelle und materielle Unterstützung von Kämpfern der nationalsozialistischen Bewegung und anderen Trägern völkisch einwandfreier Normalbiographien vor und überließ die Sorge für andere Arbeitslose und Hilfsbedürftige den öffentlichen Wohlfahrtsämtern und die Pflege von Kranken und Hilflosen den (vor allem kirchlichen) Wohlfahrtsverbänden[238].

Propagandistisch ging es den Nationalsozialisten zunächst darum, die bürokratische Routine sozialstaatlicher Wohlfahrtspflege durch demonstrativ zur Schau gestellte Solidarität der gesamten Volksgemeinschaft zu ersetzen. Nicht zufällig hatte der Gauleiter der NSDAP für Groß-Berlin und Reichsminister für Volksaufklärung und Propaganda Dr. Josef Goebbels die Inszenierung der Winterhilfe, des Eintopfsonntags und der Pfundspende übernommen[239]. Der bürokratischen Armenverwaltung in der »Systemzeit« sollte die »tätige Volksgemeinschaft« des neuen Reiches gegenübergestellt werden. Dazu war es notwendig, daß die »oft in widerlich aufdringlicher Weise aus egoistischen Zwecken öffentlich zur Schau gestellte Not aus dem Gesichtskreis sowohl der werktätigen Bevölkerung, als auch der Fremden und Ausländer, verschwindet ... Mit Recht kann (dann) an die Besitzenden der Appell gerichtet werden, nach der Befreiung von der Landplage des Bettelunwesens um so großzügiger für das von Staat und Partei in die Wege geleitete Winterhilfswerk zu spenden«[240]. Deshalb veranstalteten Polizei, SA und SS im gesamten Reich vom 18. bis 25. September 1933 sogenannte Bettlerjagden und verhafteten zehntausende von Wohnungslosen – oder die sie dafür hielten – auf der Straße. »Allein in

Diese Jugend, die lernt ja nichts anderes als deutsch denken, deutsch handeln, und wenn nun diese Knaben, diese Mädchen mit ihren zehn Jahren in unsere Organisationen hineinkommen und dort so oft zum erstenmal überhaupt eine frische Luft bekommen und fühlen, dann kommen sie vier Jahre später vom Jungvolk in die Hitler-Jugend, und dort behalten wir sie wieder vier Jahre, und dann geben wir sie erst recht nicht zurück in die Hände unserer alten Klassen- und Standeserzeuger, sondern dann nehmen wir sie sofort in die Partei oder in die Arbeitsfront, in die SA oder in die SS, in das NSKK und so weiter. Und wenn sie dort zwei und anderthalb Jahre sind und noch nicht ganze Nationalsozialisten geworden sein sollten, dann kommen sie in den Arbeitsdienst und werden dort wieder sechs oder sieben Monate geschliffen, alle mit einem Symbol: dem deutschen Spaten (Beifall).

Und was dann nach sechs oder sieben Monaten noch an Klassenbewußtsein oder Standesdünkel da oder dort noch vorhanden sein sollte, das übernimmt dann die Wehrmacht zur weiteren Behandlung auf zwei Jahre (Beifall), und wenn sie dann nach zwei oder drei oder vier Jahren zurückkehren, dann nehmen wir sie, damit sie auf keinen Fall rückfällig werden, sofort in die SA, SS und so weiter, und sie werden nicht mehr frei ihr ganzes Leben (Beifall), und sie sind glücklich dabei.

(Rede Hitlers vor HJ-Angehörigen in Reichenberg, Dezember 1938)

Die Nationalsozialisten haben mit wenigen Ausnahmen offen und öffentlich ihre pädagogischen Ziele genannt. Jeder konnte sie kennen.

Hamburg wurden, teilweise direkt aus den Herbergen heraus, etwa 1400 Personen bei dieser Razzia in ›Schutzhaft‹ genommen«[241].

Auch der ursprünglich freiwillige Arbeitsdienst (RAD) und verschiedene, nach US-Vorbild abgekupferte Arbeitsbeschaffungsprogramme (Landgewinnung, Deichbau, Autobahnbau) dienten propagandistischen Zwecken. Ein Führerbefehl wies an, daß für solche Projekte keine Maschinen benutzt werden sollten, damit der Arbeitsbeschaffungseffekt nicht durch Rationalisierungs-Einsparungen konterkariert würde.

Wie die alten Reformpädagogen der Weimarer Republik hatten auch die Nationalsozialisten erkannt, daß in dem Aufgabenkomplex der Wohlfahrtspflege – vor allem in Jugendfürsorge und Jugendpflege – ein gutes Stück staatlicher Beeinflussung durch Erziehung stecke. Diese Erziehung wollten sie unbedingt und uneingeschränkt den Jugendorganisationen der nationalsozialistischen Bewegung reservieren: *Deutsches Jungvolk* (DJ) und *Hitlerjugend* (HJ), *Jungmädel* (JM) und *Bund Deutscher Mädel* (BDM) sowie die Jungerwachsenen-Organisation *Glaube und Schönheit.* Sie ließen deshalb die jugend*fürsorgerischen* Aufgaben des Jugendamtes bestehen und besetzten in vielen Fällen die Leitung des Jugendamtes mit Hitlerjugend- und BDM-Führerinnen und Führern, aber sie reduzierten die Aufgaben des Jugendamtes um die sozial*pädagogischen* Aufgaben des § 4 RJWG und delegierten diese an ihre Jugendorganisationen. Diese Beschneidung des Jugendamtes hatte zur Folge, daß es der sozialpädagogischen Leitfunktion, die es in der Republik von Weimar übernommen hatte, beraubt und in dieser Funktion durch ein anderes Amt abgelöst wurde, das während der 12 Jahre nationalsozialistischer Herrschaft Vorreiter-Funktionen übernahm: das *Gesundheitsamt.*

Das Gesundheitsamt als Leitfigur nationalsozialistischer »Sozialpolitik«

Die kulturelle Leistung der Wohlfahrtspflege in der Republik von Weimar hatte darin bestanden, daß sie sich von der moralischen Hybris der alten Armenpflege und ihrem Anspruch emanzipierte, »würdige« Fälle von »unwürdigen« Fällen zu unterscheiden *(Arbeitshaustest)* und die individuelle Willensstärke der Hilfesuchenden durch diagnostische Verfeinerungen dingfest zu machen *(Mary Richmond)*. Bei der Entwicklung ihres neuen methodischen Instrumentariums unterstellte sie vielmehr, daß unwirtschaftliches Handeln auf unterentwickelte Durchsetzungsfähigkeit verweise, und daß unterentwickelte Durchsetzungsfähigkeit als Zusammenspiel reduzierter gesellschaftlicher Entwicklungschancen und ihrer je individuellen menschlichen Verarbeitungsformen begriffen werden müsse. Diese gelte es durch gezielte sozialpädagogische Interventionen zu korrigieren *(Alice Salomon, Marie Baum, Siddy Wronsky)*. Dieser dynamischen Betrachtung menschlicher Entwicklung und des dialektischen Verhältnisses zwischen gesellschaftlichen Realitäten und individueller Verarbeitung hatten die Nationalsozialisten von Anfang an widersprochen. Schirmel hatte sie als liberalistisch und individualistisch bezeichnet, Adolf Hitler hatte sie in *Mein Kampf* als »ebenso lächerliche wie zwecklose Wohlfahrtsduseleien« diffamiert. Schlimmer noch, die Nationalsozialisten hatten an die Stelle der alten Ermessensentscheidung des Armenpflegers die pseudo-wissenschaftliche Diagnose des rassenbiologisch geschulten Amtsarztes gestellt:

»Der nationalsozialistische Staat leitet die Berechtigung für seine rassenpolitischen Maßnahmen von der Tatsache ab, daß die erblichen Verschiedenheiten nicht durch irgendeinen blinden Zufall, sondern durch ein gesetzmäßiges Schicksal bedingt sind ... Es ist das Erbgut grauester Vorzeit, das in uns Wirklichkeit ist, und alle jene Vorfahren, von denen zu uns keine Kunde mehr dringt, die nur da und dort einmal in alten Funden uns etwas von ihrer alten Kultur ahnen lassen, sind nicht ins völlige Nichts verfallen, sondern von ihnen lebt ein Stück in einem Jeden von uns ... So ist der Einzelne nicht ein losgelöstes Etwas, das zufällig unter einer Zahl von Menschen lebt, sondern er ist nur ein Glied in der Kette des Lebens, von der er sich nicht lösen kann«[242].

Viele Sozialpädagogen, die damals gutwillig und gutgläubig der neuen »Volkswohlfahrtspflege« und »Gesundheitsführung« applaudierten, sich von ihr gar eine Befreiung »von einer irregeleiteten Fürsorge, die ihre Kraft in erster Linie einsetzte für alles Kranke und Schwache«[243] versprachen, waren sich der Tragweite dieser anthropologischen Wende nicht bewußt. Sie gaben an, unter den Methoden des liberalistischen Wohlfahrtsstaates und seiner konfessionellen Neutralität gelitten zu haben und dankten nun ihrem Führer, »daß er das Christentum als ein Fundament des neuen Staates ansieht. Denn hier liegen die Kräfte für den selbstlosen Dienst am Nächsten, von hier aus ist wieder ein Aufbau und Erstarken der sittlichen Kräfte unseres Volkes möglich«[244]. Oder sie gingen irrtümlich davon aus, daß die Nationalsozialisten den alten Begriffen von »würdigen« und »unwürdigen« Fällen in der Fürsorge wieder Geltung verschaffen würden, wo es doch »die einfachen, unverbildeten Landleute nie verstanden (haben), daß der Faulenzer und der Tagedieb bei der Fürsorge mit dem ehrlichen, fleißigen, ohne eigene Schuld in Armut, Not und Elend gekommenen Menschen auf die gleiche Stufe gestellt werden soll«[245].

Den Nationalsozialisten ging es um ehrgeizigere Ziele als um die bloße Rückkehr zu einer rechenhaften Caritas. Im September, Oktober und November 1933 organisierten sie eine reichseinheitliche Kampagne zur »bevölkerungspolitischen Aufklärung«. Durch Presse, Rundfunk, Film, Theater, Vorträge und Millionen von Aufklärungsschriften sollte dem deutschen Volk vor Augen geführt werden, daß es durch kollektive

Unfruchtbarkeit auf dem besten Wege sei, sich selbst zu vernichten. Die Bevölkerungsstatistik zeige eindringlich, »daß in 2–3 Jahrzehnten nicht mehr genug erwerbstätige Menschen vorhanden sein werden, um die hohe Zahl der Alten und Arbeitsunfähigen zu unterhalten ... Es gilt, zunächst sich darüber klar zu werden, daß alle überflüssigen Ausgaben der öffentlichen Hand wie auch sonst vor allen Dingen die Ausgaben für asoziale und für minderwertige Personen herabgesetzt werden müssen, um das Gesamteinkommen des deutschen Volkes in höherem Maße als bisher der hochwertigen gesunden Familie zuzuführen«[246]. Die wichtigste Abteilung der Reichsführung der NSV wurde die Abteilung II (Gesundheit) mit den Unterabteilungen: Gesundheitsfürsorge und Gesundheitspflege, Fachausbildung und Schulung und Volksernährung. Am 14. 7. 1933 erließ die Reichsregierung das „Gesetz zur Verhütung erbkranken Nachwuchses«, das es erlaubte, Personen mit »angeborenem« Schwachsinn, Schizophrenie, manisch-depressivem Irresein, erblicher Fallsucht, Blindheit und Taubheit und schweren erblichen körperlichen Mißbildungen zu sterilisieren. Darüber entschied ein, einem Amtsgericht angegliedertes Erbgesundheitsgericht auf Antrag. Antragsberechtigt waren die Kranken oder ihre gesetzlichen Vertreter (§ 2) Amtsärzte oder Anstaltsleiter (§ 3).

Noch fehlte für so weitreichende staatliche Eingriffe eine Behörde, welche den »Geist der neuen Gesundheitsführung« im ganzen Reich verbreiten sollte. Diese Behörde wurde am 3. 7. 1934 durch das »Gesetz über die Vereinheitlichung des Gesundheitswesens« geschaffen, das am 1. 4. 1935 in Kraft trat. Durch dieses Gesetz wurden in Städten und Landkreisen staatliche Gesundheitsämter geschaffen, die von einem Amtsarzt geleitet wurden und in die tunlichst die alte Familienfürsorge als Außendienst und Ermittlungsinstanz integriert werden sollte. Aus dem Jahre 1938 liegt der Tätigkeitsbericht aus einem der neu geschaffenen staatlichen Gesundheitsämter (einer Kleinstadt mit 33000 Einwohnern) vor, dessen 14 Gesundheitsfürsorgerinnen neben Hilfstätigkeiten im Innendienst vor allem im Außendienst mit Säuglingsfürsorge, Schulgesundheitspflege, Tuberkulosefürsorge, Wohnungsfürsorge und in wachsendem Maße auch mit Erb- und Rassenpflege befaßt waren.

»Die Aufstellung von Sippentafeln für die Antragstellung auf Unfruchtbarmachung und für die Durchführung der Ehegesundheitsgesetzgebung obliegt der Gesundheitspflegerin in allen derartigen in ihrem Bezirk vorkommenden Fällen. Schon allein das Zusammentragen des oft recht umfangreichen Materials hierfür erfordert mehrfache Hausbesuche, Ermittlungsgänge zu Standesamt und Einwohnermeldeamt, zum behandelnden Arzt usw. In vielen Fällen hat sich die persönliche Rückfrage und

Villa in der Tiergartenstraße 4 im Berliner Tiergarten. Die später ausgebombte Villa diente als Planungs- und Kommando-Zentrale für die Tötung von mehr als 200000 Behinderten (Foto 1940).

Einsichtnahme der Gesundheitspflegerin in die Karteien des Standesamtes und Einwohnermeldeamtes als rascher und sicherer zum Ziel führend erwiesen als schriftliche Anfragen des Gesundheitsamtes. Für die Erforschung der erbgesundheitlichen Beschaffenheit der Familien ist die Gesundheitspflegerin unentbehrlich, nicht nur, weil sie seit Jahren mit den meisten Familien ihres Bezirkes vertraut ist, sondern auch weil sie in den ihr noch weniger bekannten Familien beim Hausbesuch viel mehr aufspüren kann, als es der Arzt im Innendienst des Amtes vermag, selbst

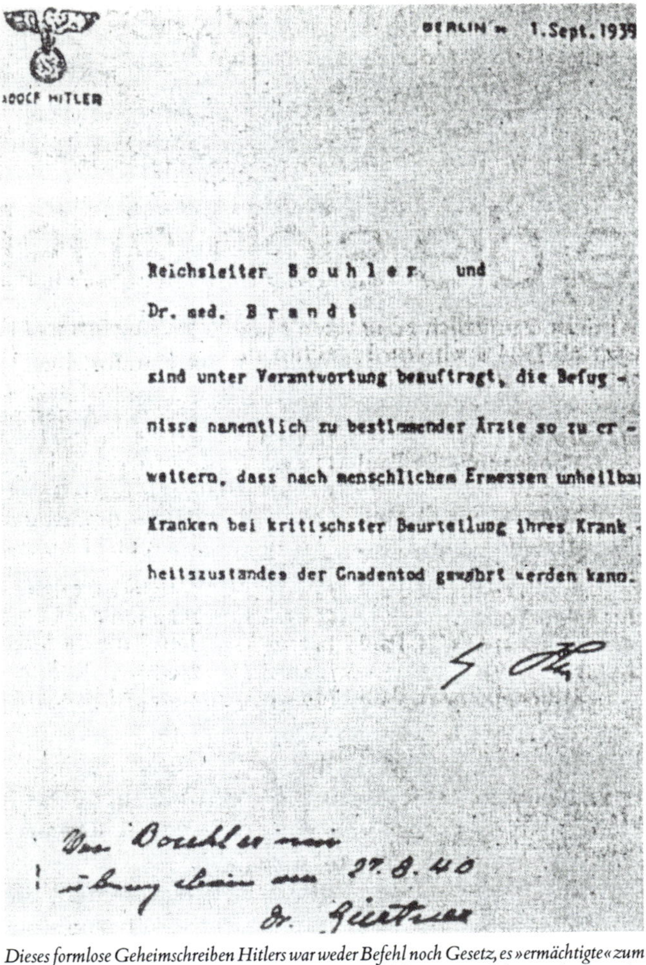

ADOLF HITLER

BERLIN, den 1. Sept. 1939

Reichsleiter Bouhler und

Dr. med. Brandt

sind unter Verantwortung beauftragt, die Befug-
nisse namentlich zu bestimmender Ärzte so zu er-
weitern, dass nach menschlichen Ermessen unheilbar
Kranken bei kritischster Beurteilung ihres Krank-
heitszustandes der Gnadentod gewährt werden kann.

Von Bouhler mir
übergeben am 27. 8. 40
Dr. Gürtner

Dieses formlose Geheimschreiben Hitlers war weder Befehl noch Gesetz, es »ermächtigte« zum Töten. Es hatte die Funktion – verstärkt durch die Rückdatierung auf den Tag des Kriegsbeginns – Skrupel bei den beteiligten Medizinern und Juristen zu zerstreuen. Ein förmliches Gesetz sollte folgen, blieb aber in der Schublade. (Die handschriftliche Bemerkung unten links lautet: »Von Bouhler mir übergeben am 27. 8. 40 Dr. Gürtner«. Als Reichsjustizminister hatte Gürtner auf ein entsprechendes Gesetz gedrängt, aber nur dieses Schreiben erhalten.)

Philipp Bouhler (oben) und Karl Brandt (unten) waren die beiden »Euthanasie«-Beauftragten. Als enger Vertrauter Hitlers leitete der NSDAP-Reichsleiter Bouhler die Parteikanzlei des Führers, während der Mediziner Prof. Brandt Hitler in allen gesundheitspolitischen Fragen beriet und 1943 dessen Beauftragter für das gesamte zivile und militärische Gesundheitswesen wurde.

wenn er die ganze Familie ins Gesundheitsamt bestellen würde, was unmöglich in allen Fällen durchführbar ist ...«[247].

Die Ermittlungen von Gesundheitsfürsorgerinnen dienten – spätestens seit dem Einmarsch der deutschen Wehrmacht in Polen im September 1939 – nicht *irgendeinem* gesundheitsfürsorgerischen Zweck, sondern sie dienten einer langfristig angelegten Strategie zur *Tötung lebensunwerten Lebens*. Am 18. August 1939 waren die Gesundheitsämter von der Bildung eines »Reichsausschusses zur wissenschaftlichen Erfassung erb- und anlagebedingter schwerer Leiden« (»Reichsausschuß«) informiert worden, der reichseinheitliche Daten über alle mißgebildeten Neugeborenen erfassen sollte. Am 1. September 1939 hatte Adolf Hitler eine Planungsgruppe, bestehend aus Funktionären der Kanzlei des Führers, des Sicherheitsdienstes (SD), des Innenministeriums und aus psychiatrischen Gutachtern und Praktikern, ermächtigt, die Vorarbeiten für die Vernichtung unwerten Lebens (Euthanasie) zu koordinieren, zu beschleunigen und in eine erste Aktion umzusetzen[248]. Seit dem 21. September 1939 erfaßte eine Abteilung des Reichsinnenministeriums alle Anstalten im Reichsgebiet, in denen Geisteskranke, Epileptiker und Schwachsinnige dauerhaft verwahrt wurden. Am 9. Oktober 1939 begann die Erfassung der individuellen Daten ihrer Insassen. Das Planziel stand fest: Man ging davon aus, daß von 1000 Einwohnern des Reichs 10 psychiatrischer Behandlung bedürften, davon 5 in stationärer Form. Von diesen 5 sollte ein Patient unter die Aktion fallen. Das waren ca. 70000 »Fälle« im Reich. Die Zentrale dieser »industriemäßig durchgeführten Tötungsaktion« (Friedrich Karl Kaul[249]) arbeitete unter dem Tarnnamen T 4, weil ihr Dienstsitz in der Berliner Tiergartenstraße 4 lag. Ihre Ärzte selektierten das Patientenmaterial nach Aktenlage und nach Besuchen in den Pflegeanstalten und gaben die von ihnen ausgewählten Patienten für den »Gnadentod« frei, der vom Anstaltspersonal »vollzogen« wurde.

Professor Dr. Werner Catel war ein renommierter Kinderarzt, der in den »Reichsausschuß zur wissenschaftlichen Erfassung erb- und anlagebedingter schwerer Leiden« berufen worden war, um die Euthanasie »wissenschaftlich« zu steuern. Catel, der Kindern eigenhändig die tödliche Spritze setzte, bekannte sich auch später noch zu dieser Handlung: »Aufgabe des Arztes ist meiner Meinung nach nicht, unbedingt das Leben eines Menschen zu verlängern, sondern Leid zu verhindern. Dies kann und muß gelegentlich auch durch ›Auslöschung‹ geschehen. Ich gebrauche absichtlich diesen Ausdruck, weil ich der Meinung bin, daß es häufig Wesen in menschlicher Gestalt gibt, die unter der Stufe eines Haustieres stehen und bei denen man von einer Seele überhaupt nicht mehr sprechen kann. Töten kann man aber nur ein Wesen, das eine Seele hat. Deshalb scheint mir in solchem Falle der Ausdruck ›Auslöschung‹ besonders angebracht«[250]. Wer sich auf solche Betrachtungs- und Argumentationsweise einläßt, der gerät unversehens auf eine schiefe Ebene willkürlicher Definitionen, wer noch »Mensch« genannt werden darf und wer nicht, die alle kulturelle Maßstäbe ins

Rutschen bringt. Der Oberarzt der Reserve Dr. Friedrich Mennecke, einer der Gutachter von »T 4«, schrieb unter dem 3. Mai 1943 an seine Arbeitskameraden von der Ostfront:

»Man sieht es ja den russischen Menschen an, wie sie direkt im Dreck geboren und aufgewachsen sind und infolgedessen nichts anderes kennen. Diese Menschen sind wirklich nur Schablonen in Menschengestalt, mit denen der jüdische Bolschewismus es leicht hatte, sie in seine Form hineinzuknebeln. Kein anderes Volk war geeignet, um für eine so absurde und wahnwitzige Ideenrichtung wie die des Bolschewismus mißbraucht zu werden. Dies ist kein Herrenvolk, sondern der primitivste, sturste und schäbigste Menschenhaufen, den wir in Europa haben. Ein Einzelleben gilt hier genau so wenig, wie in irgendeiner tieferen Tiergattung«[251].

Und der Anatom Professor Dr. Hermann Voss, der das Anatomische Institut der Reichsuniversität Posen leitete, schrieb am 15. Juni 1941 in sein »Posener Tagebuch«:

»Gestern habe ich mir den Leichenkeller und den Verbrennungsofen, der auch im Keller ist, angesehen. Dieser Verbrennungsofen war für die Beseitigung von Leichenteilen bestimmt, die von den Präparierübungen übrigblieben. Jetzt dient er dazu, um hingerichtete Polen zu veraschen ... Die Polen sind augenblicklich wieder sehr frech und infolgedessen hat unser Ofen viel zu tun. Wie schön wäre es, wenn man die ganze Gesellschaft durch solche Öfen jagen könnte! Dann gäbe es endlich einmal Ruhe im Osten für das deutsche Volk«[252].

Die Vernichtung menschlichen Lebens durch »wissenschaftlich« begründete Definitionen machte vor Angehörigen des deutschen Volkes nicht Halt. Die gesetzliche Grundlage für die Tötung nicht medizinisch, sondern *sozial* Unangepaßter war bereits im November 1934 durch das »Gesetz gegen gefährliche Gewohnheitsverbrecher und über die Maßregeln der Sicherung und Besserung« angebahnt worden. Dieses Gesetz grenzte erstmalig Personen, die durch dauerhaftes Verhalten (Verurteilung zu mehr als zwei Freiheitsstrafen über sechs Monate innerhalb von fünf Jahren) aufgefallen waren, als »gemeinschaftsfremd« aus der Volksgemeinschaft aus. Gemeinschaftsfremd war, nach einer späteren Definition der Nationalsozialisten, »wer sich nach Persönlichkeit und Lebensführung insbesondere wegen außergewöhnlicher Mängel des Verstandes oder des Charakters außerstande zeigt, aus eigener Kraft den Mindestanforderungen der Volksgemeinschaft zu genügen«[253]. Unter diese Definition fielen Liederliche, Rauflstige, Alkoholiker, Arbeitsbummelanten, Bettler, Diebe, Betrüger, aber auch »haltlose«, »gemütsarme«, »geltungssüchtige«, »stimmungslabile«, »selbstunsichere«, »querulatorische« und »sexuell abartige Psychopathen«. Die Ärzte der Euthanasie-Gruppe »T 4«, immer auf der Suche nach neuen Personengruppen für ihre Endlösungsaktion zur Vernichtung unwerten Lebens, machten 1942 in Sachsen zahlreiche HJ-Heime für schwer- und schwersterziehbare Jugendliche aus und stellten die Frage, ob nicht auch diese Heime und ihre Belegschaft durch ärztliche Gutachter zusätzlich erfaßt werden sollten. Zwar hatte Adolf Hitler im Frühjahr 1943 die Vernichtungsaktion aufgrund von energischen Protesten aus der Bevölkerung, aber auch von Amtsvormündern, Kirchenvertretern und Kommunalbeamten zunächst gestoppt, aber sie wurde in der Schlußphase des Krieges verstärkt wieder aufgenommen, um Lazarett-Plätze für die aus dem Osten zurückflutenden Kriegsverwundeten freizumachen.

Methodenfragen?

Es wird einleuchten, wie schwer es mir fällt, nach den Ausführungen über das Gesundheitsamt und die Konsequenzen erbbiologischen und rassehygienischen Denkens wieder ruhig und sachlich über Methoden Sozialer Arbeit im nationalsozialistischen Staat zu schreiben. Denn es gehört zu den unbestreitbaren »Errungenschaften« der Nationalsozialisten, daß sie in das Instrumentarium methodischen Arbeitens den neuen Dreischritt (1) *Ausgrenzen durch Definieren und Diagnostizieren,* (2) *Aussondern durch Zwangseinweisung in geschlossene Anstalten,* (3) *Ausmerzen durch Einschläfern* eingeführt und massenhaft praktiziert haben. Keine Geschichte Sozialer Berufe in Deutschland kann diese Tatsache übersehen ober übergehen, keine Ausbildung von Studierenden der Sozialarbeit kann vermeiden, diesen unmenschlichen Teil unserer Berufsgeschichte zur Sprache zu bringen.

Der Anteil von Medizin, Politik, Sicherheitspolizei und Verwaltung in der Herausbildung und Anwendung dieser Methoden zur Vernichtung menschlichen Lebens ist inzwischen sorgfältig genug erforscht, um immer wieder aufkommenden Zweifeln an der Wirklichkeit dieser Verbrechen zu begegnen. Aber wir wissen vergleichsweise wenig darüber, in welchem Umfang sich Sozialarbeiterinnen und Sozialarbeiter, Erzieher und Sozialpädagogen aktiv an ihnen beteiligt haben. Im

Prinzip war jeder Angehörige des Öffentlichen Dienstes verpflichtet, alle verfügbaren Daten über Klienten und Patienten zu sammeln, welche unter die entsprechende Gesetzgebung und ihre Durchführungsverordnungen fielen. Wir wissen aus vielen berufsgeschichtlichen Einzelgesprächen, daß Sozialarbeiterinnen versuchten, diese Verpflichtungen zu unterlaufen, Daten zu unterdrücken, Beobachtungen und Befunde zu »schönen« oder sich an Arbeitsplätze versetzen zu lassen, die anti-humanistischen Zumutungen weniger stark ausgesetzt waren. Aber im Prinzip wirkte jede Volkspflegerin, die einen Obdachlosen registrierte, jeder Erzieher, der die Akte eines verwahrlosten Heimzöglings führte, jede Säuglingsfürsorgerin, die ein Baby wog und seinen körperlichen Zustand begutachtete und jede Familienfürsorgerin, die während eines Hausbesuches einen Blick in den Bücherschrank der besuchten Familie warf oder mithörte, welchen Sender die Familie gerade eingschaltet hatte, als sie an der Tür klingelte, an dem Aufbau einer umfassenden Datensammlung mit, die immer dazu benutzt werden konnte, menschliches Leben zu liquidieren.

Selbstverständlich ist dieser Teil der Methodengeschichte während der nationalsozialistischen Herrschaft nur *ein Teil* der Vielgestaltigkeit beruflicher Arbeitsvollzüge. Selbstverständlich haben damals Volkspflegerinnen Anträge auf Wirtschaftshilfe befürwortet, haben Kindergärtnerinnen Kinder getröstet, haben Familienfürsorgerinnen Kriegerwitwen beraten, haben Heimerzieher mit ihren Zöglingen ums Feuer gesessen und Lieder gesungen – nicht nur Kriegslieder ...

Aber dies wäre nicht die Botschaft, mit der ich den ersten Band meiner Methodengeschichte der Sozialarbeit beschließen möchte. Wir müssen uns der Erkenntnis stellen, daß unsere Berufsausbildung ebenso wie die Berufsausbildung von Ärzten, Juristen und Verwaltungsbeamten uns nicht hinreichend widerständig gegen die Zumutung gemacht hat, Beihilfe zur Vernichtung menschlichen Lebens zu leisten, sofern der Staat diese Vernichtung menschlichen Lebens durch Gesetze und Verordnungen nicht nur legalisiert, sondern zur beruflichen Pflicht gemacht hat.

Vielleicht gibt es überhaupt keine Möglichkeit, die Barbarei *in uns* zu zähmen, wenn wir erst einmal die Barbarei *um uns* zugelassen haben.

9
Anmerkungen

1 Klaus Mollenhauer, Die Ursprünge der Sozialpädagogik in der industriellen Gesellschaft. Eine Untersuchung zur Struktur sozialpädagogischen Denkens und Handelns. Weinheim: Beltz 1959; Reprint 1987; Friedrich Barabas, Thomas Blanke, Christoph Sachße, Ulrich Staschelt, Jahrbuch der Sozialarbeit 1976 und 1978. Reinbek: Rowohlt 1975 und 1977.

2 C. Wolfgang Müller, Dieter Oelschlägel, Christina Thürmer-Rohr, Gemeinwesenarbeit als entwickelte Form kommunaler Fürsorge. In: Arbeitsgruppe Gemeinwesenarbeit der Victor Gollancz-Stiftung (Hrsg.), Reader zur Theorie und Strategie von Gemeinwesenarbeit. Frankfurt ²1975; Reprint Bonn (AGJ) 1978, 15–16.

3 Dankwart Danckwerts, Grundriß einer Soziologie sozialer Arbeit und Erziehung. Weinheim: Beltz ²1981; Dankwart Danckwerts, Zur Theorie der Sozialarbeit und Sozialpädagogik. In: Engelbert Kerkhoff (Hrsg.), Handbuch Praxis der Sozialarbeit und Sozialpädagogik. Band 1. Düsseldorf: Schwann 1981, 33–60.

4 Christoph Sachße und Florian Tennstedt, Geschichte der Armenfürsorge in Deutschland. Vom Spätmittelalter bis zum 1. Weltkrieg. Stuttgart: Kohlhammer 1980; Christoph Sachße, Mütterlichkeit als Beruf. Sozialarbeit, Sozialreform und Frauenbewegung 1871–1929. Frankfurt: Suhrkamp 1986; Christoph Sachße und Florian Tennstedt (Hrsg.), Soziale Sicherheit und soziale Disziplinierung. Beiträge zu einer historischen Theorie der Sozialpolitik. Frankfurt: Suhrkamp 1986.

5 Das ist einer der Hauptgedanken des materialreichen Werkes von Sachße und Tennstedt (1980). Sein Umfang mag eilige Lese entmutigen. Die Autoren geben eine Zusammenfassung ihrer Befunde in der Zeitschrift Theorie und Praxis der sozialen Arbeit, 1980, 9, 329–338. Daraus stammt auch mein Zitat (332).

6 »Linke Kritik« ist, ich gebe das zu, ein ungenauer Sammelbegriff für eine bunte Vielzahl von Autoren. Ich nenne u. a.: Sozialistische Studiengruppe, Sozialstaatskritik von links? Hamburg: VSA 1980; Johano Strasser und Klaus Traube, Die Zukunft des Fortschritts. Der Sozialismus und die Krise des Industrialismus. Bonn: Neue Gesellschaft 1981; Johano Strasser, Grenzen des Sozialstaats? Soziale Sicherung in der Wachstumskrise. Köln: Bund Verlag ²1983; Michael Opielka u. a., Die Zukunft des Sozialstaats. Stuttgart ²1983.

7 Die fehlende Bereitschaft von Sozialarbeitern, freiberuflich tätig werden zu wollen, verwendete beispielsweise Helge Peters in einer etwas unglücklichen Streitschrift aus dem Jahr 1968 zum Nachweis ihrer mißlungenen Professionalisierung. Helge Peters, Moderne Fürsorge und ihre Legitimation. Eine soziologische Analyse der Sozialarbeit. Köln und Opladen: Westdeutscher Verlag 1968; Helge Peters, Die mißlungene Professionalisierung der Sozialarbeit. In: Hans-Uwe Otto und Kurt Utermann (Hrsg.), Sozialarbeit als Beruf. Auf dem Wege zur Professionalisierung? München: Juventa 1971, 99–124.

8 Hedwig Stieve, Tagebuch einer Fürsorgerin. Mit einem Nachwort von Norbert Preußer. (1925) Weinheim: Beltz 1983.

9 Sabine Hering und Edith Kramer (Hrsg.), Aus der Pionierzeit der Sozialarbeit. Elf Frauen berichten. Weinheim: Beltz 1984.

10 Rolf Landwehr und Rüdeger Baron (Hrsg.), Geschichte der Sozialarbeit. Hauptlinien ihrer Entwicklung im 19. und 20. Jahrhundert. Weinheim: Beltz 1983.

11 In seinen Vorlesungen zur *Theorie der Fürsorge* beließ es der Autor bei dem Hinweis, der »Methodik der Fürsorge« müße wegen des Umfangs und der Eigenart des Stoffes eine gesonderte Vorlesung vorbehalten bleiben. Hans Scherpner, Theorie der Fürsorge. Göttingen: Vandenhoeck ^{2}1974, 190 Fußnote 4.

12 Mollenhauer, Ursprünge, (1959) 1987.

13 Christa Hasenclever, Jugendhilfe und Jugendgesetzgebung seit 1900. Göttingen: Vandenhoeck 1978.

14 Beatrix Geisel und Gudrun Leschmann arbeiten in ihrer historischen Studie Elemente eines pragmatischen Handlungsansatzes der klassischen Fürsorge heraus: Beratung über materielle Verbesserungen; Kenntnis des eigenen sozialbürokratischen Kontextes; Bewußtsein von Kontrolle und Disziplinierung; Beachtung proletarischer Lebensbedingungen; Beachtung berufsständischer Rechte. Beatrix Geisel und Gudrun Leschmann, Die klassische Fürsorge und ihre Lehren. Berufliche Identität durch Konfrontation mit der Berufsgeschichte. Frankfurt: Deutscher Verein 1985.

15 Über die Tätigkeit ehrenamtlicher und später beruflicher Armenpfleger und Armenbesucher im England und Deutschland des 19. Jahrhunderts liegen anschauliche historische Zusammenfassungen vor: Bernd Weisbrod, »Visiting« und »Social Control«. Statistische Gesellschaften und Stadtmissionen im Viktorianischen England; Hartmut Dießenbacher, Der Armenbesucher: Missionar im eigenen Land. Armenfürsorge und Familie in Deutschland um die Mitte des 19. Jahrhunderts. In: Sachße/Tennstedt (Hrsg.), Soziale Sicherheit und soziale Disziplinierung. Frankfurt: Suhrkamp 1986, 181–244.

16 Durch die Hereinnahme der sozialpädagogischen Praxis der bürgerlichen Jugendbewegung wird zwar die traditionelle Einteilung in »Sozialarbeit« und »Sozialpädagogik« verlassen, aber die neuen sozialen Bewegungen hielten sich sowieso nicht an diese Scheidung. Sie arbeiteten mit einem

Methoden-Mix, der erst in jüngster Zeit wieder zu professionellem Ansehen zu kommen scheint.

17 Wir müssen uns ins Bewußtsein rufen, daß die Geschichte der Methoden in der Sozialarbeit älter ist als die Geschichte ihrer Einfügung in das Curriculum von Wohlfahrtsschulen. Nur die Einzelfallhilfe wurde in den USA bereits in den 20er Jahren »gelehrt«. Gruppenpädagogik wurde erst 1946 offiziell anerkannt, und Gemeinwesenarbeit folgte 1963.

18 Henrietta Barnett, The Beginnings of Toynbee Hall. In: Henrietta and Samuel Barnett, Towards Social Reform. London 1909, 14. Alle Übersetzungen der englischen Original-Texte durch C. W. Müller.

19 Ich folge ziemlich wörtlich dem Text des Konzeptionspapiers, wie es in dem Buch *Practicable Socialism* von Samuel A. und Henrietta Barnett abgedruckt ist. 3. veränderte Auflage London 1915. 96–106: *Settlements of University Men in Great Towns.*

20 a. a. O., 99.

21 a. a. O., 105.

22 Henrietta Barnett, The Beginnings of Toynbee Hall. a. a. O., 10–11.

23 a. a. O., 12.

24 P. F. Aschrott, Das englische Armenwesen in seiner historischen Entwicklung und in seiner heutigen Gestalt. Leipzig: Duncker & Humblot 1886, 189.

25 a. a. O., 299.

26 a. a. O., 313.

27 a. a. O., 312–313.

28 Henrietta Barnett, Canon Barnett, His Life, Work, and Friends. London: John Murray. 1918. Band 1, 20.

29 Samuel Barnett, Education by Permeation. In: Charities and the Commons, 5. Mai 1906.

30 Henrietta Barnett, Canon Barnett, a. a. O., 356.

31 Ebd.

32 a. a. O., 182.

33 Henrietta Barnett, Canon Barnett, a. a. O., Band 2, 279.

34 Henrietta Barnett, The Ethics of the Poor Law. Rede auf dem Kirchenkongreß in Yarmouth. In: Henrietta und Samuel Barnett, Practicable Socialism. London 1915, 3. Auflage, 140.

35 Samuel Barnett, Our Present Discontents. In: The Nineteenth Century and After. Aus: Henrietta und Samuel Barnett, Practicable Socialism, a. a. O., 260.

36 Karl Marx und Friedrich Engels, Werke, Band 2. Berlin (DDR) 1972, 223–506.

37 Henrietta Barnett, Barnett ..., a. a. O., Band 2, 53.

38 a. a. O., 52.

39 a. a. O., 53.

40 Ebd.

41 a. a. O., 152–153.

42 a. a. O., 206.

43 Henrietta Barnett, The Beginnings of Toynbee Hall. In: Towards Social Reform. a.a.O., 243.
44 a.a.O., 247–48.
45 Henrietta Barnett, Barnett, a.a.O., Band 1, 142.
46 Henrietta Barnett, Beginnings, a.a.O., 244.
47 Henrietta Barnett, Barnett, a.a.O., Band 2, 263–264.
48 Werner Picht, Toynbee Hall und die englische Settlement-Bewegung. Tübingen: Mohr. 1913, 113–114.
49 a.a.O., 80.
50 a.a.O., 115.
51 Ebd.
Henrietta Barnett kannte übrigens das Buch von Picht und erwähnte es an einer Stelle ihrer Lebenserinnerungen, ohne allerdings auf die grundsätzliche Kritik des Autors am Mißverhältnis zwischen Absicht, Praxis und Wirkung von Toynbee Hall einzugehen. Ich vermute, daß sie darauf eingegangen wäre, wenn sie wesentlich anderer Meinung gewesen wäre als unser deutscher Gewährsmann.
52 a.a.O., 109.
53 a.a.O., 115.
54 Peter Kuenstler, The Oxford House in Bethnal Green 1884–1948. o.O., o.J., 12.
55 Henrietta Barnett, Canon Barnett, a.a.O., Band 1, 422. Diese Einschätzung bezog sich wohl auf die gemeinsame Wertschätzung von Künstler-Philosophen wie Carlyle und Ruskin, die für die intellektuelle Entwicklung sowohl der Barnetts als auch der Addams und ihrer Mitarbeiterinnen eine bedeutsame Rolle spielten. Thomas Carlyle (1795–1881) war Kunsthistoriker und Schriftsteller und beschäftigte sich besonders mit Goethe, der deutschen Romantik, der Französischen Revolution und Friedrich II. John Ruskin (1819–1900) war ein in England außerordentlich populärer Kunsthistoriker, Maler, Philosoph und Hochschullehrer in Oxford.
56 Jane Addams, Zwanzig Jahre sozialer Frauenarbeit in Chicago. München: Beck 1913, 57–58. Das englische Original stammt aus dem Jahr 1910.
57 James Weber Linn, Jane Addams. A Bibliography. New York 1935, 102.
58 Addams, a.a.O., 62.
59 Anne Forsyth, What Jane Addams Has Done for Chicago. In: DELINEATOR, October 1907, 493.
60 Addams, a.a.O., 64.
61 James Weber Linn, Jane Addams. 1935. 110. Siehe auch: Addams, a.a.O., 79.
62 Stanton A. Coit, Neighborhood Guilds: An Instrument of Social Reform. London. 1892. Deutsch: Stanton Coit, Nachbarschaftsgilden. Ein Werkzeug socialer Reform. Autorisierte Übersetzung aus dem Englischen. Berlin 1893.
63 Addams, a.a.O., 65–66.
64 John C. Farrell, Beloved Lady. Baltimore 1967, 60–61.
65 Addams, a.a.O., 78.

66 Daniel Levine, Jane Addams and the Liberal Tradition. 1971.
67 a.a.O., 55.
68 Addams, a.a.O., 113.
69 Addams, a.a.O. und: Linn, a.a.O., 135.
70 Hull-House Maps and Papers. A Presentation of Nationalities and Wages in a Congested District of Chicago. By Residents of Hull-House, a social settlement at 335 South Halsted Street, Chicago, Ill. New York 1895.
71 Linn, a.a.O., 140.
72 Daniel Levine, Jane Addams and the Liberal Tradition. Madison 1971, 55–56.
73 Edith Abbott, Grace Abbott and Hull House. In: SOCIAL SERVICE REVIEW 1950, 374–394.
74 Jane Addams, The Subtle Problems of Charity. In: ATLANTIC MONTHLY, Februar 1988, 163–178 und Jane Addams, The Charity Visitor's Perplexities. In: OUTLOOK, März 1899, 598–600.
75 Jane Addams, Why the Ward Boss Rules. In: OUTLOOK, 2. April 1898, 879–882.
76 Farrell, a.a.O., 97. Siehe auch: Jane Addams, Twenty Years at Hull House. New York 1910, 328–339 und Linn, a.a.O., 224–237.
77 Allen F. Davis, Raymond Robbins: The Settlement Worker as Municipal Reformer. In: SOCIAL SERVICE REVIEW, 1959, Juni, 140.
78 Hull House Maps and Papers, 1895, 183–206 (Übersetzung durch C.W.M.)
79 Jane Addams, A Modern King Lear. In : SURVEY 1912, 2. November, 131–137.
80 Jane Addams, Settlement, 183–206.
81 Linn, a.a.O., 388. Der Text der Rede, den Jane Addams damals tatsächlich gehalten hatte, ist in dem Artikel *The Food of War* enthalten, den der INDEPENDENT am 13. Dezember 1915 (S. 430–31) veröffentlichte und der in dem Sammelband Allan F. Davis (ed.), Jane Addams on Peace, War, and International Understanding 1899–1932, New York 1976, S. 105–112, enthalten ist.
82 Die Fortsetzung der autobiographischen Notizen von Jane Addams ist 1930 unter dem Titel *The second twenty years at Hull-House* bei MacMillan in New York erschienen.
83 Als Beleg nenne ich die Begrüßungsansprache der Krupskaja auf der 5. Methodischen Konferenz der Lehrer an den Sowjet- und Parteischulen im Namen des Hauptausschusses für politisch-kulturelle Aufklärung aus dem Jahre 1926. Einige Zeit später besuchte John Dewey mit seiner Tochter Eveline die Sowjetunion und stellte dabei eine Reihe kritischer Fragen, welche die Sympathie der Sowjet-Pädagogen für diesen »bürgerlichen Reformer« dämpften. Nadeshda Konstantinowna Krupskaja, Sozialistische Pädagogik. Berlin (DDR): Volk und Wissen. 1966. Band III, 157–163. Band IV, 444–455.
84 Beispielsweise Otis Tufton Mason, *Woman's Share in Primitive Culture.* New York 1894.

85 Seit 1874 unterrichtete Alice H. Putnam Chicagoer Frauen nach Fröbel's Lehren, und in Chicago gab Amalie Hofer damals das KINDERGARTEN MAGAZINE heraus, das eine weite Verbreitung in den USA fand.

86 Jane Addams, *The Spirit of Youth and the City Streets.* New York: Macmillan 1909 (und 1921, 1930), 162.

87 a. a. O., 47.

88 Farrell, a. a. O., 94.

89 Jane Addams, *First Report of the Labor Museum at Hull-House.* Chicago, 1901–1902. Chicago 1902, 15.

90 Mary E. Richmond, *The Long View, Papers and Addresses.* New York: Russell Sage Foundation 1930, 45.

91 Ich folge in freier, zusammenfassender Übersetzung der Fassung der Rede, die in Mary E. Richmond, *The Long View,* a. a. O., 43–55 abgedruckt ist. Die Rede wurde 1896 gehalten und im Februar 1897 erstmals im *Charities Review* abgedruckt.

92 Ich folge hier Walter Friedlander, der als Kenner sowohl der Berliner als auch der Nordamerikanischen Sozialhilfe gilt, obwohl ich nicht sicher bin, ob er in seinem Standardwerk die Situation nicht noch zu optimistisch sieht: Walter A. Friedlander, Introduction to Social Welfare. Englewood Cliffs: Prentice-Hall 1955ff., 60ff.

93 Ebd.

94 Thomas Chalmers, The Christian and Civic Economy of Large Towns. Glasgow 1821. The Fountains of Charity. Edinburgh 1823. The Parochial System Without a Poor Rate. Edinburgh 1848.

95 Mary Richmond, Criticism and Reform in Charity. In: Richmond, a. a. O., 48.

96 a. a. O., 34.

97 Emil Münsterberg, Amerikanisches Armenwesen. Leipzig 1906, 3–4.

98 a. a. O., 4.

99 Mary Richmond, The Training of Charity Workers. In: Richmond, The Long View, a. a. O., 86–98.

100 a. a. O., 90.

101 Richmond, The Need of a Training School in Applied Philanthropy. In: Richmond, The Long View, a. a. O., 99–104. Diese Forderung war übrigens von Anna L. Dawes bereits 1894 erhoben worden. Als Vorbild diente die Ausbildungsstätte für Sekretäre des Vereins Christlicher Junger Männer mit einem Zweijahreskurs und verschiedenen Wahlpflichtfach-Spezialisierungen.

102 Siehe u.a. Richmond, The Long View, a.a.O., 55. Siehe auch einen Beitrag, den sie für die Chicagoer Fachzeitschrift der *Settlements* (THE COMMONS) geschrieben hatte, der jedoch niemals abgedruckt wurde. Richmond, The Settlement and Friendly Visiting. In: Richmond, The Long View, a. a. O., 120–126.

103 Mary Richmond, The Art of Asking Questions. In: Richmond, The Long View. a. a. O., 105–107.

104 Mary Richmond, Social Diagnosis. New York: Russell Sage Foundation. 1917, 5.

105 Mary Richmond, Some Next Steps in Social Treatment. In: Richmond, The Long View, a. a. O., 485.
106 Mary Richmond, What is Social Case Work? New York: Russell Sage Foundation 1922, 131.
107 a. a. O., 98–99.
108 Mary Richmond, The Retail Method of Reform. In: Richmond, The Long View, a. a. O., 221.
109 Zitiert nach Dora Peyser, Alice Salomon. Ein Lebensbild. In: Alice Salomon, die Begründerin des sozialen Frauenberufs in Deutschland. Köln: Heymanns 1958, 20–21. – Vergleiche mit: Alice Salomon, Charakter ist Schicksal. Lebenserinnerungen. Weinheim: Beltz 1983, 29–51.
110 Alice, Salomon, Jugend- und Arbeitserinnerungen. In: Elga Kern (Hrsg.), Führende Frauen Europas. München: Reinhardt 1928, 3. Das Buch enthielt Autobiographien von vier Schriftstellerinnen, einer Grafikerin, einer Komponistin und Dirigentin, einer sowjetischen Diplomatin und einer Berliner Medizinprofessorin.
111 Peyser, a. a. O., 17–18. – Dora Peyser lag bei der Abfassung ihres Manuskriptes das Manuskript von Alice Salomons Autobiographie vor, um dessen Veröffentlichung sich Frau Salomon in der amerikanischen Emigration vergeblich bemüht hatte.
112 a. a. O., 18–19.
Dora Peyser ist von der sozialpädagogischen Fachliteratur nach meinem Eindruck zu stiefmütterlich behandelt worden. So, als ob das sehr subjektiv-wertende Bild von Alice Salomon, das sie rekonstruiert hat, der gewünschten »Heldinnenverehrung« widerstrebe. Sie war gelernte Hortnerin, Säuglings- und Krankenpflegerin und graduierte Wohlfahrtspflegerin. 1928–1934 arbeitete sie als persönliche Assistentin von Alice Salomon und studierte gleichzeitig zwischen 1930 und 1934 an der Berliner Universität Soziologie und Philosophie. 1934 promovierte sie mit einer Arbeit über »Hilfe als soziales Phänomen« zur Dr. phil. Danach wanderte sie nach Australien aus.
113 Peyser, a. a. O., 23.
114 a. a. O., 24.
115 Salomon, Jugend- und Arbeitserinnerungen, in Kern, a. a. O., 10–11.
116 Peyser, a. a. O., 34.
117 Alice Salomon, Deutscher Verband der Jugendgruppen und Gruppen für Soziale Hilfsarbeit. In: Hertha Siemering (Hrsg.), Die deutschen Jugendpflegeverbände. Ihre Ziele, Geschichte und Organisation. Berlin Heymanns 1918, 352–354. Siehe auch: Alice Salomon, Zwanzig Jahre soziale Hilfsarbeit. Karlsruhe G. Braun. 1913.
118 Peyser, a. a. O., 28.
119 Ebd.
120 a. a. O., 43f.
121 Christoph Sachße und Florian Tennstedt, Geschichte der Armenfürsorge in Deutschland. Vom Spätmittelalter bis zum Ersten Weltkrieg. Stuttgart Kohlhammer 1980, 195.

Auch die folgenden Informationen entnehme ich weitgehend dieser Arbeit, die ich für das gegenwärtig bedeutsamste Standardwerk der Geschichte der Sozialarbeit halte.

122 a.a.O., 255.

123 Rudolf Schwander, Bericht über die Neuordnung der Hausarmenpflege der Stadt Straßburg. Straßburg 1905.

124 Peyser, a.a.O., 59–62.

125 a.a.O., 73.

126 a.a.O., 73. Der Schriftwechsel des Vorstands des Bundes Deutscher Frauenvereine, im Deutschen Zentralinstitut für Soziale Fragen in Berlin archiviert, bestätigt die Darstellung Peysers.

127 Salomon, Jugend- und Arbeitserinnerungen, a.a.O., 32–33.

128 Peyser, a.a.O., 117.

129 a.a.O., 85.

130 Die Beziehung zwischen Alice Salomon und Jane Addams ist mir aus den historischen Quellen nicht recht deutlich geworden. Alice Salomon hat sich häufig in Wort und Schrift auf die nordamerikanische Sozialreformerin berufen, eine biographische Würdigung ihres Werkes in der Zeitschrift der Frauenbewegung DIE FRAU *(Das Lebensbild einer Bürgerin,* 1912, Hefte 4 und 5) veröffentlicht und sie in ihrem Buch *Soziale Führer, ihr Leben, ihre Lehren, ihre Werke.* Leipzig: Quelle & Meyer, mit einem Kapitel gewürdigt. Auf der anderen Seite finde ich in den nordamerikanischen Quellen über Jane Addams und Mary Richmond keine Hinweise auf wechselseitige Zusammenarbeit.

131 Alice Salomon, Soziale Diagnose. Berlin: Heymann 1926, 7.

132 Ebd.

133 a.a.O., 59.

134 a.a.O., 60.

135 a.a.O., 61.

136 a.a.O., 66.

137 a.a.O., 55.

138 a.a.O., 47.

139 Joachim Wieler, Er-Innerung eines zerstörten Lebensabends. Alice Salomon während der NS-Zeit (1933–1937) und im Exil (1937–1948). Diss. TU Berlin. Darmstadt: Lingbach 1987. Joachim Wieler, Nachwort. In: Alice Salomon, Charakter ist Schicksal. Lebenserinnerungen. Aus dem Englischen übersetzt von Rolf Landwehr. Hrsg. von Rüdeger Baron und Rolf Landwehr. Weinheim: Beltz 1983, 308–347.

140 Zitiert nach Harry Pross, *Jugend Eros Politik.* Wien 1964, 61, aus einem handschriftlichen Manuskript Hermann Hoffmanns im Ludwigstein-Archiv der Deutschen Jugendbewegung.

141 Walter Z. Laqueur, Die deutsche Jugendbewegung. Köln 1962, 28.

142 Am 29.6.1904 gründeten Siegfried Copalle und der Steglitzer Gymnasialprofessor Ludwig Gurlitt im selben Steglitzer Ratskeller den *»Wandervogel e.V. zu Steglitz«* aus Protest gegen die harschen Führungsmethoden Karl Fischers. Dieser revanchierte sich im gleichen Jahr mit der Gegengründung des *»Alt-Wandervogels«.*

143 Kolleginnen und Kollegen von mir haben 1981 für eine Ausstellung des Pädagogischen Museums ein Buch mit Dokumenten über Schule und Alltag zwischen 1827 und heute zusammengestellt, das den Schulalltag der Volksschüler um die Jahrhundertwende anschaulich dokumentiert.

144 Ludwig Gurlitt, Der Deutsche und seine Schule. Erinnerungen, Beobachtungen und Wünsche eines Lehrers. Berlin Moritz Ruhl. 1905, VIIIf. und 167f.

145 Hans Breuer, Der Zupfgeigenhansl, Vorwort zur Neuauflage 1915.

146 KNORR Werbespruch in einer Pfadfinderzeitschrift (1912): »Allüberall sind sie geschätzt und begehrt / Die köstlichen Suppen, die KNORR uns beschert!«

147 Laqueur, a.a.O., 38–39.

148 Manfred Hausmann, Tröstliche Zeichen. Frankfurt: Fischer 1959.

149 Gottfried Schantz, Disziplin und Autorität. Nach Erfahrungen aus dem Wandervogelleben. In: Der Fahrtenspiegel 1910. Zitiert nach: Gerhard Ziemer und Hans Wolf (Hrsg.), Wandervogel und Freideutsche Jugend. Godesberg: Voggenreiter 1961, 170–174.

150 Ebd.

151 Ebd.

152 Pross, a.a.O., 191.

153 Laqueur, a.a.O., 25.

154 Freideutscher Jugendtag 1913. Hamburg: Adolf Saal 1919 2. Auflage, 16. Zitiert nach C. Wolfgang Müller (Hrsg.), Gruppenpädagogik a.a.O., 233.

155 Heinz Beinert, Von den Anfängen bis zum Ende des 1. Weltkrieges. In: Sozialistische Jugend Deutschlands Die Falken (Hrsg.), Zwischen Anpassung und politischem Kampf. Zur Geschichte der organisierten Arbeiterjugendbewegung in Deutschland 1904–1974. Bonn o.J. (1974), 7.

156 a.a.O., 14.

157 a.a.O., 15.

158 Hellmut Lessing und Manfred Liebel, Wilde Cliquen. Szenen einer anderen Arbeiterjugendbewegung. Bensheim: päd. extra buchverlag 1981, 20.

159 a.a.O., 24.

160 Kurt Löwenstein, Sozialismus und Erziehung. Berlin: Dietz 1976, 217.

161 a.a.O., 112.

162 a.a.O., 400.

163 a.a.O., 409–423.

164 Edmund Neuendorff, Die Schulgemeinde als Arbeitsgemeinschaft und Lebensgemeinschaft. In: Edmund Neuendorff (Hrsg.), Die Schulgemeinde. Gedanken über ihr Wesen und Anregungen zu ihrem Aufbau. Leipzig: Teubner 1921, 5ff.

165 Ebd.

166 Ebd.

167 Ebd.

168 Eine der zumindest unter Intellektuellen populärsten republik-kritischen Zeitschriften war die alte *Weltbühne* von Carl von Ossietzky. Eines der radikalsten Bücher über die Unterlassungen der ersten deutschen Republik

war das von John Heartfield illustrierte Bilderbuch von Kurt Tucholsky, Deutschland, Deutschland über alles. Berlin: Neuer Deutscher Verlag: 1929. Reprint Reinbek: Rowohlt Taschenbuch 1980.

169 Marie Baum, Familienfürsorge. In: Julia Dünner (Hrsg.), Handwörterbuch der Wohlfahrtspflege. Berlin: Heymanns 1929, 224.

170 Marie Baum, Familienfürsorge. Berlin 1927. Zitiert nach der 2. Auflage. Berlin: Berthold Schulz 1951, 8.

171 Marie Baum, Rückblick auf mein Leben. Heidelberg: Kerle 1950.

172 Baum (1927) 1951, 37.

173 Siehe Auskunftsstelle der Deutschen Gesellschaft für ethische Kultur (Hrsg.), Die Wohlfahrtseinrichtungen Berlins. Ein Auskunftsbuch. Berlin: Heymanns 1896.

174 Im Gegensatz zu diesem Vor-Urteil beruhte der Erfolg von Mary Richmond und ihrer *Charity Organization Society,* die mit der Einzelfall-Methode arbeitete, gerade darin, daß sie nachweisen konnte, daß ihre (hauptamtlichen) Fürsorgerinnen präziser, realitätsorientierter und damit kostensparender arbeiten würden als es vorher in dem dualen System von kommunaler Wirtschaftshilfe und privater Caritas der Fall gewesen war.

175 Siddy Wronsky und Hans Muthesius, Methoden individualisierender Fürsorge in Deutschland. Bericht von der Internationalen Konferenz für Wohlfahrtspflege und Sozialpolitik (Paris 9.–13. Juli 1928). Deutsches Zentralinstitut für soziale Fragen Berlin. Archiv-Nr. 3686.

176 Dr. Hanne Hellinger: Innen- und Außendienst im städtischen Jugendamt. In: Wilhelm Polligkeit, Hans Scherpner, Heinrich Webler (Hrsg.), Fürsorge als persönliche Hilfe. Festschrift für Prof. Dr. Christian Jasper Klumker zum 60. Geburtstag. Berlin: Heymanns 1929, 116–117.

177 Hellinger 1929, 120.

178 Dr. E. Ritter, Fürsorgepflicht. In: Dünner (Hrsg.), Handwörterbuch 1929, 264.

179 Hedwig Stieve, Tagebuch einer Fürsorgerin. Berlin: Heymanns 1925. Reprint Weinheim: Beltz 1983.

180 Dr. Margarethe Dyck und Hedwig Stieve, Ein Tag aus dem Leben der Wohlfahrtspflegerin (Ausbildung und Praxis). Berlin: Verlag für Kulturpolitik 1926.

181 Vorbericht für den 39. deutschen Fürsorgetag in Breslau. Karlsruhe: G. Braun 1925.

182 Die Berufslage der Fürsorgerinnen in Bayern. In: Nachrichtendienst des Deutschen Vereins für öffentliche und private Fürsorge (NDV) 1926, 10/11, 281–282.

183 Susanne Zeller, Volksmütter. Frauen im Wohlfahrtswesen der zwanziger Jahre. Diss. TU Berlin. Düsseldorf: Schwann 1987, insbesondere 107–170.

184 Dr. Wilhelm Polligkeit, Familienfürsorge. In: Enzyklopädisches Handbuch des Kinderschutzes und der Jugendfürsorge. Leipzig: Akademische Verlagsgesellschaft ^{2}1930, 203–204. Siehe auch Wilhelm Polligkeit (Hrsg.), Familie und Fürsorge. Vortragsfolge. Langensalza: Hermann Beyer 1927. Darin insbesondere Dr. Storck, Erziehungshilfe in der Familie als Maß-

nahme der Jugendfürsorge (112–127), Dr. Gerda Simons, Die Bedeutung der Familienfürsorge als verbindendes Prinzip der Gesundheits-, Wirtschafts- und Erziehungsfürsorge (134–140) und Dr. Friedrich Ollendorf, Zur Organisation der Familienfürsorge (unter besonderer Berücksichtigung großstädtischer Verhältnisse) (141–151).

185 Walter Friedländer, Jugendamt. In: Enzyklopädisches Handbuch, ^{2}1930, 336.

186 Dr. Christa Hasenclever, Jugendhilfe und Jugendgesetzgebung seit 1900. Göttingen: Vandenhoeck & Ruprecht 1978, 53. Dieser historische Überblick ist eine vorzügliche Zusammenfassung der Geschichte des Jugendwohlfahrtsrechts bis 1975.

187 Deutscher Reichstag, 225. Sitzung vom 13. Juni 1922, Protokoll. Die konservative Position wurde vor allem von dem deutschnationalen Abgeordneten Hensel (Ostpreußen) vorgetragen (7790–7792). Siehe auch Hasenclever 1978, 52–72.

188 Deutscher Reichstag, 226. Sitzung vom 14. Juni 1922, Protokoll, 7801–7815.

189 Reichsjugendwohlfahrtsgesetz nebst Einführungsgesetz vom 9. Juli 1922 in der Fassung der Verordnung vom 14. Februar 1924, Preußischem Ausführungsgesetz und Preußischer Ausführungsanweisung vom 29. März 1924 sowie ergänzenden Preußischen Gesetzen und Verordnungen. Textausgabe mit einer Einleitung von Dr. Edmund Friedeberg. Berlin: Heymanns 1929.

190 Erfahrungen des Jugendamtes Halle mit der Übernahme der Unterstützung hilfsbedürftiger Familien. In: NDV 1928, 1, 20–22.

191 Rolf Landwehr: Funktionswandel der Fürsorge vom Ersten Weltkrieg bis zum Ende der Weimarer Republik. In: Rüdeger Baron und Rolf Landwehr (Hrsg.), Geschichte der sozialen Arbeit. Weinheim: Beltz 1983, 110–111. Siehe auch Heynacher, Die Berufslage der Fürsorgerinnen. Karlsruhe, G. Braun 1925, 68, wonach im Jahre 1925 von 2846 befragten Fürsorgern 1529 (54%) ganzheitlich tätig waren. Unter ihnen lag der Prozentsatz von ausgebildeten Kräften mit staatlicher Anerkennung besonders hoch (64%).

192 Walter Friedländer. In: Ludwig J. Pongratz (Hrsg.), Pädagogik in Selbstdarstellungen. Band IV. Hamburg: Meiner 1982, 61–62.

193 Friedrich Siegmund-Schultze als Wegbereiter sozialer Arbeit. Schriftenreihe des Deutschen Vereins für öffentliche und private Fürsorge. Frankfurt: Eigenverlag 1966.

194 Rundbrief der Gilde »Soziale Arbeit«. Deutsches Zentralinstitut für soziale Arbeit. Archiv.

195 Über Tätigkeiten und Erfahrungen von Frauen in der Gilde Soziale Arbeit informiert der von Sabine Hering und Edith Kramer herausgegebene Sammelband: Aus der Pionierzeit der Sozialarbeit. Elf Frauen berichten. Weinheim: Beltz 1984.

196 Curt Bondy, Schlußwort auf der Schulungswoche der Gilde in Friedrichsroda 1932. In: Rundbrief der Gilde »Soziale Arbeit« 1932, Juli, 23.

197 Dr. Gertrud Bäumer, Die historischen und sozialen Voraussetzungen der Sozialpädagogik und die Entwicklung ihrer Theorie. In: Herman Nohl und Ludwig Pallat (Hrsg.), Handbuch der Pädagogik. Band 5. Langensalza: Beltz 1929. Reprint Weinheim: Beltz 1981, 3–17.

198 Dr. Hans Scherpner, Formen persönlicher Fürsorge in den Vereinigten Staaten *(Social Case Work)*. In: Freie Wohlfahrtspflege 1926/27, 509–522; 1927/28, 26–34; 69–81; 120–130. Sonderdruck als: Widmungen des Fürsorgeseminars Universität Frankfurt a. M. 1927. Deutsches Zentralinstitut für soziale Fragen, Archiv-Nr. 31811.
Bereits 1925 hatte Dr. Käthe Mende die deutsche Fachöffentlichkeit über die Feldstudie als Voraussetzung zur Ausbildung von Einzelfallhelfern an nordamerikanischen Universitäten informiert. In: Zentralblatt für Jugendrecht und Jugendwohlfahrt 1925, 3, 60–64.

199 Siddy Wronsky und Alice Salomon unter Mitwirkung von Eberhard Giese, Soziale Therapie. Ausgewählte Akten aus der Fürsorge-Arbeit. Für Unterrichtszwecke zusammengestellt und bearbeitet. Berlin: Heymanns 1926.

200 Siehe C. Wolfgang Müller, Alice Salomon und die methodische Frage. In: Rüdeger Baron (Hrsg.), Sozialarbeit und soziale Reform. Zur Geschichte eines Berufs zwischen Frauenbewegung und öffentlicher Verwaltung. Weinheim: Beltz 1983, 92–109.

201 Dr. Hertha Kraus, Randbemerkungen zur »Sozialen Therapie«. In: Deutsche Zeitschrift für Wohlfahrtspflege 1927, 12, 627–628.

202 Siddy Wronsky: Methoden der Fürsorge. In: Deutsche Zeitschrift für Wohlfahrtspflege 1929, 5, 273–280; 1929, 7, 430–436; 1929, 8, 504–510; 1929, 9, 575–580.

203 Im Originaltext belegte Siddy Wronsky ihre Aussagen durch zahlreiche empirische Fallbeispiele.

204 Wronsky, Methoden, a. a. O., 275. Diese »sorgfältigen Forschungen« legten Marie Baum und Alice Salomon einige Zeit später in ihren komplexen Studien über Rhythmus und Belastungen des Familienlebens vor.

205 Wronsky, Methoden, a. a. O., 504.

206 Wronsky, Methoden, a. a. O., 280.

207 Wronsky, Methoden, a. a. O., 575.

208 Wronsky, Methoden, a. a. O., 577.

209 Rolf C. Reiner, Bisherige Ergebnisse einer Gemeinschaftsarbeit zwischen Psychotherapeuten und Sozialarbeitern. In: Deutsche Zeitschrift für Wohlfahrtspflege 1933, 10, 314.

210 Reiner, Ergebnisse, a. a. O., 315.

211 Reiner, Ergebnisse, a. a. O., 319.

212 An der Zusammenarbeit waren nicht nur Psychotherapeuten beteiligt, sondern auch klinische Psychologen, Psychiater und Individualpsychologen. Prof. Dr. Arthur Kronfeld, Psychotherapie und Fürsorge. In: Deutsche Zeitschrift für Wohlfahrtspflege 1931, 3, 140.

213 Kronfeld, Psychotherapie a. a. O., 142.

214 Siddy Wronsky und Prof. Dr. Arthur Kronfeld unter Mitwirkung von Rolf Reiner, Sozialtherapie und Psychotherapie in den Methoden der Fürsorge. Berlin: Heymanns 1932, 28–29.

215 Dr. Otto Schirmel, Wandlungen der Fürsorge? In: Freie Wohlfahrtspflege 1932, 5, 177–183.

216 Dr. Otto Schirmel, Idee und Wirklichkeit in der Fürsorge. Bemerkungen zu einem Buche. In: Freie Wohlfahrtspflege 1933, 10, 466–471. Vergleiche auch mit der Antwort von Wronsky und Kronfeld in Heft 11, 565–567 (Februar 1933!).

217 Schirmel 1933, 471.

218 Teile des *National Industrial Recovery Acts* wurden 1935 für verfassungswidrig erklärt.

219 Nicht einmal nach den letzten Reichstagswahlen vom 5. März 1933 besaßen die Nationalsozialisten die absolute Mehrheit – obwohl diese Wahlen schon unter massivem NS-Terror stattfanden und zahlreiche Kandidaten von SPD und KPD verhaftet worden waren –, sondern sie mußten mit der Deutschnationalen Volkspartei Hugenbergs koalieren.

220 1. vom 26.7.1930: Verordnung des Reichspräsidenten zur Behandlung wirtschaftlicher und finanzieller Notstände. 2. vom 1.12.1930: Verordnung des Reichspräsidenten zur Sicherung von Wirtschaft und Finanzen. 3. vom 5.6.1931: Zweite Verordnung des Reichspräsidenten zur Sicherung von Wirtschaft und Finanzen. 4. vom 6.10.1931: Dritte Verordnung des Reichspräsidenten zur Sicherung von Wirtschaft und Finanzen und zur Bekämpfung politischer Ausschreitungen. 5. vom 8.12.1931: Vierte Notverordnung des Reichspräsidenten zur Sicherung von Wirtschaft und Finanzen und zum Schutze des inneren Friedens. 6. vom 14.6.1932: Verordnung des Reichspräsidenten über Maßnahmen zur Erhaltung der Arbeitslosenhilfe und der Sozialversicherung sowie zur Erleichterung der Wohlfahrtslasten der Gemeinden (Anmerkung im Zitat).

221 Siddy Wronsky, Deutsche Wohlfahrtspflege in der Krisenzeit. In: Deutsche Zeitschrift für Wohlfahrtspflege 1932, 4 (Juli), 105–114.

222 Dr. Alfons Paquet, Alltag einer Fürsorgestelle. In: Freie Wohlfahrtspflege 1933, 11 (Februar), 481–488.

223 Dr. Karl Reutti, Wirtschaftlichkeit in der Wohlfahrtspflege. In: Deutsche Zeitschrift für Wohlfahrtspflege, 1931, 9 (Dezember), 476.

224 D. Johannes Steinweg, Zeitenwende? In: Freie Wohlfahrtspflege, 1932, 7 (Oktober) 285–292. Siehe auch die kritische Stimme der *Arbeiterwohlfahrt* zu diesem Artikel. In: Freie Wohlfahrtspflege, 1933, 10 (Januar!).

225 Siehe Kapitel 7 dieses Buches. Schirmel war 1927 mit einer Arbeit über »den gegenwärtigen Stand der großstädtischen Wohlfahrtspflege« in Berlin zum Dr. phil. promoviert worden.

226 Dr. Otto Schirmel, Wandlungen der Fürsorge? In: Freie Wohlfahrtspflege, 1932, 5 (August), 181.

227 Dr. Hans Achinger ist nach dem Ende des 2. Weltkrieges als Sozialpolitiker hervorgetreten. Am Ende der Weimarer Republik spielte er eine zumindest unentschiedene Rolle im Spannungsfeld zwischen demokratischer Wohlfahrtspflege und autoritärer Auslese.

228 Hans Achinger, Falsche Fürsorge verschuldet Arbeitslosigkeit. Berlin: Heymanns 1932, 27.

229 Schirmel 1932, 182–183.

230 Alfred Rosenberg (Hrsg.), Das Parteiprogramm. Wesen, Grundsätze und Ziele der NSDAP. München, viele Auflagen. Die zitierten Punkte sind 4–8, 15, 20 und 21.

231 Paul Schoen, Armenfürsorge im Nationalsozialismus. Die Wohlfahrtspflege in Preußen zwischen 1933 und 1939 am Beispiel der Wirtschaftsfürsorge. Diss. TU Berlin. Weinheim: Beltz 1985, 108. Siehe auch Paul Schoen, Geschichte, Selbstanspruch und Stellenwert der Nationalsozialistischen Volkswohlfahrt e. V. (NSV). In: Hans-Uwe Otto und Heinz Sünker (Hrsg.), Soziale Arbeit und Faschismus. Bielefeld: Karin Böllert 1986, 199–222.

232 Ludwig-Uhland-Institut für empirische Kulturwissenschaft, Als die Deutschen demonstrieren lernten. Das Kulturmuster »friedliche Straßendemonstration« im preußischen Wahlrechtskampf 1908–1910. Tübingen: Vereinigung für Volkskunde 1986.

233 Schoen 1986, 108–109.

234 Schoen 1986, 109.

235 Helmut Richter, (Sozial-)Pädagogik und Faschismus. Anfragen zur Kontinuität und Diskontinuität. In: Hans-Uwe Otto und Heinz Sünker (Hrsg.), Soziale Arbeit und Faschismus. Bielefeld: Karin Böllert 1986, 102.

236 Volkmar Sigusch, »Man muß Hitlers Experimente abwarten«. In: *Der Spiegel* 1985, 20, 246.

237 Sigusch, a. a. O.

238 »Da die NS-Volkswohlfahrt sich grundsätzlich für die Besserung von Erbgut, Rasse, Gesundheit und Leistungssteigerung einsetzt, enthält sie sich aller *darüber hinausgehenden* rein karitativen Aufgaben, die den drei anderen Verbänden der Karitas, der Inneren Mission und dem Roten Kreuz, im Rahmen der Reichsgemeinschaft der freien Wohlfahrtspflege vorbehalten bleiben sollen«. Kurt Adolf Papke, Gesundheitsdienst im neuen Staat. In: Nationalsozialistischer Volksdienst, 1933 (November) 2, 37.

239 Die Winterhilfe war eine schon in der Weimarer Republik eingeführte winterliche Sammelaktion von Geld und Waren für die Opfer der Weltwirtschaftskrise. Sie wurde vom Reichspropagandaministerium zu einer pompösen Inszenierung solidarischer Volksgemeinschaft ausgebaut. Damit genügend Spenden zusammenkamen, wurde jede Familie angehalten, an einem Sonntag im Monat ein bescheidenes Eintopfgericht zu essen und das ersparte Haushaltsgeld zu spenden *(Eintopfsonntag)* und zusätzlich aus dem Haushaltsvorrat Zucker, Hülsenfrüchte und andere Nährmittel abzugeben *(Pfundspende)*.

240 Projektgruppe für die vergessenen Opfer des NS-Regimes (Hrsg.), Verachtet – Verfolgt – Vernichtet. Hamburg 1986, 155.

241 Ebd.

242 Dr. Frerks, Von Vererbung und Erbgut. In: Nationalsozialistische Volkswohlfahrt (NSV): 1934, 4, 108–114.

243 Wally Schick, Die Sozialarbeiterin in der Volksgemeinschaft. In: NSV 1933, 3, 66.

244 Schick 1933, 3, 67.

245 Pfarrer Dieing, Die Begriffe »würdig« und »unwürdig« gelten wieder in der Fürsorge. In: Freie Wohlfahrtspflege 1933, (Oktober) 7.

246 Dr. Arthur Gütt, Rasse- und Volksgesundheitsdienst. In: NSV 1933 (Okober) 1, 29.

247 Das Gesundheitsamt als Träger einer erbgesundheitlich bestimmten Familienfürsorge. In: NDV 1938, 5, 142–144.

248 Götz Aly, Medizin gegen Unbrauchbare. In: Beiträge zur nationalsozialistischen Gesundheits- und Sozialpolitik. Band 1. Berlin: Rotbuch 1985, 9–74, insbesondere 19–20. Siehe zum gleichen Themenkomplex auch Götz Aly, Der saubere und der schmutzige Fortschritt. In: Beiträge zur nationalsozialistischen Gesundheits- und Sozialpolitik. Band 2. Berlin: Rotbuch 1985, 9–78. Ernst Klee, »Euthanasie« im NS-Staat. Frankfurt 1983. Kurt Nowak, »Euthanasie« und Sterilisierung im »Dritten Reich«. Weimar/Göttingen 1980.

249 Friedrich Karl Kaul, Nazimordaktion T 4. Ein Bericht über die erste industriemäßig durchgeführte Mordaktion des Naziregimes. Berlin (DDR) 1973. Anläßlich der 750-Jahr-Feier Berlins hat eine Projektgruppe die Geschichte von "T 4"rekonstruiert und in einem mobilen Museum präsentiert. Im September 1987 wurde sie in einem Berliner Doppeldecker-Bus ausgestellt, der an der Stelle parkte, an der früher die Tiergartenvilla gestanden hatte. Heute ist das Grundstück Endhaltestelle der Linie A 48 vor dem Haupteingang der Berliner Philharmonie. Siehe den Katalog zur Ausstellung: Götz Aly (Hrsg.), Aktion T 4. Die »Euthanasie«-Zentrale in der Tiergartenstraße 4. Berlin: Edition Hentrich 1987.

250 Aussagen von Prof. Catel vom 14.5.1962. Zit. nach Ulrich Schultz, Dichtkunst, Heilkunst, Forschung: Der Kinderarzt Werner Catel. In: Beiträge zur nationalsozialistischen Gesundheits- und Sozialpolitik. Band 2, 113.

251 Peter Chroust, Friedrich Mennecke. Innenansichten eines medizinischen Täters im Nationalsozialismus. In: Beiträge zur nationalsozialistischen Gesundheits- und Sozialpolitik. Band 4. Berlin: Rotbuch 1987, 67–122, hier: 102.

252 Götz Aly, Das Posener Tagebuch des Anatomen Hermann Voss. In: Beiträge zur nationalsozialistischen Gesundheits- und Sozialpolitik. Band 4, 1987, 43–44.

253 Zitiert nach Aly, Medizin, 34.

Abbildungsnachweis

Jane Addams–Hull House. Broschüre. Chicago o.J.: Seite 66, 67, 74, 84

Götz Aly (Hrsg.), Aktion T 4. Die „Euthanasie“-Zentrale in der Tiergartenstraße 4. Berlin 1987: Seite 216, 217

Arbeitsgruppe Pädagogisches Museum (Hrsg.), Heil Hitler, Herr Lehrer. Volksschule 1933-1945. Reinbek 1983: Seite 212

Archiv der Studiengruppe zur Geschichte der Arbeiterbewegung (Hrsg.), Bilddokumentation zur Geschichte der Arbeiterbewegung. Stuttgart 1978: Seite 130

Friedrich Arnold (Hrsg.), Anschläge, Politische Plakate in Deutschland 1900-1980. Ebenhausen bei München 1985: Seite 201, 209

Henrietta Barnett, Canon Barnett, His Life, Work, and Friends. London 1918: Seite 22, 42, 45, 46, 49

Ernst Bartsch, Neger, Jazz und tiefer Süden. Leipzig 1956: Seite 109

Allen F.Davis and Mary Lynn McCree, Eighty Years at Hull-House. Chicago 1969: Seite 61, 63, 64, 76, 83, 87, 88, 98

Gustave Doré and Blanchard Jerrold, London, A Pilgrimage. London 1872: Seite 25, 31, 40

Handbuch der Architektur IV. Teil, 7. Halbband, Darmstadt 1887: Seite 38

Berthold Hinz u. a., William Hogarth, 1697-1764. Hrsg. Neue Gesellschaft für bildende Kunst. Berlin 1980: Seite 36

Illustrierte Leipziger Zeitung 1874: Seite 134

Illustrierte Zeitung 1872: Seite 133 oben

Robert Koehler, Der Ausbruch des Streiks, 1871, aus: Herrmann Glaser, Maschinenwelt und Alltagsleben. Frankfurt a. M. 1981: Seite 133 unten

Lexikon der Frau, Band I, Zürich 1953: Seite 179

James Weber Linn, Jane Addams. New York 1935.
(Fotos: Bachrach, Koshiba, Moffett): Seite 78

Hans Muthesius (Hrsg.), Alice Salomon, Die Begründerin des sozialen Frauenberufs in Deutschland. Köln 1958: Seite 138, 141

Otto Nagel, Heinrich Zille. Berlin (DDR) 1963: Seite 126

Neue Praxis Aktuell. April 1980: Seite 16 Mitte

Ludwig J. Pongratz (Hrsg.),Pädagogik in Selbstdarstellungen, Band IV. Hamburg 1982: Seite 178

Harry Pross, Jugend Eros Politik. Wien 1964: Seite 151, 166

Mary E. Richmond, The Long View. New York 1930: Seite 101, 121
Jacob A. Riis, How the Other Half Lives. New York 1890. Nachdruck Cambridge 1970: Seite 103, 105, 107
Reinhard Rürup (Hrsg.), Topographie des Terrors. Berlin 1987: Seite 207
August Sander, Menschen ohne Maske. München 1976: Seite 162, 163
Monika Savier, Berlin: Seite 34
Sozialmagazin. Mai 1979: Seite 16 rechts
Staatsarchiv Hamburg: Seite 39
Anne de Vries, Die Kinder-Bibel. Konstanz 1981: Seite 16 links
Anthony S. Wohl, The Eternal Slum. London 1977: Seite 33
Siddy Wronsky Bibliothek, Jerusalem: Seite 177
Gerhard Ziemer und Hans Wolf, Wandervogel Bilderatlas. Bad Godesberg 1963: Seite 155, 169